高等学校应用技术型经济管理系列教材（会计系列）

十三五

高等学校应用型经济管理规划教材

总主编／李　雪　主审／徐国君

U0954884

成本会计学习指导书

Study Guide to Cost Accounting

（第二版）

徐伟丽◎主　编
耿　菲◎副主编

立信会计出版社
LIXIN ACCOUNTING PUBLISHING HOUSE

图书在版编目(CIP)数据

成本会计学习指导书 / 徐伟丽主编. —2 版. —上海：立信会计出版社，2020.6

高等学校应用技术型经济管理系列教材. 会计系列

ISBN 978-7-5429-6504-2

Ⅰ. ①成… Ⅱ. ①徐… Ⅲ. ①成本会计–高等学校–教材参考资料 Ⅳ. ①F234.2

中国版本图书馆 CIP 数据核字(2020)第 087722 号

策划编辑 方士华
责任编辑 赵志梅
封面设计 南房间

成本会计学习指导书(第二版)
Chengben Kuaiji Xuexi Zhidaoshu

出版发行 立信会计出版社
地　　址 上海市中山西路 2230 号　　邮政编码 200235
电　　话 (021)64411389　　传　　真 (021)64411325
网　　址 www.lixinaph.com　　电子邮箱 lixinaph2019@126.com
网上书店 http://lixin.jd.com　　http://lxkjcbs.tmall.com
经　　销 各地新华书店

印　　刷 上海天地海设计印刷有限公司
开　　本 787 毫米×1092 毫米　　1/16
印　　张 15
字　　数 375 千字
版　　次 2020 年 6 月第 2 版
印　　次 2020 年 6 月第 1 次
印　　数 1—2 100
书　　号 ISBN 978-7-5429-6504-2/F
定　　价 40.00 元

总　序

教材是高校实现人才培养目标的重要载体，教材及教材建设对高校发展具有举足轻重的作用。与培养模式相对应的教材是培养合格人才的基本保证，是实现培养目标的重要工具。由于历史的原因，在财经类教材的出版方面，相关出版社出版研究型本科或者高职高专、中等职业等层次的教材较多，也较成熟，而在应用技术型本科教材出版上比较欠缺，虽然近年来也出版了一些这方面的教材，但总体而言，还是缺乏权威性、普适性、实用性和创新性。造成这种状况的原因主要在于：出版社对财经类应用技术型本科教材的出版还不够重视，没有进行有效的组织；财经类应用技术型本科院校多为新建院校，教材建设相对滞后，主观上也较愿意使用研究型本科教材；在教材使用中存在比较严重的混用现象，教材的目标读者群不明确，如不少教材既适用于研究型本科又适用于应用技术型本科，或者既适用于本科又适用于高职高专。

由于目前应用技术型教材种类和数量匮乏或质量欠佳，使得应用技术型本科不得不沿用传统研究型教材，比如东北财经大学会计系列教材（包括《基础会计》《中级财务会计》《管理会计》《高级财务会计》《审计》等），中国人民大学会计系列教材（如《成本会计》），教育部统编教材（如《财务管理》）等国家级规划教材。这些教材本身的质量很好、级别很高，但是并不适用于应用技术型本科的教学，教师和学生普遍反映不好用。即使从全国范围看，也还没有相对成套、成熟的适合应用技术型高校使用的教材，不适应教育教学要求。存在的主要问题包括：①教材的定位和要求较高；②教材的内容多、难度大；③教材着重于理论解释，相关案例、实训等内容较少，缺乏普适性、实用性。所以，需要编写适应学生水平、便于学生接受的应用技术型教材。

我们组织具有多年应用技术型人才培养经验的优秀教师和实务界专家编写了本套系列教材。本套系列教材由《会计基本技能》《基础会计》《中级财务会计》《成本会计》《管理会计》《财务管理》《会计信息系统》《审计学原理》《审计实务》《税法》《经济法》《金融学》等构成。为了保证教材的质量，我们聘请了著名高校的专家、教授对本套教材编写进行专门指导和审核。每本教材至少有一名本学科的知名专家或学科带头人提出审核指导意见，至少有一名高等院校教学一线的高级职称教师参与组织编写，至少有一名行业协会、实务界专家和教学研究机构人员提出编写建议。

本套系列教材的特色如下。

1. 应用性

应用技术型本科的教材建设应坚持培养应用技术型本科人才的定位，充分吸收和借鉴传统的普通本科教材与高职高专类教材建设的优点和经验，以就业为导向，做到理论上优于高职高专类教材、动手能力的培养上优于传统的本科院校教材。

本套系列教材体现了应用技术型本科的定位，体现了素质教育和“以学生发展为本”的教育理念，遵循了高等教育教学基本规律，重视知识、能力和素质的协调发展，根据应用技术型人才培养模式对学生的创新精神、实践能力和适应能力的要求，在内容选材、教学方法、学习方法、实验和实训配套等方面突出了应用性特征。

2. 针对性

本套系列教材的编写符合会计学、财务管理和审计学专业的培养目标、培养需求、业务规格（知识结构和能力结构）和教学大纲的基本要求，与各专业的课程结构和课程设置相对应，与课程平台和课程模块相对应。本套系列教材在结构的布局、内容重点的选取、示例习题的设计等方面符合教改目标和教学大纲的要求，把教师的备课、试讲、授课、辅导答疑等教学环节有机地结合起来。

3. 先进性

本套系列教材反映了应用技术型会计人才教育教学改革的内容，能够反映学科领域的新发展。本套系列教材的整体规划、每一种教材构造等均体现了实用性和创新性。本套系列教材还强调了系列配套，包括了教材、学习指导书、教学课件等。

4. 基础性

本套系列教材打破传统教材自身知识框架的封闭性，尝试多方面知识的融会贯通，注重知识层次的递进，体现每一门科目的基本内容，同时，在具体内容上突出实际运用知识的能力，使本套系列教材做到“教师易教，学生乐学，技能实用”。

5. 易于自学性

自学能力的培养是高等教育应该教授给学生的一项基本能力。只有具备了自主学习的能力，才能最终建立起终身学习的保障体系，这也是应用技术型本科人才培养的客观要求。应用技术型高校的生源素质与其他高校相比存在较大差距，除一部分高考发挥失误的学生外，有相当一部分学生在学习习惯、基础知识等方面存在一定的欠缺，这要求本套系列教材要能调动这部分学生的学习积极性，在理论方面尽量通俗易懂，实践方面尽量采用案例式教学。为了有利于学生课后自主学习，本套系列教材配套了学习指导书和教学课件。

因此，本套系列教材的定位和特色把握准确，教材的特色明显，适用于应用技术型高等学校教学，容易得到学生和市场的认可，便于学生的自学和教师的教学。

高等学校应用技术型经济管理系列教材凝聚了众多领导、教授和专家多年来的经验和心血。当然，由于我们的经验和人力有限，教材中难免存在不足，我们期待着各位同行、专家和读者的批评指正。我们将随着经济发展和会计环境的变迁不断修订教材，以便及时反映学科的最新发展和人才培养的最新变化。

本套系列教材出版后，得到学生和市场的认可，深受广大读者欢迎。为了更好地回馈读者，本套系列教材从2017年起启动第二版的修订工作，各种教材的第二版将陆续出版。我们会一如既往地做好教材修订和相关服务工作，希望广大读者对本套系列教材继续给予支持。

李 雪

2020年6月

第二版前言

本书是高等学校应用技术型经济管理系列教材(会计系列)中《成本会计》的配套学习指导书,具有应用性、针对性、先进性、基础性、自学性的特点。本书既可作为高等财经院校成本会计教学的辅助教材,也可作为企业管理人员学习成本会计的参考用书。

本书根据《成本会计》教材及教学大纲的要求,设计了各章重点与难点的提炼讲解,在讲解的过程中配有相关典型例题。讲解完毕,每章配有练习题并提供相应的参考答案。

《成本会计学习指导书》分为四个部分,第一部分为"学习指导及思考与练习",下设"本章基本内容框架""重点、难点讲解及典型例题""思考与练习",第二部分为"案例分析精选与解析",第三部分为"思考与练习参考答案",第四部分为"模拟试题及参考答案"。

本书具有以下特点:

(1) 针对性强。参加编写的作者都是来自普通高等教育教学一线的专业教师,有着丰富的教学和实践经验,对普通高等教育的要求和教学内容非常熟悉。

(2) 实践性强。本书按照突出应用性、实践性的原则,在理论与实践相结合的基础上,扩展实践内容,将实际经济生活中出现的真实案例经过些许加工后编入本书,使学生通过练习能更多地接触会计实务,提高分析和解决问题的能力。

(3)内容新颖。本书内容体现了当前普通高等教育课程教学的新知识、新方法,并结合最新企业会计准则,便于学生综合素质的形成、科学思维方式和创新能力的培养及新知识的掌握。

(4) 难易适度。本书主要内容由浅入深,循序渐进,以必要、够用为度,通俗易懂。

(5) 习题形式多样。既有客观题,也有大量的案例题和业务题,涵盖面广,可以考查学生综合分析和解决问题的能力;习题的设计突出理论联系实际,体现实际操作能力,即重视知识、能力和素质的协调发展。

(6) 适用范围广。本书适用于普通高等教育院校会计学、财务管理等相关专业的教学需求,也可以用于财会人员在职培训或会计职称考试的辅助教材。

本书的具体分工如下:本书由徐伟丽担任主编,耿菲为副主编,陈德英、马俊云、李小林、颜萍为编者。第一部分和第三部分具体分工如下:第一章总论(徐伟丽),第二章工业企业成本核算的基本原理(颜萍),第三章费用在各种产品和期间费用之间的归集和分配(徐伟丽),第四章生产费用在完工产品和在产品之间的分配(耿菲),第五章产品成本计算方法概述(颜萍),第六章产品成本计算的基本方法(徐伟丽),第七章产品成本计算的辅助方法(李小林),第八章其他行业成本核算(陈德英),第九章成本会计前沿(马俊云),第十章成本报表和成本分析(耿菲)。“第二部分案例分析精选及解析”“第四部分模拟试题及参考答案”由徐伟丽编写。

本书在编写的过程中参考了大量相关教材和论著,在此向有关作者致以深深的谢意!

本书的编写先后经过多次讨论研究,力求内容编排合理,疏漏不足之处,敬请读者批评指正。

编　者

2020 年 6 月

目　录

第一部分　学习指导及思考与练习

第一章　总论 …… 1
本章基本内容框架 …… 1
重点、难点讲解及典型例题 …… 1
思考与练习 …… 3

第二章　工业企业成本核算的基本原理 …… 6
本章基本内容框架 …… 6
重点、难点讲解及典型例题 …… 6
思考与练习 …… 9

第三章　费用在各种产品和期间费用之间的归集和分配 …… 15
本章基本内容框架 …… 15
重点、难点讲解及典型例题 …… 15
思考与练习 …… 21

第四章　生产费用在完工产品和在产品之间的分配 …… 32
本章基本内容框架 …… 32
重点、难点讲解及典型例题 …… 32
思考与练习 …… 35

第五章　产品成本计算方法概述 …… 47
本章基本内容框架 …… 47
重点、难点讲解及典型例题 …… 47
思考与练习 …… 50

第六章　产品成本计算的基本方法 …… 53
本章基本内容框架 …… 53
重点、难点讲解及典型例题 …… 53
思考与练习 …… 57

第七章　产品成本计算的辅助方法 …… 93
本章基本内容框架 …… 93
重点、难点讲解及典型例题 …… 93
思考与练习 …… 102

第八章　其他行业成本核算 …… 106
本章基本内容框架 …… 106
重点、难点讲解及典型例题 …… 108
思考与练习 …… 122

第九章　成本会计前沿 …… 127
本章基本内容框架 …… 127
重点、难点讲解及典型例题 …… 128
思考与练习 …… 135

第十章　成本报表和成本分析 …… 139
本章基本内容框架 …… 139
重点、难点讲解及典型例题 …… 139
思考与练习 …… 142

第二部分　案例分析精选及解析

案例 1　沃尔玛的成本领先战略 …… 150
案例 2　邯郸钢铁股份有限公司的低成本竞争战略 …… 152
案例 3　美的的成本控制 …… 154
案例 4　格兰仕的成本领先战略 …… 156
案例 5　戴尔的作业成本法 …… 158
案例 6　MWI 公司标准成本计算系统的实施 …… 160

第三部分　思考与练习参考答案

第一章　总论 …… 162
第二章　工业企业成本核算的基本原理 …… 162
第三章　费用在各种产品和期间费用之间的归集和分配 …… 163
第四章　生产费用在完工产品和在产品之间的分配 …… 173
第五章　产品成本计算方法概述 …… 180
第六章　产品成本计算的基本方法 …… 180
第七章　产品成本计算的辅助方法 …… 203

第八章　其他行业成本核算 …… 205
第九章　成本会计前沿 …… 208
第十章　成本报表和成本分析 …… 210

第四部分　模拟试题及参考答案

成本会计模拟试题(一) …… 214
成本会计模拟试题(二) …… 218
成本会计模拟试题(一)参考答案 …… 222
成本会计模拟试题(二)参考答案 …… 224

第一部分　学习指导及思考与练习

第一章　总　　论

本章基本内容框架

- 成本的含义及作用
  - 成本的含义
  - 成本的实际内容
  - 成本的作用
  - 支出、费用与成本之间的关系
- 成本会计的概念及对象
  - 成本会计的概念
  - 成本会计的对象
- 成本会计的职能及任务
  - 成本会计的职能
  - 成本会计的任务
- 成本会计工作的组织
  - 成本会计工作组织的原则
  - 成本会计机构
  - 成本会计人员
  - 成本会计制度

重点、难点讲解及典型例题

一、成本的含义

理论成本，即C＋V，是以货币表现的为生产产品而耗费的物化劳动(C)和活劳动的价值(V)之和。它表明了成本的经济实质，即企业在生产经营中所耗费的资金总和。

【例题1·单项选择题】 成本是产品价值中的(　　)部分。

A. C＋V＋M　　　　B. C＋V

C. V＋M　　　　D. C＋M

【答案】 B

【解析】 选项A，为商品的价值。选项B，C＋V，是以货币表现的为生产产品而耗费的物化劳动(C)和活劳动的价值(V)之和。它表明了成本的经济实质。

二、支出、费用与成本之间的关系

1. 支出

支出是指企业在经济活动中发生的一切开支与耗费。就一般而言，企业的支出可分为资本性支出、收益性支出、所得税支出、营业外支出和利润分配性支出五大类。

2. 费用

费用是指企业为销售商品、提供劳务等日常活动所发生的经济利益的流出。费用按其同产品生产的关系可划分为生产费用和期间费用两类。

3. 成本

产品成本是指为制造一定数量、一定种类的产品，而发生的以货币表现的各种耗费，是对象化的生产费用。

综上所述，支出是企业在经济活动中所发生的所有开支与耗费。费用是支出的主要组成部分，是企业支出中与生产经营相关的部分。产品成本是生产费用的对象化，生产费用是计算产品成本的基础，产品成本是生产费用的最后归宿。

三、成本会计的对象

工业企业成本会计的对象概括为：工业企业生产经营过程中发生的产品生产成本和期间费用。

成本会计的对象，总括地说应该包括各行业企业的财务成本和管理成本。

四、成本会计的工作组织

企业内部各级成本会计机构之间的组织分工，主要有集中工作和分散工作两种基本方式。

集中工作方式是指成本会计的预测、决策、计划、核算、考核、成本报表的编制和分析等主要的成本会计工作，都由厂部会计部门集中处理，车间、班组等基层单位只负责登记有关原始记录和填制有关原始凭证，并对原始资料进行初步的审核、整理和汇总，及时报送给厂部的成本会计机构，为厂部进一步工作提供资料。

分散工作方式又称为非集中工作方式，是将成本会计工作中的计划、控制、核算和分析等各项具体工作，分散由车间等其他单位的成本会计机构或人员分别进行。厂部成本会计机构负责对各下级成本会计机构或人员进行业务上的指导和监督，并对全厂成本进行综合的计划、控制、汇总核算以及分析和考核。成本的预测和决策工作一般仍由厂部成本会计机构集中进行。

【例题 2·单项选择题】 集中核算方式和分散核算方式是指(　　)的分工方式。

A. 企业内部各级成本会计机构　　B. 企业内部成本会计职能

C. 企业内部成本会计对象　　D. 企业内部成本会计任务

【答案】 A

【解析】 企业内部各级成本会计机构之间的组织分工，主要有集中工作和分散工作两种基本方式。

思考与练习

一、单项选择题

1.（　　）构成商品的理论成本。

A. 已耗费的生产资料转移的价值

B. 劳动者为自己劳动所创造的价值

C. 劳动者为社会劳动所创造的价值

D. 已耗费的生产资料转移的价值和劳动者为自己劳动所创造的价值

2. 成本的经济实质是（　　）。

A. 生产经营过程中所耗费生产资料转移价值的货币表现

B. 劳动者为自己劳动所创造价值的货币表现

C. 劳动者为社会劳动所创造价值的货币表现

D. 企业在生产经营过程中所耗费的资金的总和

3. 一般来说，实际工作中的成本开支范围与理论成本包括的内容是（　　）。

A. 有一定差别的　　B. 相互一致的

C. 不相关的　　D. 可以相互替代的

4. 从现行会计准则和会计制度的有关规定出发，成本会计的对象是（　　）。

A. 各项期间费用的支出及归集过程

B. 产品生产成本的形成过程

C. 诸会计要素的增减变动

D. 企业生产经营过程中发生的生产经营业务成本和期间费用

5. 成本会计最基本的职能是（　　）。

A. 反映的职能　　B. 反映和监督的职能

C. 监督的职能　　D. 计划和考核的职能

6. 成本会计反映职能的最基本方面是（　　）。

A. 检查各项生产经营耗费的合理性、合法性和有效性

B. 提供真实的、可以验证的成本信息

C. 分析和考核成本管理工作的业绩

D. 调节和指导企业的有关经济活动

7. 成本会计的监督（　　）。

A. 包括事前、事中和事后监督　　B. 包括事前和事后监督

C. 是事后监督　　D. 是事前监督

8. 通过对所提供的成本信息资料的检查和分析，控制和考核有关经济活动，属于成本会计的（　　）。

A. 事前监督　　B. 事前、事后监督

C. 事中、事后监督　　D. 事前、事中监督

9. 成本会计最基本的任务和中心环节是（　　）。

A. 进行成本预测，编制成本计划
B. 审核和控制各项费用的支出
C. 进行成本核算，提供实际成本的核算资料
D. 参与企业的生产经营决策

10. 成本核算是对(　　)执行情况和(　　)的结果的反映。
A. 成本计划；成本决策　　B. 成本决策；成本控制
C. 成本计划；成本控制　　D. 成本计划；成本考核

11. 在成本会计的各项内容中，(　　)是成本会计的核心，其他各项内容是在(　　)的基础上发展起来的。
A. 成本决策　　B. 成本核算
C. 成本分析　　D. 成本考核

12. 成本会计工作中的计划、控制、核算和分析工作，由企业各车间的人员分别进行，这种工作方式是(　　)工作方式。
A. 集中　　B. 分散
C. 统一　　D. 车间

二、多项选择题

1. 商品的理论成本是由生产商品所耗费的(　　)构成的。
A. 生产资料转移的价值
B. 劳动者为自己劳动所创造的价值
C. 劳动者为社会劳动所创造的价值
D. 必要劳动

2. 成本的主要作用在于(　　)。
A. 是补偿生产耗费的尺度
B. 是综合反映企业工作质量的重要指标
C. 是企业对外报告的主要内容
D. 是制定产品价格的重要因素和进行生产经营决策的重要依据

3. 成本会计的对象，总括地说应该包括各行业企业的(　　)。
A. 产品销售收入的实现过程
B. 财务成本
C. 管理成本
D. 利润的实现及分配过程

4. 成本会计的反映职能包括(　　)。
A. 提供反映成本现状的核算资料的功能
B. 提供有关预测未来经济活动的成本信息资料的功能
C. 控制有关经济活动的功能
D. 考核有关经济活动的功能

5. 成本会计的职能包括(　　)。

A. 成本预测和决策　　　　B. 成本计划和控制

C. 成本核算　　　　D. 成本考核和分析

6. 一般来说，企业应根据(　　)来组织成本会计工作。

A. 本单位生产经营的特点　　　　B. 对外报告的需要

C. 本单位生产规模的大小　　　　D. 本单位成本管理的要求

7. 分散核算组织形式是指生产车间的(　　)等成本会计工作分散由各生产车间的成本会计组分别处理，成本考核工作由厂部会计机构处理。

A. 预测、决策　　　　B. 计划、控制

C. 核算、分析　　　　D. 核算、考核

三、判断题

1. 从理论上讲，商品价值中的补偿部分，就是商品的理论成本。(　　)

2. 成本的经济实质，是企业在生产经营过程中所耗费的资金的总和。(　　)

3. 在实际工作中，确定成本的开支范围应以成本的经济实质为理论依据。(　　)

4. 总括地讲，成本会计的对象就是产品的生产成本。(　　)

5. 提供有关预测未来经济活动的成本信息资料，是成本会计监督职能的一种发展。(　　)

6. 以已经发生的各项费用为依据，为经济管理提供真实的、可以验证的成本信息资料，是成本会计反映职能的基本方面。(　　)

7. 成本会计的监督职能，就是通过对实际成本信息资料进行检查和分析，来评价、考核有关经济活动。(　　)

8. 成本会计的监督，包括事前、事中和事后监督。(　　)

9. 成本会计的职能，包括成本的预测、决策、计划、核算、控制、考核和分析。(　　)

10. 成本预测和计划是成本会计最基本的职能。(　　)

11. 企业主要应根据外部有关方面的需要来组织成本会计工作。(　　)

12. 在实际工作中对于不形成商品价值的废品损失、停工损失都列入了产品成本。(　　)

第二章　工业企业成本核算的基本原理

本章基本内容框架

- 成本核算的要求
  - 算管结合，算为管用
  - 正确划分各种费用界限
  - 正确确定财产物资的计价和价值结转方法
  - 做好成本核算的各项基础工作
  - 按照企业生产特点和管理要求，采用适当的成本计算方法
- 生产费用的分类
  - 费用按经济内容的分类
  - 费用按经济用途的分类
    - 生产费用
    - 期间费用
  - 生产费用的其他分类
    - 按计入产品成本的方法分类
    - 按与生产工艺的关系分类
- 工业企业成本核算的一般程序和主要会计科目

重点、难点讲解及典型例题

一、正确划分各种费用界限

1. 正确划分应否计入生产费用、期间费用的界限
2. 正确划分生产费用和期间费用的界限
3. 正确划分本期与非本期的费用界限
4. 正确划分各种产品的费用界限
5. 正确划分完工产品和在产品的费用界限

上述五个方面费用界限的划分过程，也就是产品成本的计算和各项期间费用的归集过程。在这一过程中，应贯彻受益原则，即何者受益何者负担；何时受益何时负担；负担费用的多少应与受益程度的大小成正比。

【例题1·多项选择题】 为了正确计算产品成本，必须正确划分的费用界限有（　　）。

A. 生产费用与期间费用的界限　　B. 各月份的费用界限

C. 销售费用与财务费用的界限　　D. 各种产品的费用界限

【答案】 ABD

【解析】 正确划分费用的界限包括：划分生产费用与期间费用的界限，划分各月份的费

用界限，划分各种产品的费用界限。划分各月份的费用界限即正确划分本期与非本期的费用界限。

二、费用的分类

（一）费用按经济内容的分类

所谓费用要素，就是费用按经济内容的分类（见表 2-1）。

表 2-1 费用按经济内容的分类

费用要素	外购材料	企业为进行生产经营而耗用的一切从外单位购进的原料及主要材料等
	外购燃料	企业为进行生产经营而耗用的一切从外单位购进的各种燃料
	外购动力	企业为进行生产经营而耗用的一切从外单位购进的各种动力
	职工薪酬	企业为进行生产经营而发生的各种职工薪酬
	折旧费	企业按照规定的固定资产折旧方法，计算提取的生产经营用固定资产的折旧费用
	利息支出	企业应计入财务费用的借入款项的利息支出减利息收入后的净额
	其他支出	不属于以上各要素但应计入产品成本或期间费用的费用支出

（二）费用按经济用途的分类

工业企业在生产经营中发生的费用，按照经济用途可以分为计入产品成本的生产费用和直接计入当期损益的期间费用两类。

产品生产成本项目，简称产品成本项目或成本项目，就是生产费用按其经济用途分类核算的项目。

根据管理和对外报告的需要，期间费用也应按照经济用途分类，进一步分为管理费用、销售费用和财务费用。

费用按经济用途分类如表 2-2 所示。

表 2-2 费用按经济用途的分类

费用	生产费用	直接材料	直接用于产品生产，构成产品组成部分或劳务主要耗费的原料及主要材料、辅助材料、外购半成品等
		直接燃料和动力	生产工艺过程中直接用于产品生产的各种燃料和动力
		直接人工	直接从事产品生产的人员的各种职工薪酬
		制造费用	间接用于产品生产的各项费用，以及虽直接用于产品生产，但不便于直接计入产品成本，因而没有专设成本项目的费用
		废品损失	生产原因形成废品所导致的、应由生产的合格品承担的净损失
		停工损失	因生产单位停工而导致的、应由非停工期间生产的产品承担的净损失
	期间费用	管理费用	企业组织和管理企业生产经营所发生的费用
		财务费用	企业为筹集生产经营所需资金等而发生的筹资支出
		销售费用	企业销售商品和材料、提供劳务过程中发生的各项耗费

由于生产特点、各种费用支出的比重及成本管理和核算的要求不同,企业可根据具体情况增设或合并某些成本项目。

【例题 2 · 单项选择题】 下列各项中,属于产品生产成本项目的是(　　)。

A. 外购动力　　B. 制造费用

C. 外购材料　　D. 折旧费

【答案】 B

【解析】 ACD 属于费用要素。

【例题 3 · 多项选择题】 下列各项中,属于费用要素的有(　　)。

A. 外购材料　　B. 外购动力

C. 直接人工　　D. 制造费用

【答案】 AB

【解析】 CD 属于成本项目。

(三) 生产费用的其他分类

1. 按计入产品成本的方法分类

生产费用按计入产品成本的方法,可以分为直接计入费用和间接计入费用。

直接计入费用一般称为直接费用,是指可以分清哪种产品所耗用、可以直接计入某种产品成本的费用。

间接计入费用是指不能分清哪种产品所耗用、不能直接计入某种产品成本,而必须按照一定的标准分配计入有关产品成本的费用。

2. 按与生产工艺的关系分类

生产费用按其与生产工艺的关系,可以分为直接生产费用和间接生产费用。

直接生产费用是指由于生产工艺本身引起的、直接用于产品生产的各项费用,如原材料费用、生产工人工资和机器设备折旧费等。

间接生产费用是指与生产工艺没有联系,间接用于产品生产的各项费用,如机物料消耗、辅助工人工资和车间厂房折旧等。

3. 两种分类方法之间的联系

在只生产一种产品的企业(或车间)中,直接生产费用和间接生产费用都可以直接计入这种产品的成本,因而均属于直接计入费用。

在用同一种原材料、同时生产出几种产品的联产品生产企业(或车间)中,直接生产费用和间接生产费用都需要按照一定标准分配计入有关的各种产品成本,因而均属于间接计入费用。

【例题 4 · 多项选择题】 下列各项中,属于直接计入费用的有(　　)。

A. 几种产品共同消耗的辅助材料费用

B. 几种产品共同负担的材料费用

C. 一种产品消耗的原材料费用

D. 一种产品消耗的生产工人薪酬费用

【答案】 CD

【解析】 AB 属于间接计入费用。

三、工业企业成本核算的一般程序

（1）严格审核和控制企业的各项支出。

（2）确定成本计算对象、成本项目及成本计算期，并开设产品成本明细账。

（3）要素费用的归集与分配。

（4）综合费用的归集与分配。

（5）生产费用在完工产品与在产品之间的分配。

（6）计算完工产品的总成本和单位成本。

四、成本核算的主要账户

1. “基市生产成市”账户

基本生产是指为完成企业主要生产目的而进行的产品生产。为了反映不同的成本计算对象所发生的生产费用，该账户下应按产品品种、步骤、批别设置明细账户。

2. “辅助生产成市” 账户

辅助生产是指为了基本生产服务等而进行的产品生产和劳务供应。辅助生产提供的产品和劳务，有时也对外销售，但这并不是它的主要目的。

“辅助生产成本”账户下按辅助生产车间和生产的产品、劳务设置明细账户。

3. “制造费用”账户

“制造费用”账户是为了归集和分配基本生产车间为组织和管理生产而发生的各项费用。除季节性企业外，该账户月末无余额。“制造费用”账户应按车间、部门设置明细账户。

【例题 5 · 单项选择题】 企业为生产产品发生的原料及主要材料的耗费，应计入（　　）。

A. 基本生产成本　　B. 辅助生产成本

C. 管理费用　　D. 制造费用

【答案】 A

【解析】 生产产品是企业主要的生产目的，因此应计入基本生产成本。

思考与练习

一、单项选择题

1. 下列各项中，属于费用要素的是（　　）。

A. 直接材料　　B. 直接人工

C. 外购材料　　D. 废品损失

2. 下列各项中，属于费用要素的是（　　）。

A. 销售费用　　B. 管理费用

C. 折旧费用　　D. 制造费用

3. 下列各项中，属于产品成本项目的是（　　）。

A. 废品损失　　B. 职工薪酬费用

C. 管理费用　　D. 销售费用

4. 下列各项中，属于成本项目的是（　　）。

A. 外购动力　　B. 利息支出

C. 外购燃料　　D. 直接材料

5. 企业因生产产品、提供劳务而发生的各项间接费用，包括车间管理人员的工资、折旧费等，属于（　　）成本项目。

A. 管理费用　　B. 制造费用

C. 直接人工　　D. 直接材料

6. 下列各项中，应计入制造费用的是（　　）。

A. 构成产品实体的原材料费用　　B. 产品生产工人工资

C. 车间管理人员工资　　D. 工艺用燃料费用

7. 可以记入“直接材料”成本项目的材料费用是（　　）。

A. 为组织管理生产用的机物料

B. 为组织管理生产用的低值易耗品

C. 生产过程中间接耗用的材料

D. 直接用于产品生产的原材料

8. 下列各项中，属于直接生产费用的是（　　）。

A. 生产车间厂房的折旧费用

B. 产品生产用设备的折旧费用

C. 企业行政管理部门固定资产的折旧费用

D. 生产车间管理人员的工资

9. 下列各项中，属于直接生产费用的是（　　）。

A. 产品生产工人的薪酬费用　　B. 车间辅助人员的薪酬费用

C. 车间管理人员的薪酬费用　　D. 生产车间的办公费用

10. 下列各项中，属于间接生产费用的是（　　）。

A. 构成产品主要实体的原料及主要材料费用

B. 有助于产品形成的辅助材料费用

C. 工艺用燃料费用

D. 生产车间一般消耗性材料费用

11. 下列各项中，属于间接生产费用的是（　　）。

A. 生产车间厂房的折旧费

B. 产品生产工人的薪酬费用

C. 产品生产用设备的折旧费

D. 企业行政管理部门用固定资产的折旧费

12. 下列各项中，不应计入产品成本的费用是（　　）。

A. 直接用于产品生产构成产品实体的原材料

B. 专设销售机构人员的职工薪酬

C. 生产车间固定资产的折旧费

D. 生产过程中发生的废品损失

13. 下列各项中，不能计入产品生产成本的费用是（ ）。

A. 生产用燃料及动力　　B. 生产工人工资

C. 车间管理人员的工资　　D. 期间费用

14. 制造费用是指生产过程中发生的（ ）。

A. 直接生产费用

B. 间接计入费用

C. 应计入产品成本的各项生产费用

D. 应计入产品成本，未专设成本项目的各项生产费用

15. 基本生产车间为生产产品发生的原料及主要材料的耗费，应计入（ ）。

A. 基本生产成本　　B. 辅助生产成本

C. 管理费用　　D. 制造费用

16. 下列各项中，应计入管理费用的是（ ）。

A. 企业行政管理部门用固定资产的折旧费用

B. 车间厂房的折旧费用

C. 车间生产用设备的折旧费用

D. 车间辅助人员的工资

二、多项选择题

1. 为了正确计算产品成本，必须做好的各项基础工作有（ ）。

A. 定额的制定和修订

B. 厂内计划价格的制定和修订

C. 各项原始记录

D. 材料物资的计量、收发、领退和盘点

2. 企业为生产产品而耗用的原材料费用可能是（ ）。

A. 直接生产费用　　B. 间接生产费用

C. 直接计入费用　　D. 间接计入费用

3. 为了正确计算产品成本，必须正确划分（ ）。

A. 各种产品的费用界限

B. 完工产品和在产品的费用界限

C. 盈利产品和亏损产品的费用界限

D. 应计入管理费用和财务费用的界限

E. 各个月份的费用界限

4. 下列各项中，属于费用要素的有（ ）。

A. 直接材料　　B. 折旧费

C. 利息支出　　D. 直接燃料及动力

5. 下列各项中，属于费用要素的有（ ）。

A. 外购材料　　B. 外购动力

C. 直接人工　　D. 制造费用

6. 下列各项中，属于费用要素的有（　　）。

A. 利息支出　　B. 折旧费用

C. 直接人工　　D. 外购材料

7. 下列各项中，属于产品成本项目的有（　　）。

A. 废品损失　　B. 停工损失

C. 直接人工　　D. 外购材料

8. 下列各项中，将生产费用按经济用途划分的有（　　）。

A. 制造费用　　B. 管理费用

C. 直接材料　　D. 折旧费用

9. 下列各项中，属于直接生产费用的有（　　）。

A. 机器设备的折旧费　　B. 车间厂房的折旧费

C. 几种产品共同消耗的原材料费用　　D. 车间的机物料消耗

10. 下列各项中，属于间接生产费用的有（　　）。

A. 车间厂房的折旧费　　B. 车间管理人员的职工薪酬

C. 几种产品共同消耗的动力费用　　D. 车间辅助人员的职工薪酬

11. 制造费用（　　）。

A. 可能是间接计入费用　　B. 可能是直接计入费用

C. 一定是间接计入费用　　D. 可能是直接计入生产费用

12. 下列各项中，属于直接计入费用的有（　　）。

A. 几种产品共同消耗的辅助材料费用

B. 几种产品共同负担的制造费用

C. 一种产品消耗的原材料费用

D. 一种产品消耗的生产工人薪酬费用

13. 下列各项中，属于间接计入费用的有（　　）。

A. 联产品消耗的原材料费用

B. 一种产品负担的辅助材料费用

C. 几种产品共同负担的生产工人薪酬费用

D. 管理费用

14. 记入“直接材料”成本项目的有（　　）。

A. 直接用于产品生产的原料费用

B. 直接用于产品生产的主要材料费用

C. 车间的机物料消耗

D. 直接用于产品生产的辅助材料费用

15. 要素费用中的外购材料费用，可能记入的成本项目有（　　）。

A. 直接材料　　B. 直接人工

C. 废品损失　　D. 制造费用

16. 要素费用中的职工薪酬费用，可能记入的账户有（　　）。

A. “制造费用”　　B. “销售费用”

C. “财务费用” D. “基本生产成本”

17. 下列各项中，属于产品销售费用的有（ ）。

A. 广告费 B. 委托代销手续费

C. 展览费 D. 专设销售机构的办公费

18. 下列各项中，可能计入财务费用的有（ ）。

A. 金融机构手续费 B. 利息费用

C. 汇兑损失 D. 利息收入

三、判断题

1. 为了正确地计算产品成本，应该也可能绝对正确地划分各个会计期间的费用界限。（ ）

2. 为了正确地计算产品成本，应该也可能绝对正确地划分各种产品的费用界限。（ ）

3. 为了正确地计算产品成本，应该也可能绝对正确地划分完工产品和在产品的费用界限。（ ）

4. 制定和修订定额，只是为了进行成本审核，与成本计算没有关系。（ ）

5. 企业生产经营的原始记录，是进行成本预测、编制成本计划、进行成本核算的依据。（ ）

6. 制定厂内计划价格是为了分清内部各单位的经济责任，便于分析内部各单位成本计划的完成情况和管理业绩，并加速和简化核算工作。（ ）

7. 为了尽可能地符合实际情况，厂内价格应该在年度内经常变动。（ ）

8. 所谓费用要素，就是费用按经济内容的分类。（ ）

9. 外购材料、外购动力属于费用要素。（ ）

10. 折旧费用和职工薪酬费用是产品成本项目。（ ）

11. 费用按经济内容分类，便于分析各种费用的支出是否节约、合理。（ ）

12. 产品成本项目就是计入产品成本的费用按经济内容分类核算的项目。（ ）

13. “直接人工”是反映直接参加产品生产工人的薪酬费用的产品成本项目。（ ）

14. 如果工艺上耗用的燃料和动力不多，可以将其中的燃料费用并入“直接材料”成本项目，将其中的动力费用并入“制造费用”成本项目。（ ）

15. 工业企业的期间费用按照经济内容可以分为销售费用、管理费用和财务费用。（ ）

16. 计入产品的各项生产费用按与生产工艺的关系可以分为直接计入费用和间接计入费用。（ ）

17. 计入产品的各项生产费用按与生产工艺的关系可以分为直接生产费用和间接生产费用。（ ）

18. 直接生产费用多数情况下是直接计入费用，间接生产费用多数情况下是间接计入费用。（ ）

19. 在只生产一种产品的企业（或车间）中，全部生产费用均属于直接计入费用。（ ）

20. 在只生产一种产品的企业（或车间）中，全部生产费用均属于直接生产费用。（ ）

21. 在联产品生产企业（或车间）中，全部生产费用均属于间接计入费用。（ ）

22. 在联产品生产企业(或车间)中,全部生产费用均属于间接生产费用。 ( )

23. 生产设备的折旧费用计入制造费用,因此它属于间接生产费用。 ( )

24. 直接生产费用既可能是直接计入费用,也可能是间接计入费用。 ( )

25. “基本生产成本”账户应该按成本计算对象设置明细分类账,账内按成本项目分设专栏或专行。 ( )

26. 为了核算企业的期间费用,应该设置“销售费用”“管理费用”和“制造费用”账户。 ( )

27. “辅助生产成本”账户月末应无余额。 ( )

四、简答题

1. 正确计算产品成本应该划分哪些费用界限?
2. 什么是费用要素?它具体包括哪些?
3. 什么是成本项目?企业一般应设置哪些成本项目?
4. 简述成本核算的一般程序。
5. 正确计算产品成本应该做好哪些基础工作?

第三章　费用在各种产品和期间费用之间的归集和分配

本章基本内容框架

- 各项费用要素的归集与分配
  - 材料费用的分配
  - 外购动力费用的分配
  - 职工薪酬的归集和分配
  - 固定资产折旧费用的分配
  - 利息费用
  - 税金
  - 其他费用
- 辅助生产费用的归集与分配
  - 辅助生产费用的核算与归集
  - 辅助生产费用的分配
    - 直接分配法
    - 顺序分配法
    - 交互分配法
    - 计划成本分配法
    - 代数分配法
- 制造费用的归集与分配
  - 制造费用的核算与归集
  - 制造费用的分配
    - 生产工人工资比例法
    - 生产工人工时比例法
    - 机器工时比例法
    - 年度计划分配率分配法
- 生产损失的核算

重点、难点讲解及典型例题

一、各项费用要素的归集和分配

(一) 材料费用的分配

1. 发出材料成本的计算

在日常核算中，材料的计价方法，可根据实际情况，采用实际成本计价或计划成本计价。

发出材料的计价方法有：个别计价法、先进先出法、加权平均法、移动加权平均法等。对于不同的材料可以采用不同的计价方法，材料计价方法一经确定，不应随意变动。

2. 材料费用的分配

生产所用的材料通常是按照产品品种分别领用的，属于直接计入费用，可根据领料凭证直接记入“基本生产成本”明细账的“直接材料”成本项目；对于不能按照产品品种分别领用，而是几种产品共同耗用的原料及主要材料，属于间接计入费用，应采用适当的分配方法，在各种产品之间进行分配后，才能记入“基本生产成本”明细账的“直接材料”成本项目。

原材料费用的分配标准很多，可以按照产品的重量、体积分配。在材料消耗定额比较准确的情况下，原材料费用可以按照产品的原材料定额消耗量的比例或原材料定额费用的比例分配。

【例题1·单项选择题】 生产经营过程中领用的，生产产品耗用的原材料，应记入(　　)账户。

A. “基本生产成本”　　B. “制造费用”

C. “管理费用”　　D. “销售费用”

【答案】 A

【解析】 选项B，车间一般耗用的，记入“制造费用”账户。选项C，一般管理部门耗用的原材料，记入“管理费用”账户。选项D，一般销售部门耗用的材料记入“销售费用”账户。

(二) 燃料费用的归集与分配

燃料实际上也是材料，因此企业可以将直接用于产品生产的燃料记入“基本生产成本”账户的“直接材料”成本项目。如果燃料费用在产品成本中比重较大时，可以与动力费用一起专设“直接燃料和动力”成本项目。

直接用于产品生产、专设成本项目的燃料费用，如果是一种产品耗用或者按照产品分别领用，则属于直接计入费用，可以直接记入“基本生产成本”账户及所属的“直接燃料和动力”成本项目；如果不能分产品领用，则应采用适当的分配方法，分配记入“基本生产成本”账户及其所属的“直接燃料和动力”成本项目。

直接用于基本生产或辅助生产但没有专设成本项目的燃料费用，应记入“生产成本”账户的借方及其所属明细账户的有关项目。车间管理消耗的燃料费用、厂部进行生产经营管理消耗的燃料费用、进行产品销售消耗的燃料费用等，应分别记入“制造费用(基本生产车间)”“管理费用”“销售费用”等账户。

【例题2·单项选择题】 在不设“直接燃料和动力”成本项目的情况下，直接用于产品生产的燃料费用在发生时，应记入的账户是(　　)。

A. “制造费用”　　B. “管理费用”

C. “销售费用”　　D. “基本生产成本”

【答案】 D

【解析】 直接用于基本生产但没有专设成本项目的燃料费用，应记入“基本生产成本”账户的借方及其所属的有关项目。

(三) 外购动力费用的分配

一般情况下，各车间、部门分别装有记录动力耗用量的仪器仪表，因此应按仪表记录的实际耗用量计算分配。

车间中的动力用电，一般不按产品分别安装电表，因而车间动力用电费在各种产品之间一般按产品的生产工时比例、机器工时比例、定额耗用量比例或其他比例分配。

(四) 职工薪酬的归集和分配

直接进行产品生产的生产工人工资，应记入“基本生产成本”账户及其所属的“直接人工”成本项目。

其中，生产工人的计件工资，属于直接计入费用，发生时直接记入某种产品成本明细账的“直接人工”成本项目。

生产工人的计时工资一般属于间接计入费用，如果是一种产品的计时工资，则可以直接记入该种产品成本明细账的“直接人工”成本项目；如果是多种产品的计时工资，则属于间接计入费用，需分配记入各种产品成本明细账的“直接人工”成本项目，分配时一般选择实际生产工时比例或定额生产工时比例等分配标准。

二、辅助生产费用的归集与分配

(一) 辅助生产费用的核算内容

辅助生产是指为基本生产车间、企业行政管理部门等单位服务而进行的产品生产或劳务供应活动。

(二) 辅助生产费用的分配

辅助生产费用的分配是指在月末，将辅助生产车间归集的各种费用分配到各受益对象的过程。辅助生产费用的分配通常采用的分配方法有：直接分配法、顺序分配法、交互分配法、代数分配法和计划成本分配法。

【例题3·单项选择题】 下列方法中，属于辅助生产费用的分配方法是(　　)。

A. 计划成本分配法　　B. 年度计划分配率分配法

C. 约当产量比例法　　D. 定额比例法

【答案】 A

【解析】 选项B，为制造费用的分配方法。选项CD，为生产费用在完工产品与在产品之间分配的方法。

【例题4·多项选择题】 下列方法中，属于辅助生产费用的分配方法是(　　)。

A. 计划成本分配法　　B. 直接分配法

C. 代数分配法　　D. 交互分配法

【答案】 ABCD

【解析】 ABCD均为辅助生产费用分配的方法。

1. 直接分配法

直接分配法是将各辅助生产车间发生的费用，直接分配给除辅助生产车间以外的各受益产品、单位，而不考虑各辅助生产车间之间相互提供产品或劳务的情况。

【例题5·单项选择题】 辅助生产费用的直接分配法，是将辅助生产费用(　　)。

A. 直接计入基本生产成本的方法

B. 直接计入辅助生产成本的方法

C. 直接分配给辅助生产车间以外的各受益单位的方法

D. 直接分配给所有受益单位的方法

【答案】 C

2. 顺序分配法

顺序分配法又称阶梯分配法，是指将辅助生产车间按照受益多少的顺序进行排列，受益少的排在前面，先行分配，受益多的排在后面，再行分配的一种方法。其分配特点是，前者分配给后者，而后者不分配给前者。

【例题6·单项选择题】 顺序分配法是将辅助生产费用按照（　　）的顺序进行分配的方法。

A. 先辅助生产、后基本生产　　B. 先辅助生产内部后对外

C. 辅助生产车间受益多少　　D. 先对外，后辅助生产内部

【答案】 C

【解析】 顺序分配法将辅助生产车间按照受益多少的顺序进行排列，受益少的排在前面，先行分配，受益多的排在后面，再行分配的一种方法。

3. 交互分配法

交互分配法是对各辅助生产车间的费用进行两次分配的方法。首先，根据各辅助生产车间相互提供的产品或劳务的数量和交互分配前的单位成本，在各辅助生产车间之间进行一次交互分配；然后，将各辅助生产车间交互分配后的实际费用（交互分配前的费用加上交互分配转入的费用，减去交互分配转出的费用），再按提供产品或劳务的数量和交互分配后的单位成本，在辅助生产车间以外的各受益单位进行分配。

【例题7·单项选择题】 采用辅助生产费用分配的交互分配法，对外分配的费用总额是（　　）。

A. 交互分配前的费用

B. 交互分配前的费用加上交互分配转入的费用

C. 交互分配前的费用减去交互分配转出的费用

D. 交互分配前的费用加上交互分配转入的费用减去交互分配转出的费用

【答案】 D

【解析】 交互分配法对各辅助生产车间的费用进行两次分配，对外分配费用的总额为交互分配前的费用加上交互分配转入的费用减去交互分配转出的费用

4. 代数分配法

代数分配法是运用代数中多元一次联立方程的原理分配辅助生产费用的一种方法。采用这种方法，首先，应根据各辅助生产车间相互提供产品和劳务的数量，求解联立方程组，计算辅助生产产品或劳务的单位成本；然后，根据各受益单位（包括辅助生产内部和外部各单位）耗用产品或劳务的数量和单位成本，计算分配辅助生产费用。

【例题8·单项选择题】 在下列辅助生产费用的分配方法中，分配结果最为准确的是（　　）。

A. 计划成本分配法　　B. 直接分配法

C. 代数分配法　　D. 交互分配法

【答案】 C

【解析】 代数分配法分配的结果最为准确。

5. 计划成本分配法

计划成本分配法是按照计划单位成本计算、分配辅助生产费用的一种方法。在这种方法下，辅助生产为各受益单位(包括其他辅助生产车间)提供的产品或劳务，一律按产品或劳务的实际耗用量和计划单位成本进行分配。辅助生产车间发生的实际费用，包括辅助生产交互分配转入的费用在内，与按计划单位成本分配转出的费用之间的差额，也就是辅助生产产品或劳务的成本差异，可以追加分配给辅助生产以外的各受益单位。为了简化计算工作，也可以全部记入“管理费用”账户。

【例题9·单项选择题】 采用计划成本分配法分配辅助生产费用时，辅助生产费用分配表中辅助生产实际成本(　　)。

A. 是正确的实际成本

B. 不是“纯粹”的实际成本

C. 是正确的计划成本

D. 是辅助生产车间本身的费用，不包括上一步转入的费用

【答案】 B

【解析】 计划成本分配法中某辅助生产车间实际总成本等于该辅助生产车间直接发生的费用加上其他辅助生产车间分配转入的计划成本。

三、制造费用的归集与分配

(一) 制造费用核算的内容

制造费用按产品生产或管理的要求分为三类：第一类是直接用于产品生产，但是管理上不要求或不便于单独核算，因而没有专设成本项目的生产费用，如租赁费、机器设备折旧费用等；第二类是间接用于产品生产，无法直接判断其归属的成本计算对象的生产费用，如车间机物料消耗、车间办公用房屋折旧费、保险费等；第三类是车间或其他生产部门为组织和管理生产所发生的费用，如车间管理人员工资及福利费、车间办公费、照明用电费等。

【例题10·单项选择题】 基本生产车间计提的机器设备折旧费，应借记(　　)账户。

A. “基本生产成本”　　B. “管理费用”

C. “制造费用”　　D. “销售费用”

【答案】 C

【解析】 基本生产车间计提的机器设备折旧费为直接用于产品生产，没有专设成本项目的生产费用，应记入“制造费用”账户。

(二) 制造费用的分配

如果基本生产车间只生产一种产品或劳务，所归集的制造费用应直接计入该种产品或劳务的成本。对于车间同时生产多种产品或提供多种劳务的，发生的制造费用应采用一定的分配方法分配计入各种产品成本中。

制造费用的分配方法有：生产工时比例法、生产工人工资比例法、机器工时比例法、年度计划分配率分配法等。企业可根据生产特点选择适当的分配方法分配制造费用，分配方法

一经确定，不得随意变动，以保证产品成本计算的客观性和可比性。

由于各车间制造费用水平不同，因此制造费用应按照各车间分别进行分配，而不得将各车间的制造费用统一在整个企业范围内分配。

【例题 11 · 多项选择题】 下列方法中，属于制造费用分配方法的有(　　)。

A. 计划成本分配法　　B. 年度计划分配率分配法

C. 机器工时比例法　　D. 代数分配法

【答案】 BC

【解析】 选项 AD，辅助生产费用分配方法。

四、废品损失的归集和分配

(一) 废品损失概念

废品损失是指由于产生废品而发生的损失，包括生产过程中发现的、入库后发现的不可修复废品的生产成本，以及可修复废品的修复费用，扣除回收的残料价值和应收赔偿款以后的废品净损失。

(二) 废品损失的分配

1. 不可修复废品损失的归集与分配

由于不可修复废品的成本与同种合格产品是同时发生的，并且已经归集计入该种产品的生产成本中。因此，为了归集和分配不可修复废品损失，首先应将不可修复废品的生产成本与合格品的生产成本分离。不可修复废品的成本计算，可按废品所耗实际费用计算，也可以按废品所耗定额费用计算。

(1) 按废品所耗实际成本计算不可修复废品的生产成本。按废品所耗实际成本计算不可修复废品损失的生产成本，是在废品报废时，根据废品与合格品实际发生的全部费用，按成本项目分别采用一定的分配方法，在合格品与废品之间进行分配，计算废品实际生产成本，从“基本生产成本”账户转入“废品损失”账户。

(2) 按废品所耗定额费用计算不可修复废品的生产成本。按定额费用计算不可修复废品的生产成本时，不考虑废品实际发生的费用，而是按废品数量和废品的各项费用定额计算废品的定额成本，扣除废品残料价值后，即为废品净损失。

2. 可修复废品损失的归集与分配

可修复废品返修之前发生的费用，已归集到“基本生产成本”账户相应成本项目中，不必转出，这是因为它不是废品损失。返修时发生的材料费用、人工费用、制造费用等，应根据有关凭证记入“废品损失”账户，若发生残料价值和责任人的赔偿，应冲减“废品损失”。最后，将可修复废品净损失由“废品损失”账户贷方转入“基本生产成本”明细账户下的“废品损失”成本项目。

【例题 12 · 多项选择题】 废品损失应该包括(　　)。

A. 不可修复废品的报废损失　　B. 可修复废品的修复费用

C. 不合格品的降价损失　　D. 产品保管不善的损坏变质损失

【答案】 AB

【解析】 选项 CD，废品损失包括不可修复废品的生产成本以及可修复废品的修复费用，不合格品的降价损失以及产品保管不善的损坏变质损失不属于废品损失。

思考与练习

一、单项选择题

1. 几种产品共同耗用的原材料费用，属于间接计入费用，应采用的分配方法是（ ）。

A. 计划成本分配法　　B. 材料定额费用比例分配法

C. 工时比例分配法　　D. 代数分配法

2. 生产工人工资比例法适用于（ ）。

A. 季节性生产的车间

B. 工时定额较准确的车间

C. 各种产品机械化程度相差不多的车间

D. 机械化程度较高的车间

3. 2月份生产合格品25件，料废品5件，加工失误产生废品2件，计件单价为4元，应付计件工资为（ ）元。

A. 100　　B. 120　　C. 128　　D. 108

4. 季节性生产企业，其制造费用的分配宜采用（ ）。

A. 年度计划分配率分配法　　B. 生产工时比例分配法

C. 生产工人工资比例分配法　　D. 机器工时比例分配法

5. 采用交互分配法分配辅助生产费用时，第二阶段的对外分配应（ ）。

A. 在辅助生产车间以外的各受益单位之间进行分配

B. 在辅助生产车间以内的各受益单位之间进行分配

C. 在辅助生产车间、部门之间进行分配

D. 只分配给基本生产车间

6. 直接分配法的特点是辅助生产费用（ ）。

A. 直接记入“辅助生产成本”账户

B. 直接分配给所有受益的车间、部门

C. 直接分配给辅助生产以外的各受益单位

D. 直接计入辅助生产提供的劳务成本

7. 将辅助生产车间费用先进行一次相互分配，然后再将辅助生产费用对辅助生产车间以外各受益对象进行分配，这种辅助生产费用的分配方法是（ ）。

A. 直接分配法　　B. 顺序分配法

C. 交互分配法　　D. 代数分配法

8. 在辅助生产费用分配方法中，不考虑各辅助生产车间相互提供产品和劳务的方法是（ ）。

A. 代数分配法　　B. 直接分配法

C. 交互分配法　　D. 计划成本分配法

9. 在辅助生产费用采用计划成本分配法时，为了简化计算工作，实际成本与计划成本间的差异一般全部计入(　　)。

A. 管理费用　　B. 生产成本

C. 制造费用　　D. 营业外损益

10. 辅助生产费用的顺序分配法,是指各辅助生产车间之间的费用分配应按照辅助生产车间(　　)的顺序分配。

A. 费用多的排列在前,费用少的排列在后

B. 费用少的排列在前,费用多的排列在后

C. 受益多的排列在前,受益少的排列在后

D. 受益少的排列在前,受益多的排列在后

11. "制造费用"账户月末(　　)。

A. 一定没有余额

B. 如果有余额,余额一定在借方

C. 如果有余额,余额一定在贷方

D. 可能有借方或贷方余额

12. 机器工时比例分配法适用于(　　)。

A. 制造费用较多的车间　　B. 制造费用较少的企业

C. 机械化程度较高的车间　　D. 机械化程度较低的车间

13. 废品损失不包括(　　)。

A. 修复废品人员的工资　　B. 修复废品使用的材料

C. 不可修复废品的报废损失　　D. 产品"三包"损失

14. 在进行产品成本核算时,要求单独核算的废品损失一般(　　)。

A. 在产品和完工产品之间采用特定方法进行分配

B. 全部由完工产品成本负担

C. 直接作为期间费用

D. 全部由月末在产品负担

15. 废品净损失分配转出时,应借记(　　)账户。

A. "废品损失"　　B. "基本生产成本"

C. "管理费用"　　D. "制造费用"

16. 某基本生产车间本月归集制造费用 15 000 元,本月该车间生产了 A、B 两种产品,产量分别为 200 件和 300 件。本月该车间为生产 A、B 产品共耗用生产工时 8 000 小时。其中 A 产品 3 000 小时,B 产品 5 000 小时。则该车间制造费用的分配率为(　　)。

A. 30　　B. 5　　C. 3　　D. 1.875

17. 李某本月生产甲零件 2 000 只,其中合格品 1 950 只,工废品 30 只,料废品 20 只。本月李某计算计件工资的甲零件数量是(　　)只。

A. 2 000　　B. 1 980　　C. 1 970　　D. 1 950

18. 下列制造费用分配方法中,使"制造费用"账户可能出现余额的是(　　)。

A. 生产工时比例法　　B. 生产工人工资比例法

C. 机器工时比例法　　D. 年度计划分配率法

19. 下列各项损失中，属于废品损失的项目是（　　）。
A. 入库后发现的生产中的废品损失
B. 可以降价出售的不合格品降价的损失
C. 产成品入库后由于保管不当发生的损失
D. 产品出售后发现的废品由于包退、包换和包修形成的损失
20. 企业在核算废品损失时，一般是指（　　）。
A. 辅助生产车间的废品损失
B. 基本生产车间的废品损失
C. 基本生产车间和辅助生产车间发生的废品损失
D. 产品销售后发生的废品损失
21. 产成品入库后，由于管理不当等原因造成的损失，应计入（　　）。
A. 管理费用　　B. 销售费用
C. 生产成本　　D. 营业外支出
22. 下列各项目中，属于废品损失的项目是（　　）。
A. 可修复废品的生产成本　　B. 不可修复废品的生产成本
C. 不合格品的降价损失　　D. 自然灾害造成的产成品损失
23. 计算出来的废品损失，应分配转由（　　）负担。
A. 本月的制造费用　　B. 本月的管理费用
C. 本月的同种合格产品成本　　D. 下月的同种产品成本
24. 由于自然灾害造成的非正常停工损失，应计入（　　）。
A. 营业外收入　　B. 营业外支出
C. 管理费用　　D. 制造费用

二、多项选择题

1. 发生下列各项费用时，可以直接借记“基本生产成本”账户的有（　　）。
A. 车间照明用电费
B. 构成产品实体的原材料费用
C. 车间管理人员工资
D. 车间生产工人工资
E. 车间办公费
2. 下列各项中，属于制造费用项目的有（　　）。
A. 生产车间的办公费　　B. 生产车间管理用具的摊销
C. 自然灾害引起的停工损失　　D. 生产车间管理人员的工资
E. 生产设备的折旧费
3. 制造费用的分配方法，主要包括（　　）。
A. 生产工时比例法　　B. 生产工人工资比例法
C. 机器工时比例法　　D. 年度计划分配率分配法
E. 直接分配法

4. 辅助生产车间一般不设置“制造费用”账户核算，是因为(　　)。
A. 没有必要
B. 辅助生产车间不对外销售产品
C. 为了简化核算工作
D. 辅助生产车间没有制造费用
E. 辅助生产车间规模较小，发生的制造费用较少
5. 在下列方法中，属于辅助生产费用分配方法的有(　　)。
A. 交互分配法　　B. 代数分配法
C. 定额比例法　　D. 直接分配法
E. 计划成本分配法
6. 分配辅助生产费用的各种方法中，有交互分配性质的有(　　)。
A. 交互分配法　　B. 代数分配法
C. 计划成本分配法　　D. 直接分配法
7. 计算废品净损失时，应考虑的内容有(　　)。
A. 生产过程中发现的不可修复废品的生产成本
B. 可修复废品的修复费用
C. 废品的残值
D. 废品的应收赔款
E. 入库后发现的生产过程中造成的不可修复废品的生产成本
8. 可修复废品的确认，必须满足的条件有(　　)。
A. 经过修理仍不能使用的
B. 所花费的修复费用在经济上合算的
C. 经过修理可以使用的
D. 所花费的修复费用在经济上不合算的
E. 不经过修理也可以使用的
9. 下列各项中，属于废品损失的有(　　)。
A. 不可修复废品的生产成本
B. 可修复废品的修理费用
C. 扣除回收的废品残料价值
D. 降价损失
E. 可修复废品返修以前的生产成本
10. 辅助生产费用的顺序分配法一般适用于(　　)。
A. 辅助生产车间相互提供产品或劳务有着明显顺序
B. 辅助生产车间相互提供产品或劳务没有顺序
C. 排列在先的辅助生产车间耗用排列在后的辅助生产车间的费用较少
D. 排列在先的辅助生产车间耗用排列在后的辅助生产车间的费用较多
E. 排列在先和排列在后的辅助生产车间耗用其他辅助生产车间的费用差不多
11. 在进行辅助生产费用分配时，应将分配出去的辅助生产费用从“辅助生产成本”账

户中转入(　　)账户。

A.“基本生产成本”　　B.“管理费用”

C.“制造费用”　　D.“销售工程”

12. 采用顺序分配法分配辅助生产费用时，辅助生产车间一般应该(　　)。

A. 按车间规模的大小顺序排列

B. 按车间受益多少顺序排列

C. 按车间规模大小或受益多少顺序排列

D. 规模小的车间先将费用分配出去

E. 受益少的车间先将费用分配出去

13. 采用交互分配法分配辅助生产车间的费用时，应该(　　)。

A. 先在企业内部各受益单位之间进行一次交互分配

B. 先在辅助生产内部各受益单位之间进行一次交互分配

C. 算出交互分配后的实际费用

D. 再向企业以外的各受益单位进行一次对外分配

E. 再向辅助生产车间以外的各受益单位进行一次对外分配

14.“废品损失”账户的借方登记(　　)。

A. 可修复废品的生产成本　　B. 不可修复废品的生产成本

C. 可修复废品的修复费用　　D. 不可修复废品的应收赔款

E. 不可修复废品的残值

15.“废品损失”账户贷方的对应账户可能有(　　)账户。

A.“基本生产成本”　　B.“其他应收款”

C.“制造费用”　　D.“原材料”

16.“废品损失”账户借方的对应账户可能有(　　)账户。

A.“基本生产成本”　　B.“其他应收款”

C.“制造费用”　　D.“原材料”

E.“应付职工薪酬”

三、判断题

1. 辅助生产车间提供的产品劳务，都是为基本生产车间服务的。(　　)

2. 制造费用与产品的生产工艺没有直接联系，因而都是间接计入费用。(　　)

3. 各种辅助生产费用分配方法的共同点，是在各辅助生产内部进行交互分配。(　　)

4. 采用顺序分配法分配辅助生产费用时，其顺序应该是受益多的排列在前，受益少的排列在后。(　　)

5. 辅助生产费用的直接分配法，就是将辅助生产费用直接计入各种辅助生产产品或劳务成本的方法。(　　)

6. 采用交互分配法分配辅助生产费用时，对外分配的辅助生产费用，应为交互分配前的费用加上交互分配时分配转入的费用。(　　)

7. 采用计划成本分配法分配辅助生产费用时，计算出的辅助生产车间实际发生的费

用，是完全的实际费用。 （　）

8. 在采用计时工资情况下，只生产一种产品，生产人员职工薪酬应直接计入该种产品成本。 （　）

9. 可修复废品返修以前发生的费用，应转出至“废品损失”明细账户中进行成本核算。 （　）

10. 可修复废品是指经过修理可以使用的废品。 （　）

四、简答题

1. 产品生产工人的薪酬费用（直接人工费用）的分配标准有哪些？
2. 简述辅助生产费用分配的直接分配法的特点、优缺点和使用情况。
3. 简述辅助生产费用分配的交互分配法的特点、分配程序和优缺点。
4. 简述辅助生产费用分配的计划成本分配法的特点、分配程序和优缺点。
5. 制造费用分配方法有哪些？它们各适用于何种情况？
6. 什么是废品损失？如何进行废品损失的核算？

五、计算题

1. 某企业201×年10月生产甲产品220件、乙产品256件，共同耗用材料6 240千克，该材料的实际成本为每千克7元。单件直接材料费用定额：甲产品12千克，乙产品10千克。

要求：按定额消耗量比例法分配材料费用并编制相关会计分录。

2. 甲、乙、丙三种产品共同耗用A原材料28 000元，本月甲、乙、丙三种产品产量分别为：100件、500件、300件，单位甲产品A材料的定额耗用量为15千克，单位乙产品A材料的定额耗用量为10千克，单位丙产品A材料的定额耗用量为25千克。

要求：按定额消耗量比例法分配材料费用并编制相关会计分录。

3. 某企业生产A、B两种产品，共同耗用燃料费用290 000元。单位产品的燃料费用定额为：A产品20元、B产品15元；当月的实际产量为：A产品5 000件、B产品3 000件。

要求：

(1) 采用定额费用比例法分配燃料费用。

(2) 编制耗用燃料的会计分录（分录中列示到明细账户及成本项目；该企业成本明细账不设“直接燃料和动力”成本项目；不专设“燃料”总账）。

(3) 编制耗用燃料的会计分录（分录中列示到明细科目及成本项目；该企业成本明细账专设“直接燃料和动力”成本项目；不专设“燃料”总账）。

4. 某企业201×年10月份耗电50 000度，每度电0.6元，电费尚未支付。该企业基本生产车间耗电40 000度，其中车间照明用电5 000度；行政管理部门耗电3 000度；另外，该企业有两个辅助生产车间——机修车间和供水车间。机修车间耗电4 000度，供水车间耗电3 000度。企业基本生产车间生产甲、乙两种产品，甲产品生产工时16 000小时，乙产品生产工时14 000小时。

要求：按耗电度数计算电力费用，其中甲、乙产品按生产工时比例分配电费。

5. 某工业企业某月共耗电7 600度，每度电1元，通过银行支付。月末查明各车间、部门耗电度数为:基本生产车间耗电 5 000 度,其中车间照明用电 500 度;辅助生产机修车间耗电 2 000 度,其中车间照明用电 300 度;企业管理部门耗电 600 度。

要求:

(1) 按所耗电度数计算电力费用,A、B 产品按生产工时分配电费。A 产品生产工时为 3 000 小时,B 产品生产工时为 2 000 小时。

(2) 编制该月支付与分配外购电费的会计分录(该企业基本生产成本明细账设“直接燃料和动力”成本项目;辅助车间不设“制造费用”明细账)。

6. 某企业基本生产车间李某的月工资标准为 3 124.5 元。7 月份出勤情况为:事假 2 天,病假 3 天,周末休假 9 天,实际出勤 17 天,该工人事假、病假期间无节假日,其病假工资按标准工资的 60%计算。

要求:

(1) 按 30 天计算日工资率,按出勤日数计算 7 月工资。

(2) 按 30 天计算日工资率,按缺勤日数扣工资计算 7 月工资。

(3) 按 20.83 天计算日工资率,按出勤日数计算 7 月工资。

(4) 按 20.83 天计算日工资率,按缺勤日数扣工资计算 7 月工资。

7. 某工业企业某生产工人加工甲乙两种产品。甲产品工时定额为 25 分钟,乙产品工时定额为 35 分钟。该工人的小时工资率为 12 元/小时。该工人某月加工甲产品 350 件(其中料废产品 50 件),乙产品 200 件(其中工废产品 10 件)。

要求:

(1) 计算该工人所产甲、乙两种产品的计件单价。

(2) 计算该工人该月应得的计件工资。

8. 某工业企业某工人本月加工甲产品 200 件(其中料废产品 8 件,工废产品 2 件),乙产品 60 件(全部合格)。甲产品工时定额为 45 分钟,乙产品工时定额为 90 分钟。该工人的小时工资率为 20 元/小时。

要求:

(1) 计算该工人所生产产品的定额工时总数。

(2) 计算该工人该月应得的计件工资。

9. 某企业基本生产第一车间生产甲、乙两种产品,10 月份生产工人的计时工资为 90 000 元,车间管理人员工资为 20 000 元,甲产品生产耗用定额工时 8 000 小时,乙产品生产耗用定额工时 1 000 小时。

要求:按定额工时比例分配甲、乙产品生产工人工资费用。

10. 某工业企业的基本生产车间生产 A、B、C 三种产品,其工时定额为:A 产品 15 分钟,B 产品 18 分钟,C 产品 12 分钟;本月产量为:A 产品 14 000 件,B 产品 10 000 件,C 产品 13 500 件。本月该企业工资总额为:基本生产车间生产工人计时工资 92 000 元,车间管理人员工资 4 500 元;辅助车间(锅炉)生产工人工资 2 800 元,车间管理人员工资 2 200 元;企业管理人员工资 12 600 元。

要求:

(1) 按定额工时比例将基本生产车间工人工资在 A、B、C 三种产品间分配。

(2) 编制工资费用分配的会计分录。

(辅助车间的制造费用不通过“制造费用”账户核算)(分录列示到明细账户及成本项目)

11. 某工业企业生产甲、乙两种产品，某月基本生产车间生产工人计件工资分别为甲产品 19 600 元、乙产品 16 400 元，甲、乙产品计时工资共计 840 000 元。该企业计时工资按生产工时比例分配，甲、乙产品生产工时分别为 72 000 小时、48 000 小时。另外，基本生产车间管理人员工资 10 000 元，辅助车间生产工人工资 14 000 元，厂部管理人员工资 30 000 元。

要求：

(1) 计算甲、乙产品生产工人工资费用。

(2) 编制工资费用分配的会计分录。

12. 某企业设有供电、机修两个辅助生产车间，201×年 6 月，供电车间费用8 900元，机修车间费用 13 900 元，该月修理劳务 4 000 工时，其中为供电车间修理 300 工时，为基本生产车间修理 2 800 工时，为企业管理部门修理 900 工时；该月供电 35 600 度，为机修车间提供 2 200 度，为基本生产车间生产甲产品提供 29 800 度，为基本车间照明用 1 600 度，为企业管理部门提供 2 000 度。该企业辅助生产车间不设“制造费用”账户。

要求:采用直接分配法计算分配供电、机修车间的费用，并编制有关会计分录。

13. 某企业设有供水车间和运输队两个辅助生产部门，辅助生产部门的制造费用，不通过“制造费用”明细账核算。供水车间本月发生费用 43 800 元，提供水38 000立方米，其中为运输队供水 500 立方米，为基本生产车间供水 36 000 立方米(基本车间一般耗用)，为行政管理部门供水 1 500 立方米。运输队本月发生费用 64 000 元，提供运输劳务 64 500 吨千米，其中，为供水车间提供 500 吨千米，为基本生产车间提供 60 000 吨千米，为行政管理部门提供 4 000 吨千米。

要求:采用顺序分配法分配辅助生产费用，并根据分配结果编制有关会计分录。

14. 某企业设有供水车间和供电车间两个辅助生产部门，辅助生产部门的制造费用，通过“制造费用”账户进行明细核算，本月各辅助生产车间发生的成本及提供的产品数量如表 3-1 所示。

表 3-1　　本月各辅助生产车间发生的成本及提供的产品数量表

项　目		供水车间	供电车间
待分配费用(元)	“辅助生产成本”账户	8 400	95 000
	“制造费用”账户	1 500	25 000
	小计	9 900	120 000
产品数量		9 000 立方米	150 000 度
耗用产品数量	供水车间		30 000 度
	供电车间	2 000 立方米	
	基本生产——甲产品		100 000 度
	基本生产车间	5 000 立方米	10 000 度
	行政管理部门	2 000 立方米	10 000 度

要求：采用交互分配法分配辅助生产费用，并编制相关分录。“基本生产成本”明细账设有“直接燃料和动力”成本项目，“辅助生产成本”明细账未设“直接燃料和动力”成本项目。

15. 某企业设有供水和供电两个辅助生产车间，辅助生产车间的制造费用不通过“制造费用”账户核算。供水车间本月发生费用 6 000 元，提供水 3 000 立方米，其中：供电车间用水 500 立方米，基本生产车间用水 2 000 立方米，行政管理部门用水 500 立方米。供电车间本月发生的费用为 10 000 元，供电 10 000 度，其中：为供水车间供电 400 度，为基本生产车间供电 9 200 度，为行政管理部门供电 400 度。

要求：用交互分配法计算分配供水、供电费用，编制有关会计分录(保留两位小数)。

16. 某企业设有供水车间和供电车间两个辅助生产部门，辅助生产部门的制造费用，通过“制造费用”账户进行明细核算，本月各辅助生产车间发生的成本及提供的产品数量如表 3-2 所示。

表 3-2　　本月各辅助生产车间发生的成本及提供的产品数量表

项目		供水车间	供电车间
待分配费用(元)	“辅助生产成本”账户	8 400	95 000
	“制造费用”账户	1 500	25 000
	小计	9 900	120 000
产品数量		9 000 立方米	150 000 度
耗用产品数量	供水车间		30 000 度
	供电车间	2 000 立方米	
	基本生产——甲产品		100 000 度
	基本生产车间	5 000 立方米	10 000 度
	行政管理部门	2 000 立方米	10 000 度

要求：采用代数分配法分配辅助生产费用，并编制相关分录。“基本生产成本”明细账设有“直接燃料和动力”成本项目，“辅助生产成本”明细账未设“直接燃料和动力”成本项目。

17. 某工业企业有供水和供电两个辅助生产车间，某年 5 月份供水车间供水9 000吨，全月发生的费用为 3 500 元，每吨水计划成本为 0.55 元。供电车间供电40 000度，全月发生的费用为 12 400 元，每度电计划成本 0.35 元。水电均为一般消耗用。本月各车间、部门消耗水电情况如表 3-3 所示。

表 3-3　　本月各车间、部门消耗水电情况表

耗用	单位	供水车间	供电车间	基本生产车间	管理部门
水	吨		1 000	6 500	1 500
电	度	4 000		30 000	6 000

辅助生产车间制造费用不通过“制造费用”账户核算。

要求：按计划成本分配法对辅助生产费用进行分配并编制相关的会计分录。

18. 某企业设有供水车间和运输队两个辅助生产部门，辅助生产部门的制造费用，通过"制造费用"账户进行明细核算，本月两个辅助生产部门的费用和提供的产品和劳务的数量如表 3-4 所示。

表 3-4　　本月各辅助生产车间发生的成本及提供的产品数量表

项目		供水车间	运输队
待分配费用(元)	"辅助生产成本"账户	8 000	15 000
	"制造费用"账户	2 000	5 000
	小计	10 000	20 000
产品或劳务数量		10 000 立方米	16 000 吨千米
计划单位成本(元)		1.1	1.2
耗用产品或劳务数量	供水车间		2 000 吨千米
	运输队	1 000 立方米	
	基本生产车间	8 000 立方米	10 000 吨千米
	行政管理部门	1 000 立方米	4 000 吨千米

要求：采用计划成本法分配辅助生产费用。

19. 某企业在生产甲、乙、丙三种产品时，发生制造费用 56 000 元。根据资料统计提供的机器工时：甲产品机器工时 20 000 小时；乙产品机器工时 14 000 小时；丙产品机器工时 30 000 小时。

要求：

(1) 按机器工时比例分配制造费用。

(2) 编制结转制造费用的会计分录(列示明细账户)。

20. 某企业基本生产车间全年制造费用计划为 234 000 元，全年各种产品的计划产量为：甲产品 19 000 件，乙产品 6 000 件，丙产品 8 000 件。单件产品工时定额为：甲产品 5 小时，乙产品 7 小时，丙产品 7.25 小时，本月实际产量：甲产品1 800 件，乙产品 700 件，丙产品 500 件。本月实际发生的制造费用 20 600 元。

要求：按年度计划分配率分配制造费用并编制相关的会计分录。

21. 某企业基本生产车间全年计划制造费用为 163 200 元；全年各产品的计划产量：甲产品 24 000 件，乙产品 18 000 件。单位产品工时定额：甲产品 4 小时，乙产品 6 小时。11 月份，月初"制造费用"账户贷方余额 150 元；该月实际产量为：甲 1 200 件，乙 1 000 件；该月实际制造费用为 9 100 元。

要求：

(1) 计算制造费用年度计划分配率。

(2) 计算并结转 11 月份应分配转出的制造费用。

(3) 计算 11 月月末制造费用的余额。

22. 某企业设置"废品损失"账户，单独核算废品损失。该企业本月生产甲产品 400 件，验收入库时发现不可修复废品 5 件。合格品和不可修复废品的全部生产工时为 3 130 小时，其中不可修复废品生产工时为 30 小时。甲产品明细账中所列合格品和不可修复废品的全部费用 66 430 元，其中直接材料 32 000 元，直接人工 15 650 元，制造费用 18 780 元。不可修复废品残料回收入库，计价 140 元，应收赔偿款 120 元。原材料在生产开始时一次投入，直接材料按合格品和不可修复废品数量比例分配，其他费用按生产工时比例分配。

要求：

（1）计算不可修复废品净损失。

（2）编制有关会计分录。

23. 某生产车间本月在 B 产品的生产过程中发现不可修复废品 10 件，按所耗定额费用计算不可修复废品的生产成本。单件原材料费用定额为 50 元，已完成的定额工时共计 150 小时，每小时的费用定额为：直接燃料和动力 1.50 元，直接人工 1.80 元，制造费用 1.20 元。不可修复废品的残料作价 80 元以辅助材料入库，应由过失人员赔款 20 元。废品净损失由当月同种产品成本负担。

要求：计算 B 产品不可修复废品成本及净损失并编制相关的会计分录。

第四章 生产费用在完工产品和在产品之间的分配

本章基本内容框架

- 在产品数量的核算
  - 在产品的概念
  - 在产品日常收发结存的核算
  - 在产品的清查
- 生产费用在完工产品和在产品间分配
  - 不计算在产品成本法
  - 在产品按年初数固定计算法
  - 在产品按所耗直接材料费用计价法
  - 约当产量比例法
  - 在产品按完工产品成本计算法
  - 在产品按定额成本计价法
  - 定额比例法
- 完工产品成本的结转

重点、难点讲解及典型例题

一、在产品的含义

企业的在产品是指没有完成全部生产过程，不能作为商品销售的产品。

在产品有狭义和广义之分。

狭义的在产品是指在某一生产车间或某一生产步骤内进行加工的在产品，包括已完成本车间的生产但尚未验收入库的半成品，不包括车间或生产步骤已完工的半成品。

广义的在产品是从整个企业范围来定义的，是指从材料投入生产开始，到最后制成产品验收入库等待出售前的一切未完工产品，不仅包括狭义的在产品，还包括已经完成部分加工阶段，已由中间仓库验收，但还需继续加工的半成品、等待验收入库的产成品以及正在返修和等待返修的废品等。

对于不准备在本企业继续加工，等待对外销售的自制半成品，应作为商品产品，不应列入在产品范围之内；不可修复的废品也不应列入在产品之内。

【例题1·多项选择题】 广义的在产品包括（　　）。

A. 正在车间加工中的产品　　B. 完工入库的自制半成品

C. 已完工但尚未验收入库的产成品　　D. 已完工且验收入库的产成品

【答案】 ABC

二、在产品数量的核算

在产品数量的核算，与其他材料物资结存的数量一样，应同时具备账面核算资料和实际盘点资料，即需完成两项工作：一是在产品收、发、结存的日常核算工作；二是在产品的清查工作。

在产品收发结存的日常核算，通常是通过设置“在产品收发结存账”(也叫在产品台账)进行核算的，该账应分别车间并按产品品种和在产品的名称(如零件、部件的名称)设置，以便用来反映各种在产品的收入、发出、结存的数量。

为了核实在产品数量，在进行在产品收发结存数量核算的同时，必须对在产品进行定期或不定期的清查盘点，以保证在产品的安全完整。

三、在产品按所耗直接材料费用计价法

在产品按所耗直接材料费用计价法是指月末在产品成本只计算耗用的直接材料费用，不计算所耗用的直接人工和制造费用等加工费用，产品的加工费用全部计入完工产品成本。某种产品的全部生产费用，减去按所耗直接材料费用计算的在产品成本，就是该种完工产品的成本。

这种方法适用于各月月末在产品数量较大，数量变化也较大，同时直接材料费用在成本中所占比重较大的产品。

【例题 2 · 多项选择题】 采用在产品按所耗直接材料费用计价法分配完工产品和月末在产品费用，应具备的条件有(　　)。

A. 原材料费用在产品成本中占比重较大

B. 各月在产品数量比较稳定

C. 各月月末在产品数量变化较小

D. 各月月末在产品数量变化较大

【答案】 AD

【解析】 在产品按所耗直接材料费用计价法适用于各月月末在产品数量较大，数量变化也较大，同时直接材料费用在成本中所占比重较大的产品。

四、约当产量比例法

1. 约当产量比例法的含义

约当产量比例法是将月末在产品数量按照完工程度折算为相当于完工产品的产量，即约当产量，然后按照完工产品产量与月末在产品约当产量的比例分配计算完工产品成本和月末在产品成本的一种方法。

在产品约当产量＝在产品数量×完工程度

某项费用分配率＝(月初在产品该项费用＋本月该项生产费用)÷(完工产品产量＋月末在产品约当产量)

$$完工产品某项费用=完工产品产量\times某项费用分配率$$
$$在产品某项费用=在产品约当产量\times某项费用分配率$$

2. 投料程度和完工程度的确定

在实际工作中，产品加工情况和直接材料投入千差万别，需要根据具体情况分别计算投料程度和完工程度。

1）投料程度的确定

（1）直接材料在生产开始时一次投入，则每件在产品和每件完工产品的直接材料消耗相同，其在产品投料程度按100%计算确定。直接材料成本项目不需要计算月末在产品的约当产量，可按照完工产品数量和在产品数量的比例进行分配。

（2）直接材料分工序在每道工序开始时一次投入，各工序所耗用的直接材料是在本工序开始时一次投入，同一工序内不论产品是否完工，所耗用的原材料数量是相同的。最后一道工序在产品的消耗数量，为完工产品的消耗定额，投料程度为100%。其计算公式如下：

$$某工序投料程度=\frac{前面各工序材料消耗定额之和+本工序材料消耗定额}{产品材料消耗定额}\times100\%$$

（3）直接材料随生产过程陆续投入，并且与产品加工程度不一致，则应按工序分别测定各工序在产品的投料程度。在确定各工序的投料程度时，一般以各工序的直接材料消耗定额为依据。其计算公式如下：

$$某工序投料程度=\frac{前面各工序材料消耗定额之和+本工序材料消耗定额\times50\%}{产品材料消耗定额}\times100\%$$

（4）直接材料随生产过程陆续投入，并且与产品加工程度一致，此时分配直接材料费用的在产品约当产量按照完工程度确定。

2）完工程度的确定

（1）平均计算。在各工序的产品数量和单位产品在各工序的加工量相差不多的情况下，后面各工序在产品多加工的程度可以抵补前面各工序少加工的程度，这样，通常一律按50%作为各工序在产品的完工程度。

（2）各工序分别测定完工率。为了提高成本计算的正确性并加速成本计算工作，可以根据各工序累计工时定额占全部产品工时定额的比率，确定各工序在产品的完工程度。在产品完工程度的计算公式为：

$$某工序在产品完工程度=\frac{前面各工序工时定额之和+本工序工时定额\times50\%}{产品工时定额}\times100\%$$

【例题3·多项选择题】 某产品由三道工序加工而成，原材料在每道工序中陆续投入，各工序的材料消耗定额分别为70千克、30千克和50千克，用约当产量法分配原材料费用时，下列选项中，正确的有（　　）。

A. 第一工序的投料程度为23.33%　　B. 第二工序的投料程度为56.67%

C. 第三工序的投料程度为100%　　D. 第三工序的投料程度为83.33%

【答案】 ABD

【解析】 第一道工序的投料程度为：(70×50%)÷150×100%=23.33%

第二道工序的投料程度为：(70＋30×50％)÷150×100％＝56.67％

第三道工序的投料程度为：(70＋30＋50×50％)÷150×100％＝83.33％。

五、定额比例法

定额比例法是产品的生产费用按照完工产品和月末在产品的定额消耗量或定额费用的比例，分配计算完工产品成本和月末在产品成本的方法。其中，直接材料费用按照直接材料定额消耗量或直接材料定额费用比例分配；直接人工等加工费用可以按定额工时的比例分配，也可按定额费用比例分配。

定额比例法的计算公式为：

$$\text{某项费用分配率}=\frac{\text{月初在产品实际费用}+\text{本月实际生产费用}}{\text{完工产品定额费用(定额工时)}+\text{月末在产品定额费用(定额工时)}}$$

完工产品某项实际费用＝完工产品定额费用(定额工时)×某项费用分配率

月末在产品某项实际费用＝月末在产品定额费用(定额工时)×某项费用分配率

该方法适用于定额管理基础较好，各项消耗定额或费用定额比较准确、稳定，各月月末在产品数量变化较大的产品。

【例题4·多项选择题】 采用定额比例法分配完工产品和月末在产品成本，应具备的条件有(　　)。

A. 各月月末在产品数量变化较大　　B. 各月月末在产品数量变化不大

C. 消耗定额或成本定额比较稳定　　D. 消耗定额或成本定额波动较大

【答案】 AC

【解析】 定额比例法适用于定额管理基础较好，各项消耗定额或费用定额比较准确、稳定，各月月末在产品数量变化较大的产品。这是因为，月初和月末在产品费用脱离定额的差异要在完工产品和月末在产品之间按比例分配，从而提高产品成本计算的准确性。

思考与练习

一、单项选择题

1. 狭义的在产品是指(　　)。

A. 正在车间加工的在产品　　B. 需进一步加工的半成品

C. 对外销售的自制半成品　　D. 产成品

2. 不计算在产品成本法的适用范围是(　　)。

A. 月末在产品数量变化较小　　B. 月末在产品数量很少

C. 月末在产品数量较多　　D. 月末在产品数量均衡

3. 企业月末在产品数量较多、各月在产品数量变化不大时，最适宜将产品生产费用在完工产品和月末在产品之间分配的方法是(　　)。

A. 定额比例法　　B. 不计算在产品成本法

C. 约当产量比例法　　D. 在产品按年初数固定计算法

4. 在产品按所耗直接材料费用计价法，适用于(　　)。

A. 各月在产品数量变化较大的产品

B. 各月月末在产品数量较大的产品

C. 原材料费用在成本中所占比重较大的产品

D. 同时具备以上三个条件的产品

5. 某工业企业甲产品的原材料在生产开始时一次投入，产品成本中的原材料费用所占比重很大，月末在产品按其所耗原材料费用计价，月初在产品费用为8 000元，该月生产费用为：直接材料为16 000元，直接人工为3 000元，制造费用为4 000元，该月完工产品500件，月末在产品300件。完工产品成本为(　　)元。

A. 15 000　　B. 22 000　　C. 9 000　　D. 18 000

6. 某企业生产的产品需要经过若干加工工序才能形成产成品，且月末在产品数量变动较大，产品成本中原材料与其他加工成本所占比重相差不大。该企业在完工产品和在产品之间分配生产费用时，宜采用(　　)。

A. 不计算在产品成本法　　B. 在产品按年初数固定计算法

C. 在产品按所耗直接材料费用计算法　　D. 约当产量比例法

7. A产品要经过三道工序完成，各工序的材料所占比例分别为50%、35%和15%，材料在生产开始时一次投入，则第二步在产品的投料程度是(　　)。

A. 100%　　B. 50%　　C. 85%　　D. 35%

8. A产品要经过三道工序完成，各工序的定额工时分别为30小时、10小时和10小时，则第二工序的在产品完工程度是(　　)。

A. 50%　　B. 70%　　C. 80%　　D. 90%

9. B产品要经过三道工序完成，各工序的月末在产品数量分别为100件、120件和150件，各工序在产品的完工程度分别为30%、65%和85%，若该产品的定额工时为50小时，则第三工序的定额工时为(　　)小时。

A. 10　　B. 15　　C. 20　　D. 25

10. 月末在产品数量较大且各月月末在产品数量变化较大，产品中各成本项目费用的比重相差不多的产品，其产品成本计算应采用(　　)。

A. 在产品按定额成本计价法　　B. 定额比例法

C. 约当产量比例法　　D. 在产品按年初数固定计算法

11. 定额基础管理较好，各种产品有健全、正确的定额资料的企业，月末在产品数量变化较大的产品，产品成本的计算应采用(　　)。

A. 在产品按定额成本计价法　　B. 定额比例法

C. 约当产量比例法　　D. 在产品按年初数固定计算法

12. 采用约当产量比例法，原材料费用按完工产品和月末在产品数量分配时应具备的条件是(　　)。

A. 原材料是陆续投入的

B. 原材料是生产开始时一次投入的

C. 原材料在产品成本中所占比重大

D. 原材料按定额投入

13. 在定额管理基础较好，消耗定额准确、稳定，而且月初、月末在产品数量变化不大的条件下，产品成本计算应采用（　　）。

A. 在产品按定额成本计价法　　B. 定额比例法

C. 约当产量比例法　　D. 在产品按年初数固定计算法

14. 约当产量比例法下，分配加工费用时所采用的在产品的完工率是指产品（　　）与完工产品工时定额的比率。

A. 所在工序的工时定额

B. 前面各工序工时定额与所在工序工时定额一半的合计数

C. 所在工序的累计工时定额

D. 所在工序的工时定额一半

15. 某企业产品经过两道工序，各工序的工时定额分别为 30 小时和 40 小时，则第二道工序的完工率为（　　）。

A. 68%　　B. 69%　　C. 70%　　D. 71%

16. 下列方法中，不属于完工产品与月末在产品之间分配费用的方法是（　　）。

A. 约当产量比例法　　B. 不计算在产品成本法

C. 年度计划分配率分配法　　D. 定额比例法

17. 在产品按完工产品成本计算法下，按完工产品和月末在产品数量比例，分配计算完工产品和月末在产品成本，必须具备的条件是（　　）。

A. 在产品已接近完工　　B. 原材料在生产开始时一次投料

C. 在产品原材料费用比重较大　　D. 各项消耗定额比较准确、稳定

18. 某产品经过两道工序加工完成。第一道工序月末在产品数量为 100 件，完工程度为 20%；第二道工序的月末在产品数量为 200 件，完工程度为 70%。据此计算的月末在产品约当产量为（　　）件。

A. 20　　B. 135　　C. 140　　D. 160

19. 甲产品经过两道工序加工完成，采用约当产量比例法将直接人工成本在完工产品和月末在产品之间进行分配。甲产品月初在产品和本月发生的直接人工成本总计 23 200 元。本月完工产品 200 件；月末第一道工序在产品 20 件，已完成全部工序的 40%；第二道工序在产品 40 件，完成全部工序的 60%。月末在产品的直接人工成本为（　　）元。

A. 2 400　　B. 3 200　　C. 6 000　　D. 20 000

20. 采用约当产量比例法，当各工序在产品数量和单位产品在各工序的加工量都相差不多的情况下，全部在产品完工程度可按（　　）平均计算。

A. 80%　　B. 25%　　C. 50%　　D. 75%

二、多项选择题

1. 广义的在产品是指（　　）。

A. 全部加工中的在产品和半成品

B. 尚在本步骤加工中的在产品

C. 转入各半成品库的半成品

D. 准备对外销售的半成品

E. 已从半成品库转到以后各步骤进一步加工，尚未最后制成的半成品

2. 下列各项中，属于企业在确定生产成本在完工产品与在产品之间的分配方法时，应考虑的具体条件的有（　　）。

A. 在产品数量的多少　　B. 定额管理基础的好坏

C. 各项成本比重的大小　　D. 各月在产品数量变化的大小

3. 下列各项中，属于生产费用在完工产品与在产品之间分配的方法的有（　　）。

A. 约当产量比例法　　B. 交互分配法

C. 不计算在产品成本法　　D. 定额比例法

4. 下列各项中，需要用费用定额来计算月末在产品成本的方法有（　　）。

A. 不计算在产品成本法　　B. 定额成本法

C. 约当产量比例法　　D. 定额比例法

5. 按约当产量比例法计算产品成本的适用条件有（　　）。

A. 期初在产品数量较多　　B. 月末在产品数量较多

C. 各月在产品数量变化大　　D. 各个成本项目所占比重相差不大

E. 各个成本项目所占比重相差大

6. 采用定额成本法计算产品成本时，本期完工产品成本中包括（　　）。

A. 本期完工产品实际成本

B. 期初在产品实际成本与定额成本差异

C. 期初在产品成本

D. 月末在产品实际成本与定额成本差异

E. 月末在产品的定额成本

7. 在产品按所耗直接材料费用计算适用于（　　）的产品。

A. 月末在产品数量较多

B. 各月在产品数量变化较大

C. 直接材料费用在成本中占的比重较大

D. 定额管理基础较好

8. 分配计算完工产品和月末在产品的费用时，采用在产品按定额成本计价法所具备的条件有（　　）。

A. 各月月末在产品数量变化较大　　B. 产品的消耗定额比较稳定

C. 各月月末在产品数量变化比较小　　D. 产品的消耗定额比较准确

9. 下列各项中，属于产品成本计算方法的有（　　）。

A. 直接分配法　　B. 定额比例法

C. 约当产量比例法　　D. 品种法

10. 采用约当产量比例法，必须正确计算在产品的约当产量，而在产品约当产量计算的正确与否取决于产品完工程度的测定，测定在产品完工程度的方法有（　　）。

A. 按50%平均计算各工序完工率　　B. 分工序分别计算完工率

C. 按定额比例法计算　　D. 以上三种方法均是

三、判断题

1. 为了反映完工产品成本构成情况，分配生产费用时，应按成本项目分别计算。（　）

2. 按定额比例法计算产品成本，各成本项目一般以原材料定额消耗量作为分配标准。（　）

3. 在产品数量的日常核算，可以通过设置“在产品台账”来进行。（　）

4. 任何企业都可采用定额成本法在完工产品与在产品之间分配生产费用。（　）

5. 将在产品按其完工程度折合为完工产品的产量称为约当产量。（　）

6. 广义的在产品，包括狭义的在产品和已经完成一个或多个生产步骤，尚未最终完工需要继续加工的自制半成品。（　）

7. 采用在产品按年初数固定计算法对在产品计价时，年内1月份至11月份本月发生的生产费用，等于本月完工产品成本。（　）

8. 当月末既有完工产品，又有未完工产品，就必须将归集的生产费用任意选择一种方法在完工产品和月末在产品之间进行分配。（　）

9. 某工序在产品的完工率为该工序止累计的工时定额与完工产品工时定额的比率。（　）

10. 原材料在生产过程中陆续投入时，应当根据该工序在产品累计已投入的材料费用占完工产品应投入的材料费用的比重来计算在产品的投料程度。（　）

11. 约当产量比例法适用于月末在产品数量大，各月月末在产品数量变化也较大，其原材料费用在成本中所占比重较大的产品。（　）

12. 由于完工程度不同，完工产品与月末在产品的各项加工费用均不能按照它们的数量比例来分配计算，而应按约当产量比例来分配计算。（　）

13. 采用定额比例法和定额成本法计算产品成本，其计算结果应当是一致的。（　）

14. 月末在产品数量变化较大且接近完工时，则月末在产品可按年初数固定计算。（　）

15. 在产品只计算材料成本时，本月完工产品成本总是小于本月发生的生产费用。（　）

16. 在产品约当产量是指期末在产品折合为完工产品的数量。（　）

17. 采用约当产量比例法时，当各道工序的在产品数量和在产品加工量比较均衡时，全部在产品的平均完工程度可按50%计算。（　）

18. 采用约当产量比例法计算产品成本，分配直接材料费用时必须考虑原材料的投料方式。（　）

19. 月末在产品按定额成本计算，实际费用脱离定额的差异完全由完工产品负担。（　）

20. 采用定额比例法计算月末在产品成本必须具备较好的定额管理基础，而且月初、月末在产品数量变化不大的产品。（　）

21. 采用在产品按年初数固定计算的方法时，年内各月的在产品成本都按年初数固定计算，永远不变。（　）

四、计算题

1. 某企业生产 A 产品，月末在产品的数量很少，采用不计算在产品成本法。5 月份发生的生产费用为：直接材料费用 7 200 元，直接燃料和动力 2 400 元，直接人工 1 800 元，制造费用 800 元。本月完工产品 200 件，月末在产品 2 件。

要求：计算 5 月份 A 产品完工产品的总成本和单位成本，并填入表 4-1 中。

表 4-1　　产品成本计算单（不计算在产品成本法）

产品名称：A 产品　　201×年 5 月　　单位：元

摘　　要	直接材料	直接人工	直接燃料和动力	制造费用	合计
本月生产费用					
本月完工产品成本					
完工产品单位成本					

2. 某企业生产甲产品，月末在产品的数量较大，但各月月末在产品数量变化不大，在产品按年初数固定计算。在产品年初固定成本为：直接材料费用 3 600 元，直接燃料和动力 2 400 元，直接人工 1 400 元，制造费用 1 200 元。5 月份生产费用：直接材料费用 7 600 元，直接燃料和动力 6 400 元，直接人工 3 800 元，制造费用 2 000 元。本月完工产品 200 件，月末在产品 100 件。

要求：计算本月甲产品完工产品的总成本和单位成本，并填入表 4-2 中。

表 4-2　　产品成本计算单（在产品按年初数固定计价法）

产品名称：甲产品　　201×年 5 月　　单位：元

摘　　要	直接材料	直接燃料和动力	直接人工	制造费用	合计
月初在产品成本					
本月生产费用					
生产费用合计					
本月完工产品成本					
完工产品单位成本					
月末在产品成本					

3. 某企业生产乙产品，直接材料在生产开始时一次性投入。该产品直接材料费用在产品成本中所占比重较大，完工产品与在产品之间的费用分配采用在产品按所耗直接材料费用计价法。乙产品月初在产品直接材料费用（即月初在产品成本）为 40 000 元，本月发生直接材料费用 210 000 元，直接人工 8 500 元，制造费用1 700元，完工产品 850 件，月末在产品 150 件。

要求：计算乙完工产品的总成本和单位成本以及月末在产品成本，并填入表 4-3 中。

表 4-3　　产品成本计算单(在产品按所耗原材料费用计价法)

产品名称:乙产品　　201×年 5 月　　单位:元

摘　　要	直接材料	直接人工	制造费用	合计
月初在产品成本				
本月生产费用				
生产费用累计				
本月完工产品成本				
完工产品单位成本				
月末在产品成本				

4. 某企业生产的甲产品,材料成本占产品成本比重较大,完工产品与在产品之间的费用分配采用在产品按所耗直接材料费用计价法。材料在生产开始时一次性投入,5 月份月初在产品成本为 52 400 元,月初在产品数量为 400 件,本月投产 800 件,本月发生的生产费用为 110 000 元,其中直接材料为 100 000 元,直接人工 4 000 元,制造费用 6 000 元,月末完工产品 1 000 件,月末在产品为 200 件。

要求:计算月末在产品及完工产品成本。

5. 某种产品需经两道工序制成,原材料消耗定额为 500 千克,其中:第一道工序原材料消耗定额为 240 千克,第二道工序原材料消耗定额为 260 千克。第一道工序在产品为 200 件,第二道工序在产品为 150 件。

要求:

(1) 原材料随加工进度陆续投入,其投料程度与工时投入进度不一致。

(2) 原材料随加工进度分工序投入,但在每一道工序则是在开始时一次投入。

根据以上两种情况,分别计算在产品的投料度和约当产量。

6. 某企业 8 月份生产的甲产品经过三个生产工序,各工序单位产品工时定额及在产品数量见表 4-4,各工序在产品完工程度按平均 50%计算。

表 4-4　　工时定额及在产品数量

工　序	工时定额(小时)	各工序在产品数量(件)
一	32	250
二	40	360
三	28	160
合计	100	770

要求:计算各工序的完工率和约当产量并编制表格(见表 4-5)。

表 4-5　　各工序的完工率和约当产量计算表

工　序	工时定额	完工率%	在产品数量	约当产量

7. 某企业生产甲产品，经过三道工序加工，原材料分工序投入，且在每道工序开始时一次性投入，各工序的有关资料见表 4-6。

表 4-6　　在产品数量及定额资料

工　序	直接材料定额（千克）	工时定额（小时）	在产品数量（台）
一	280	80	60
二	168	160	70
三	112	60	30
合计	560	300	160

要求：根据表 4-6 资料，计算各道工序在产品投料度、完工率以及约当产量。

8. 某企业生产的甲产品需经过两道工序制造完成，原材料在生产开始时一次性投入，该产品各工序的工时定额和月末在产品数量如表 4-7 所示。

表 4-7　　在产品数量及工时定额资料

工　序	各工序工时定额（小时）	月末在产品数量（件）
一	90	500
二	60	400
合计	150	900

该企业 12 月份完工产品 600 件，12 月份产品费用见表 4-8。

表 4-8　　12 月份产品费用表　　单位：元

项　目	直接材料	直接人工	制造费用	合计
月初在产品成本	21 000	4 010	2 035	27 045
本月生产费用	0	3 801	1 603	5 404
合计	21 000	7 811	3 638	32 421

要求：根据资料，采用约当产量比例法分配计算完工产品和月末在产品的成本。

9. 乙产品月初在产品费用和本月发生费用累计数为：直接材料费用 25 600 元，直接人工 5 600 元，制造费用 6 400 元。完工产品 600 件，月末在产品 200 件，该产品已接近完工，月末在产品成本按完工产品成本计算。

要求:计算完工产品与月末在产品的成本(见表 4-9)。

表 4-9　　**产品成本计算单(在产品按完工产品计算法)**

产品名称:乙产品　　201×年 5 月　　单位:元

摘　　要	直接材料	直接人工	制造费用	合计
生产费用累计				
费用分配率				
完工产品成本				
月末在产品成本				

10. 丙产品各项消耗定额比较准确、稳定,各月在产品数量变化不大,月末在产品按定额成本计价。该产品 8 月初和本月的生产费用合计为:直接材料 54 500 元,直接人工 28 500 元,制造费用 13 200 元。直接材料是在生产开始时一次性投入,单位产品的直接材料费用定额为 80 元。月末在产品 90 件,定额工时 400 小时。每小时费用定额:直接人工费用 20 元,制造费用 9 元。

要求:采用月末在产品按定额成本计价法,分配计算月末在产品成本和完工产品成本。

11. A 产品原材料消耗定额为 50 元,原材料在生产开始时一次性投入,该产品分两道工序加工,第一道工序工时定额为 4 小时,第二道工序工时定额为 2 小时。每小时费用定额为:工资 4 元,制造费用 3 元,A 产品 5 月份完工 300 件,本月月末在产品为第一道工序 80 件,第二道工序 70 件,生产费用合计为直接材料22 300 元,直接人工 9 200 元,制造费用 7 000 元,合计 38 500 元。在产品所在工序工时按 50%计算。

要求:采用在产品按定额成本计价法计算在产品定额成本和完工产品成本。

12. 某企业生产的 A 产品采用定额比例法计算分配完工产品与在产品成本,直接材料按定额费用比例分配,其他费用按定额工时比例分配。6 月份生产成本明细账的部分数据如表 4-10 所示。

表 4-10　　**产品成本明细账**

产品名称:A 产品　　201×年 6 月　　单位:元

项目		直接材料	直接人工	制造费用	合计
月初在产品成本		3 000	1 000	1 500	
本月生产费用		8 000	4 000	6 500	
生产费用合计					
完工产品成本	实际				
	定额	8 000	3 000(工时)	3 000(工时)	
月末在产品成本	实际				
	定额	2 000	1 000(工时)	1 000(工时)	

要求:采用定额比例法计算完工产品成本和月末在产品成本。

13. 某企业生产的 A 产品采用定额比例法计算分配完工产品与在产品成本,直接材料按定额费用比例分配，其他费用按定额工时比例分配。6月份生产成本明细账的部分数据如表4-11所示。本月完工产品100件，单位定额：直接材料80元，工时定额40小时。

表4-11　　A产品定额及实际成本资料

201×年6月　　单位：元

项目	月初在产品费用		本月生产费用	
	定额	实际	定额	实际
直接材料	3 000	3 500	7 000	7 500
直接人工	2 000(工时)	2 500	3 000(工时)	3 500
制造费用	2 000(工时)	1 500	3 000(工时)	2 500

要求：采用定额比例法计算完工产品成本和在产品成本。

五、实训题

生产费用在完工产品和月末在产品之间的分配

华夏企业201×年9月生产乙产品，有关月初在产品成本和本月生产费用如表4-12所示。

表4-12　　月初在产品成本和本月生产费用

201×年9月　　单位：元

项　目	直接材料	直接燃料动力	直接人工	制造费用	合　计
月初在产品成本	4 680	230	970	600	6 480
本月生产费用	43 460	3 170	5 880	2 300	54 810

其他资料如下：

(1) 乙产品本月完工80件，月末在产品20件，原材料在生产开始时一次性投入，在产品完工程度50%。

(2) 乙产品月末在产品单件定额成本为：直接材料470元，直接燃料和动力20元，直接人工42元，制造费用18元。

(3) 乙产品完工产品单件定额成本为：直接材料470元，直接燃料和动力36元，直接人工70元，制造费用31元。

要求：根据上列资料，按照以下几种分配方法计算乙产品完工产品成本和月末在产品成本。

(1) 按约当产量比例法分配计算，见表4-13。

(2) 在产品按定额成本计价法分配计算，见表4-14。

(3) 按定额比例法分配计算，见表4-15。

(4) 在产品按年初数固定计算法，见表4-16。

(5) 在产品按所耗直接材料费用计价法(月初在产品直接材料费为4 680元，其余不考虑)，见表4-17。

表 4-13

乙产品成本计算单

（约当产量比例法）

单元：元

摘　　要	直接材料	直接燃料和动力	直接人工	制造费用	合　计
月初在产品成本					
本月生产费用					
合　计					
约当总产量					
分配率					
完工产品成本					
月末在产品成本					

表 4-14

乙产品成本计算单

（在产品按定额成本计价法）

单位：元

摘　　要	直接材料	直接燃料和动力	直接人工	制造费用	合　计
月初在产品成本					
本月生产费用					
合　计					
完工产品成本					
月末在产品成本					

表 4-15

乙产品成本计算单

（定额比例法）

单位：元

摘　　要	直接材料	直接燃料和动力	直接人工	制造费用	合　计
月初在产品成本					
本月生产费用					
合　计					
完工产品的定额成本					
期末在产品的定额成本					
合　计					
分配率					
完工产品的实际成本					
期末在产品实际成本					

表 4-16

乙产品成本计算单

（在产品按年初数固定计算法）

单位:元

摘　　要	直接材料	直接燃料和动力	直接人工	制造费用	合　计
月初在产品成本					
本月生产费用					
合　计					
完工产品成本					
月末在产品成本					

表 4-17

乙产品成本计算单

（在产品按所耗直接材料费用计价法）

单位:元

摘　　要	直接材料	直接燃料和动力	直接人工	制造费用	合　计
月初在产品成本					
本月生产费用					
合　计					
约当产量					
分配率					
完工产品成本					
月末在产品成本					

第五章　产品成本计算方法概述

本章基本内容框架

- 生产的分类
  - 按生产工艺过程分类
  - 按生产组织特点分类
- 生产特点和管理要求对产品成本计算的影响
  - 生产特点对产品成本计算的影响
  - 成本管理要求对成本计算的影响
- 产品成本计算的主要方法
  - 产品成本计算的基本方法
    - 品种法
    - 分批法
    - 分步法
  - 产品成本计算的辅助方法
- 产品成本计算方法的应用
  - 几种产品成本计算方法同时应用
  - 几种产品成本计算方法结合应用

重点、难点讲解及典型例题

一、生产的分类

（一）按生产工艺过程分类

1. 单步骤生产

单步骤生产亦称简单生产，是指产品的生产过程在生产技术上不能间断，或由于工作地点的限制，不能分散到不同的地点进行的单阶段生产。

2. 多步骤生产

多步骤生产亦称复杂生产，是指产品的生产过程在生产技术上可以间断，整个生产过程可以分成若干步骤，或分在不同的地点由不同的企业或车间协作完成的生产。

多步骤生产按照产品的加工方式和各个生产步骤的内在联系，又可分为连续式多步骤生产和装配式多步骤生产。

（二）按生产组织特点分类

按照生产组织的特点，企业生产类型可分为大量生产、成批生产和单件生产三种类型。

1. 大量生产

大量生产是指连续不断地重复生产一种或几种产品的生产。

2. 成批生产

成批生产是指按照产品的批别和数量进行的生产。成批生产按生产批量大小又可分为大批生产和小批生产。在大批生产中，由于产品批量较大，往往需要几个月内不断地重复生产一种或几种产品，因而性质上接近于大量生产；在小批生产中，由于批量较少，其特点近似于单件生产。

3. 单件生产

单件生产是指按照客户订单要求的品种、规格和数量来组织生产个别的、性质特殊的产品生产，如船舶、重型机械、精密仪器、专用设备、新产品试制等行业的生产。

在实际工作中，大量生产与大批生产，小批生产与单件生产难以绝对区分，因而常将大批生产与大量生产统称为大量大批生产，小批生产与单件生产统称为单件小批生产。

【例题 1 · 多项选择题】 工业企业的生产，按其生产工艺的特点可以分为（　　）。

A. 单步骤生产

B. 大量、大批生产

C. 多步骤生产

D. 小批、单件生产

【答案】 AC

二、生产特点和管理要求对产品成本计算的影响

1. 对成本计算对象的影响

（1）以产品品种为成本计算对象。

（2）以产品批别（或订单）为成本计算对象。

（3）以产品生产步骤和品种为成本计算对象。

2. 对成本计算期的影响

成本计算期一般有两种：

（1）成本计算期与会计报告期一致，与产品生产周期不一致。

（2）成本计算期与生产周期一致，而与会计报告期不一致。

3. 对生产费用在完工产品和月末在产品之间分配的影响

（1）在单步骤生产方式下，不论是大量大批生产还是单件小批生产方式，因单步骤生产过程不能间断，往往没有月末在产品，或在产品数量很少，因此一般不需要将生产费用在完工产品和月末在产品之间分配。

（2）在大量大批多步骤生产的方式下，由于多步骤生产中间可以间断，且是大量大批的生产，产品不可能同时完工，月末经常有在产品，且在产品数量不稳定，因而在计算成本时，就需要采用适当的方法，将生产费用（含月初在产品成本）在完工产品与月末在产品之间进行分配，以便确定完工产品成本和月末在产品成本。

（3）在单件小批多步骤生产方式下，因为生产数量较少，各批产品基本可以同时完工，因此，在产品完工之前，归集在产品成本明细账中的生产费用均为在产品成本；完工后，归集的生产费用就是完工产品成本，一般不需要将生产费用在完工产品与月末在产品之间进行分配。

【例题 2 · 单项选择题】 计算产品成本，首先要确定（　　）。

A. 成本计算对象

B. 产品成本计算期

C. 完工产品与在产品之间的费用分配方法

D. 间接计入费用的分配方法

【答案】 A

【解析】 计算产品成本，首先要确定计算谁的成本，即确定成本计算对象。

三、产品成本计算的主要方法

（一）产品成本计算的基本方法（见表 5-1）

表 5-1　　产品成本计算的基本方法

成本计算方法	成本计算对象	成本计算期	生产费用在完工产品与在产品间分配	适用范围		
				生产特点	成本管理要求	适用企业
品种法	产品品种	按月计算，与会计报告期一致，与生产周期不一致	单步骤生产一般无需分配，多步骤生产下需要分配	大量大批单步骤或多步骤生产	管理上不要求分步计算产品成本	发电、采掘等
分批法	产品批别	不定期计算，与生产周期一致，与会计报告期不一致	一般不分配	单件小批单步骤生产或多步骤生产	管理上不要求分步计算产品成本	船舶、试制新产品、服装等
分步法	产品品种和生产步骤	按月计算，与会计报告期一致，与生产周期不一致	需要分配	大量大批多步骤生产	管理上要求分步计算产品成本	冶金、纺织、汽车等

（二）产品成本计算的辅助方法

1. 分类法

在一些工业企业中，生产的产品品种、规格繁多，如果按照产品的品种归集生产费用、计算产品成本，成本计算工作就会不胜其烦。在这种情况下，可以先按照一定的分类标准对产品进行分类，然后按照类别归集生产费用和计算产品成本，这种方法就是产品成本计算的分类法。

2. 定额法

定额法是以产品的定额成本为基础，加、减脱离定额差异和定额变动差异计算产品实际成本的一种方法。这种方法是为了加强成本管理，进行成本控制而采用的一种成本计算与成本管理相结合的方法。

分类法和定额法都与生产类型没有直接联系，从计算产品实际成本的角度来说，不是必不可少的，因而通称为辅助方法。产品成本计算的辅助方法，应与基本方法结合起来使用，不能单独使用。

3. 变动成市法

变动成本法是指只将产品生产过程中的变动成本计入产品成本，而将固定生产成本和非生产成本作为当期损益的一种成本计算方法。

4. 标准成市法

标准成本法是将目标成本纳入会计账户体系所形成的一整套会计核算程序。它是指预先制定标准成本，将标准成本与实际成本相比较，揭示成本差异并对成本差异进行分析处理以加强成本控制的一种成本计算方法。它是一种成本控制方法，同定额法一样，不能单独使用，必须与品种法、分批法、分步法中的一种或几种同时使用。

【例题3·多项选择题】 在大量、大批多步骤生产的情况下，可能作为成本计算对象的有（　　）。

A. 产品品种　　B. 产品批别

C. 产品生产步骤　　D. 产品类别

【答案】 AC

【解析】 品种法适用于大量大批单步骤或多步骤生产，管理上不要求分步计算产品成本。分步法适用于大量大批多步骤生产，管理上要求分步计算产品成本。

四、产品成本计算方法的应用

（一）几种产品成本计算方法同时应用

1. 一个企业的各个车间可能同时采用几种成市计算方法

一个企业往往有若干个基本生产车间和辅助生产车间，各个车间的生产类型和管理要求并不一定相同，因此，在一个工业企业中，不同的生产车间同时采用几种成本计算方法的情况很多。例如，纺织厂的基本生产车间，一般都属于大量大批多步骤生产，应采用分步法计算产品成本；而厂内的供电、供水等辅助生产车间，都属于大量大批单步骤生产，则可以采用品种法计算成本。

2. 一个生产车间的各种产品可能同时采用几种成市计算方法

一个生产车间所生产的各种产品，其生产类型可能不同，成本管理要求也可能不同，因而采用的成本计算方法也可能不同。例如，机械制造企业，对于已经定型、已经大量生产的产品，可根据其生产的特点采用品种法或分步法计算产品成本。对于正在试制的不定型的产品只能小批生产，则可以采用分批法计算产品成本。

（二）几种产品成本计算方法结合应用

（1）一种产品的不同生产步骤，由于生产特点和管理要求的不同，可以采用不同的成本计算方法。

（2）在计算某种产品成本时，还可能将基本方法和辅助方法结合起来使用。

思考与练习

一、单项选择题

1. 产品成本计算最基本的方法是（　　）。

A. 分批法　　B. 分类法　　C. 品种法　　D. 分步法

2. 下列各项中，不属于成本计算基本方法的是（　　）。

A. 品种法 B. 分批法 C. 分类法 D. 分步法

3. 在大量大批多步骤生产企业，管理上不要求分步计算产品成本，其成本计算方法是（ ）。

A. 品种法 B. 分类法 C. 分批法 D. 分步法

4. 工业企业产品成本的计算最终是通过（ ）账户进行的。

A. “制造成本” B. “基本生产成本”

C. “制造费用” D. “辅助生产成本”

5. 生产特点和管理要求对于产品成本计算的影响，主要表现在（ ）。

A. 产品生产的品种上 B. 成本计算的程序上

C. 产品生产的批次上 D. 成本计算对象的确定上

6. 下列各项中，属于产品成本计算辅助方法的是（ ）。

A. 品种法 B. 分批法 C. 分步法 D. 分类法

7. 区别各种成本计算基本方法的主要标志是（ ）。

A. 成本计算期

B. 成本计算对象

C. 间接费用的分配方法

D. 完工产品与在产品之间分配费用的方法

8. 在小批单件多步骤生产的情况下，如果管理上不要求分步计算产品成本，应采用的成本计算方法是（ ）。

A. 分批法 B. 分步法 C. 分类法 D. 定额成本法

二、多项选择题

1. 工业企业的生产按照工艺过程划分为（ ）。

A. 大量生产 B. 单步骤生产

C. 单件生产 D. 多步骤生产

2. 成本计算的基本方法有（ ）。

A. 品种法 B. 分批法 C. 分步法 D. 分类法

3. 品种法适用于（ ）。

A. 大量大批单步骤生产企业

B. 大量大批多步骤生产但管理上不要求分步计算成本的企业

C. 大量大批多步骤生产而且在管理上要求分步计算成本的企业

D. 小批单件生产企业

4. 受生产特点和管理要求的影响，产品成本计算对象包括（ ）。

A. 产品类别 B. 产品品种

C. 产品批别 D. 产品生产步骤

5. 企业在确定成本计算方法时，必须从企业的具体情况出发，同时考虑（ ）。

A. 企业的生产特点 B. 月末有没有在产品

C. 企业生产规模的大小 D. 进行成本管理的要求

三、判断题

1. 按生产组织的特点，工业企业生产可分为复杂生产和简单生产两种。（　　）

2. 将生产工艺过程的特点和生产组织的特点相结合，可形成不同的生产类型。（　　）

3. 构成产品成本计算方法的主要因素有：生产类型、成本计算期及生产费用在完工产品与在产品之间的分配。（　　）

4. 确定成本计算对象，不仅取决于产品生产特点，还要考虑管理上的要求。（　　）

5. 成本计算的基本方法有：品种法、定额法、分步法。（　　）

6. 成本计算的辅助方法与企业生产类型的特点没有直接联系，不涉及成本计算对象。（　　）

7. 成本计算的辅助方法，一般应与基本方法结合起来使用，而不单独使用。（　　）

8. 不论什么类型的企业，不论采用哪种成本计算方法，最终都必须提供按产品品种为对象的产品成本资料。（　　）

9. 某企业的第一车间采用分步法计算产品成本，第二车间采用分批法计算产品成本，这叫做两种成本计算方法的结合应用。（　　）

10. 当某产品的成本采用分类法计算产品成本时，我们可断定这是两种成本计算方法的结合应用。（　　）

11. 把分类法划为成本计算的辅助方法，是因为分类法在成本计算中并不重要。（　　）

第六章　产品成本计算的基本方法

本章基本内容框架

- 产品成本计算的品种法
  - 品种法的特点和适用范围
  - 品种法的成本计算程序
  - 品种法账务处理举例
- 产品成本计算的分批法
  - 分批法的特点和适用范围
  - 分批法的分类
  - 分批法的成本计算程序
  - 一般分批法账务处理举例
  - 简化的分批法
- 产品成本计算的分步法
  - 分步法的特点及适用范围
  - 逐步结转分步法
    - 综合结转分步法
    - 分项结转分步法
  - 平行结转分步法

重点、难点讲解及典型例题

一、产品成本计算的品种法

(一) 品种法的特点和适用范围

品种法作为最基本的成本计算方法,其特点为:以产品品种为成本计算对象、成本计算期与会计报告期一致、生产费用在完工产品和在产品之间的分配。品种法主要适用于大量大批单步骤生产以及大量大批多步骤生产,但管理上不要求分步骤计算产品成本的企业。

【例题 1 · 多项选择题】 品种法适用于(　　)。

A. 大量大批的单步骤生产

B. 大量大批的多步骤生产

C. 管理上不要求分步计算成本的大量大批多步骤生产

D. 小批单件、管理上不要求分步骤计算成本的多步骤生产

【答案】 AC

【解析】 品种法主要适用于大量大批单步骤生产以及大量大批多步骤生产,但管理上不要求分步骤计算产品成本的企业。

【例题 2 · 判断题】 由于每个工业企业最终都必须按照产品品种计算出成本，因而品种法适用于所有工业企业，应用范围最为广泛。（　　）

【答案】 ×

【解析】 在工业企业中，为了适应不同企业的生产特点和管理要求，采用不同的成本计算方法。由于每个企业最终都必须按照产品品种计算出成本，因而从这个角度说品种法是产品成本计算方法中最为基本的方法，而不是说品种法适用于所有工业企业。

（二）品种法的成本计算程序

品种法的计算分为以下几个步骤：按产品品种设立成本明细账；归集和分配本月发生的各项要素费用；归集和分配辅助生产费用；归集和分配基本生产车间的制造费用；将生产费用在完工产品和在产品间分配，求出完工产品成本。

二、产品成本计算的分批法

（一）分批法的特点

分批法以产品批别（件别）为成本计算对象，以产品的生产周期作为成本计算期，生产费用一般不需要在完工产品和在产品之间分配。分批法一般适用于单件小批生产类型的企业，对于新产品的试制、工业性修理作业和辅助生产的工具模具制造等也可以采用分批法计算成本。

【例题 3 · 单项选择题】 如果在一张订单中规定了几种产品，产品批别应按（　　）划分。

A. 订单　　　　B. 产品品种

C. 订单或产品品种　　　　D. 各种产品数量多少

【答案】 B

【解析】 如果在一张订单中规定了几种产品，产品批别应按产品品种划分。

【例题 4 · 多项选择题】 分批法适用于（　　）。

A. 小批生产

B. 大量大批、管理上不要求分步计算成本的多步骤生产

C. 大量大批、管理上要求分步计算成本的多步骤生产

D. 单件生产

【答案】 AD

【解析】 分批法一般适用于单件小批生产类型的企业，对于新产品的试制、工业性修理作业和辅助生产的工具模具制造等也可以采用分批法计算成本。

（二）分批法的成本计算程序

分批法的计算程序包括以下步骤：按产品批别设立成本明细账，归集和分配本月发生的各项要素费用，归集和分配辅助生产费用，归集和分配基本生产车间的制造费用，将生产费用在完工产品和在产品之间分配，求出完工产品成本。

（三）一般的分批法

采用当月分配率来分配间接计入费用的分批法称为一般的分批法（分批法），也就是有分批计算在产品成本的分批法。

【例题5·判断题】 为了使同一批产品同时完工,避免跨月陆续完工的情况,减少在完工产品与月末在产品之间分配费用的工作,产品的批量越小越好。 ( )

【答案】 ×

【解析】 为了使同一批产品同时完工,避免跨月陆续完工的情况,减少在完工产品与月末在产品之间分配费用的工作,在合理组织生产的前提下,可以适当缩小产品的批量,而不是越小越好。

(四)简化的分批法

1. 简化分批法的含义及适用范围

简化的分批法是将每月发生的间接计入费用,先将其在基本生产成本二级账中按成本项目分别累计起来,只有在有产品完工的那个月份,才按照其累计工时的比例,在各批完工产品之间进行分配,计算完工产品成本;而全部在产品应负担的间接计入费用,则以总数反映在基本生产成本二级账中,不进行分配,不分批计算。

简化的分批法主要适用于单件小批生产,在同一月份内投产的产品批数很多且月末未完工产品批数也较多的企业或车间。

【例题6·判断题】 在小批、单件生产的企业或车间中,如果同一月份投产的产品批数很多,就可以采用简化的分批法计算产品成本。 ( )

【答案】 ×

【解析】 采用简化分批法的条件是:同一月份投产产品的批数很多;月末未完工产品的批数较多;各月间接计入费用水平相差不多。

【例题7·单项选择题】 下列情况中,不宜采用简化分批法的是( )。

A. 各月间接计入费用水平相差较多

B. 月末未完工产品批数较多

C. 同一月份投产的批数很多

D. 各月间接计入费用水平相差不多

【答案】 A

【解析】 简化的分批法主要适用于单件小批生产、在同一月份内投产的产品批数很多且月末未完工产品批数也较多、各月间接计入费用水平相差不多的企业或车间。

2. 简化分批法的特点

简化分批法具有以下几个特点:必须设置基本生产成本二级账、简化了间接计入费用的分配、不分批计算月末在产品成本。

【例题8·多项选择题】 采用简化的分批法,( )。

A. 必须设置基本生产成本二级账

B. 在产品完工之前,产品成本明细账只登记直接计入费用和生产工时

C. 在基本生产成本二级账中累计登记间接计入费用

D. 不分批计算在产品成本

【答案】 ABCD

【解析】 选项ABCD均为简化分批法的特点。

3. 简化分批法的成本计算程序

简化分批法首先按照产品批别设置产品生产成本明细账(或称成本计算单)和基本生产成本二级账,其次归集和分配生产费用及生产工时,最后计算完工产品成本。

4. 简化分批法的缺点

采用简化分批法的缺点:一是未完工批别的基本生产成本明细账不能完整地反映其在产品的成本;二是如果各月发生的间接计入费用相差悬殊,会影响各月产品成本计算的正确性。

三、产品成本计算的分步法

(一) 分步法的特点及适用范围

产品成本计算的分步法,是以产品的生产步骤和产品品种作为成本计算对象,归集生产费用,计算产品成本的一种方法。分步法主要适用于大量、大批的多步骤生产,并且管理上要求分步骤计算产品成本的企业。

采用分步法计算成本时,成本计算对象是各个加工步骤的各种或各类产品;成本计算一般都是按月、定期地进行,而与产品的生产周期不相一致;费用在完工产品和在产品之间一般需分配。

(二) 逐步结转分步法

逐步结转分步法是按照产品加工的顺序,逐步计算并结转半成品成本,直到最后加工步骤计算出产成品成本的一种方法。逐步结转分步法主要适用于大量大批多步骤生产,且在管理上有必要提供半成品成本资料的企业,尤其是各步骤所产半成品作为商品对外销售的企业。

1. 综合结转分步法

综合结转分步法是将上一生产步骤转入下一生产步骤的半成品成本,不分成本项目,以其合计数综合计入下一生产步骤产品生产成本明细账中的"直接材料"成本项目或专设的"半成品"成本项目,综合反映各步骤所耗上一步骤所产半成品成本。

2. 分项结转分步法

分项结转分步法是将上一生产步骤转入本生产步骤的半成品成本,按其原始成本项目,分别计入本生产步骤产品生产成本明细账中对应的成本项目,分项反映各步骤所耗上一步骤半成品成本。

【例题 9 · 单项选择题】 在逐步结转分步法下,完工产品与在产品之间的费用分配,是指在(　　)之间的费用分配。

A. 产成品与月末在产品

B. 完工半成品与月末加工中的在产品

C. 前面步骤完工半成品与加工中在产品及最后步骤产成品与加工中的在产品

D. 产成品与广义在产品

【答案】 C

【解析】 逐步结转分步法是按照产品加工的顺序,逐步计算并结转半成品成本,直到最后加工步骤计算出产成品成本的一种方法。

（三）平行结转分步法

平行结转分步法是在计算各步骤成本时，不计算各步骤所生产的半成品成本，也不计算各步骤所耗上一步骤的半成品成本，而只计算本步骤发生的各项其他费用，以及这些费用中应计入产成品成本的份额，将该产品的各步骤成本明细账中的这些份额平行结转、汇总，即可计算出该种产成品成本的一种方法。

平行结转分步法具有以下特点：各生产步骤不计算半成品成本；各生产步骤之间不结转半成品成本；生产费用在产成品与广义在产品之间进行分配；各步骤费用中应计入产成品的份额，平行结转、汇总计算该种产成品的总成本和单位成本。

【例题10·判断题】 由于各个企业生产组织的特点不同，各生产步骤成本的计算和结转采用不同的方法：逐步结转法和平行结转法。（　　）

【答案】 ×

【解析】 各生产步骤成本的结转和计算之所以采用不同的方法——逐步结转法和平行结转法，是基于各个企业成本管理对各步骤成本资料的要求和对简化成本计算工作的考虑。

【例题11·单项选择题】 在平行结转分步法下，完工产品与在产品之间的费用分配，是指在（　　）之间的费用分配。

A. 各步骤完工半成品与月末加工中的在产品

B. 各步骤完工半成品与广义在产品

C. 产成品与狭义在产品

D. 产成品与月末广义在产品

【答案】 D

【解析】 为了计算各生产步骤发生的费用中应计入产成品成本的份额，月末需将各生产步骤归集的生产费用，在产成品与广义在产品之间进行分配。

思考与练习

一、单项选择题

1. 品种法是产品成本计算的（　　）。

A. 主要方法　　B. 重要方法

C. 最基本的方法　　D. 最简单的方法

2. 品种法适用的生产组织是（　　）。

A. 大量大批生产　　B. 大量成批生产

C. 大量小批生产　　D. 单件小批生产

3. 品种法的特点是（　　）。

A. 分批计算产品成本　　B. 分步计算产品成本

C. 既分品种又分步计算产品成本　　D. 只分品种计算产品成本

4. 品种法的成本计算对象是（　　）。

A. 产品品种

B. 产品的批别或订单

C. 每个生产工序的半成品及最后工序的完工产品

D. 各种产品的类别

5. 以产品批别为成本计算对象的产品成本计算方法，称为（　　）。

A. 品种法　　B. 分步法　　C. 分批法　　D. 分类法

6. 分批法适用的生产组织形式是（　　）。

A. 大量生产　　B. 成批生产

C. 大批生产　　D. 单件小批生产

7. 产品成本计算的分批法，有时又被称为（　　）。

A. 品种法　　B. 间接费用分配率法

C. 订单法　　D. 简化分批法

8. 如果同一时期内，在几张订单中规定有相同的产品，则计算成本时可以（　　）。

A. 按订单分批组织生产　　B. 按品种分批组织生产

C. 按产品的组成部分分批组织生产　　D. 将相同产品合为一批组织生产

9. 在简化的分批法下，它是（　　）。

A. 不分批计算在产品成本

B. 不计算月末在产品的材料成本

C. 不计算月末在产品的加工费用

D. 月末在产品分配结转间接计入费用

10. 采用简化分批法，在各批产品完工以前，产品成本明细账（　　）。

A. 不登记任何费用　　B. 只登记间接费用

C. 只登记原材料费用　　D. 只登记直接费用和生产工时

11. 采用简化的分批法，分配间接计入费用并计算登记该批完工产品的成本是在（　　）时。

A. 月末　　B. 季末

C. 年末　　D. 有产品完工

12. 简化的分批法不宜采用的情况是（　　）。

A. 各月间接费用水平相差较大　　B. 各月间接费用水平相差不大

C. 月末未完工产品批数较多　　D. 投产批数繁多

13. 某企业采用分批法计算产品成本。6 月 1 日投产甲产品 5 件，乙产品 3 件；6 月 15 日投产甲产品 4 件，乙产品 4 件，丙产品 3 件；6 月 26 日投产甲产品 6 件。该企业 6 月份应开设产品成本明细账的张数是（　　）张。

A. 3　　B. 5　　C. 4　　D. 6

14. 采用分步法计算产品成本时，生产成本明细账的设立应按照（　　）。

A. 生产批别　　B. 生产步骤和产品品种

C. 生产车间　　D. 成本项目

15. 采用逐步结转分步法，如果半成品完工后，要通过半成品库收发，在半成品入库时，应借记（　　）账户，贷记"基本生产成本"账户。

A. "库存商品"　　B. "在产品"

C. “制造费用” D. “自制半成品”

16. 在逐步结转分步法下，在产品是指(　　)。

A. 广义在产品 B. 各步骤自制半成品

C. 狭义在产品 D. 各步骤的半成品和在产品

17. 逐步结转分步法实际上是(　　)的多次连续应用。

A. 品种法 B. 分批法 C. 分步法 D. 分类法

18. 采用逐步结转分步法时，完工产品与在产品之间的费用分配，是指在(　　)之间的费用分配。

A. 产成品与月末在产品

B. 完工半成品与月末加工中的在产品

C. 产成品与广义的在产品

D. 前面步骤的完工半成品与加工中的在产品，最后步骤的产成品与加工中的在产品

19. 半成品成本流转与实物流转相一致，又不需要成本还原的方法是(　　)。

A. 逐步结转分步法 B. 分项结转分步法

C. 综合结转分步法 D. 平行结转分步法

20. 某种产品有三个生产步骤，采用逐步结转分步法计算成本。本月第一生产步骤转入第二生产步骤的生产费用为 2 300 元，第二生产步骤转入第三生产步骤的生产费用为 4 100 元。本月第三生产步骤发生的费用为 2 500 元(不包括上一生产步骤转入的费用)，第三生产步骤月初在产品费用为 800 元，月末在产品费用为 600 元。本月该种产品的产成品成本为(　　)元。

A. 10 900 B. 6 800 C. 6 400 D. 2 700

21. 需要进行成本还原的分步法是(　　)。

A. 平行结转法 B. 分项结转法

C. 综合结转法 D. 逐步结转法

22. 成本还原的目的是为了求得按(　　)项目反映的产成品成本资料。

A. 计划成本 B. 定额成本

C. 原始成本 D. 半成品成本

23. 成本还原的对象是(　　)。

A. 产成品成本

B. 产成品中所耗上一步骤半成品的综合成本

C. 各步骤半成品成本

D. 最后步骤的产成品成本

24. 采用平行结转分步法计算产品成本时，不论半成品是否在各生产步骤间直接转移，还是通过半成品库收发，其总分类核算(　　)。

A. 均不通过“自制半成品”账户进行

B. 均通过“自制半成品”账户进行

C. 均在“基本生产成本”明细账内部转账

D. 均设“库存半成品”账户进行

二、多项选择题

1. 品种法是产品成本计算最基本的方法，这是因为（　　）。
A. 品种法计算成本最简单
B. 任何成本计算方法最终都要计算出各品种的成本
C. 品种法的成本计算程序最有代表性
D. 品种法需要按月计算产品成本
2. 下列企业中，适合品种法计算产品成本的有（　　）企业。
A. 发电　　B. 汽车制造
C. 采掘　　D. 船舶制造
3. 下列有关品种法的计算程序叙述中，正确的有（　　）。
A. 如果只生产一种产品，只需为这种产品开设一张产品成本明细账
B. 如果生产多种产品，要按照产品的品种分别开设产品成本明细账
C. 发生的各项直接费用直接记入各产品成本明细账
D. 发生的间接费用则采用适当的分配方法在各种产品之间进行分配
4. 品种法适用于（　　）。
A. 大量大批的单步骤生产
B. 大量大批的多步骤生产
C. 管理上不要求分步骤计算成本的大量大批多步骤生产
D. 小批、单件，管理上不要求分步骤计算成本的多步骤生产
5. 分批法适用于（　　）。
A. 单件生产
B. 小批生产
C. 单步骤生产
D. 管理上不要求分步计算成本的多步骤生产
6. 分批法的成本计算对象可以是（　　）。
A. 产品批次　　B. 单件产品　　C. 订单　　D. 生产步骤
7. 分批法和品种法的主要区别是（　　）不同。
A. 成本计算对象　　B. 成本计算期
C. 生产周期　　D. 会计核算期
8. 下列关于分批法的说法中，不正确的有（　　）。
A. 分批法也称定额法
B. 分批法适用于小批单件及大批生产
C. 按产品批别计算产品成本也就是按照订单计算产品成本
D. 如果一张订单中规定有几种产品，也应合为一批组织生产
9. 在简化的分批法下，基本生产成本明细账登记的内容有（　　）。
A. 直接计入成本的费用
B. 完工月份分配结转的直接计入费用
C. 完工月份分配结转的间接计入费用

D. 当月发生的生产工时

10. 下列各项中，属于简化分批法特点的是(　　)。

A. 分批计算完工产品成本

B. 分批计算月末在产品成本

C. 生产费用横向分配与纵向分配合并在一起进行

D. 各项生产费用均不必在各批产品间进行分配

11. 企业为了(　　)，需要计算产品各生产步骤的半成品成本。

A. 提供各种产成品所耗用的同一种半成品的费用数据

B. 简化和加速成本计算工作

C. 进行同行业半成品成本指标的对比

D. 计算对外销售的半成品的损益

12. 在分步法中，相互对称的结转方法有(　　)。

A. 逐步结转与分项结转　　B. 综合结转与平行结转

C. 逐步结转与平行结转　　D. 综合结转与分项结转

13. 采用综合结转法，应将各步骤所耗用的半成品成本，以(　　)项目综合记入其生产成本明细账中。

A. "直接材料"　　B. "直接人工"

C. "自制半成品"　　D. "制造费用"

14. 广义的在产品包括(　　)。

A. 尚在本步骤加工中的在产品

B. 企业最后一个步骤的完工产品

C. 转入各半成品库的半成品

D. 已从半成品库转到以后各步骤进一步加工、尚未最后制成的半成品

15. 逐步结转分步法的特点有(　　)等。

A. 可以计算出半成品成本

B. 半成品成本随着实物的转移而结转

C. 期末在产品是指狭义在产品

D. 期末在产品是指广义在产品

16. 平行结转分步法的特点有(　　)。

A. 各生产步骤不计算半成品成本，只计算本步骤所发生的生产费用

B. 各步骤之间不结转半成品成本

C. 各步骤应计算本步骤发生的生产费用中应计入产成品成本的"份额"

D. 将各步骤应计入产成品成本的"份额"平行结转，汇总计算产成品的总成本和单位成本

17. 在平行结转分步法下，第二生产步骤的在产品包括(　　)。

A. 第一生产步骤完工入库的半成品

B. 第二生产步骤正在加工的在产品

C. 第二生产步骤完工入库的半成品

D. 第三生产步骤正在加工的在产品

18. 采用平行结转分步法计算产品成本，最后一个生产步骤的产品成本明细账中，能够反映的数据有（　　）。

A. 所耗上一步骤的半成品成本

B. 本步骤费用

C. 本步骤费用中应计入产品成本的份额

D. 产成品实际成本

19. 平行结转分步法与逐步结转分步法相比，缺点有（　　）。

A. 各步骤不能同时计算产品成本

B. 需要进行成本还原

C. 不能为实物管理和资金管理提供资料

D. 不能提供各步骤的半成品成本资料

20. 在平行结转分步法下，完工产品与月末在产品之间的费用分配，不是指（　　）。

A. 在各步完工半成品与狭义在产品之间分配

B. 在产成品与广义在产品之间分配

C. 在各步完工半成品与广义在产品之间分配

D. 在产成品与狭义在产品之间分配

三、判断题

1. 品种法是各种产品成本计算方法的基础。（　　）

2. 品种法在大量大批多步骤的生产企业，无论其管理要求如何，均不适用。（　　）

3. 生产组织不同对产品成本计算方法的影响是：品种法适用于小批单件生产；分批法适用于大批大量生产。（　　）

4. 品种法只适用于简单生产，因此称为简单法。（　　）

5. 品种法应按生产单位开设产品成本计算单。（　　）

6. 单步骤生产都应采用品种法计算产品成本。（　　）

7. 从成本计算对象和成本计算程序来看，品种法是产品成本计算最基本的方法。（　　）

8. 品种法的成本计算期与会计报告期一致，与生产周期不一致。（　　）

9. 分批法成本计算期与产品生产周期一致。（　　）

10. 分批法是按照产品的生产步骤归集生产费用，计算产品成本的一种方法。（　　）

11. 分批法适用于大量大批的单步骤生产或管理上不要求分步计算成本的多步骤生产。（　　）

12. 分批法应按产品批次（订单）开设产品成本计算单。（　　）

13. 分批法一般不需要在完工产品和期末在产品之间分配生产费用，但一批产品跨月陆续完工时，也需要进行分配。（　　）

14. 采用简化的分批法，必须设立基本生产成本二级账。（　　）

15. 分步法的显著特征是计算半成品成本。（　　）

16. 分步法中作为成本计算对象的生产步骤，应当与产品的加工步骤一致。（　　）

17. 在逐步结转分步法下，不论是综合结转还是分项结转，半成品成本都是随着半成品实物的转移而逐步结转。（　　）

18. 采用逐步结转分步法，半成品成本的结转与半成品实物的转移是不一致的。（　　）

19. 采用分步法时不论综合结转还是分项结转，第一步骤的生产成本明细账的登记方法均相同。（　　）

20. 采用分项结转法结转半成品成本，可以直接正确提供按原始成本项目反映的企业产品成本资料，而无需进行成本还原。（　　）

21. 采用分项结转法结转半成品成本，在各步骤完工产品成本中看不出所耗上一步骤半成品的费用和本步骤加工费用的水平。（　　）

22. 成本还原改变了产成品成本的构成，但不会改变产成品的成本总额。（　　）

23. 广义在产品包括狭义在产品和半成品。（　　）

24. 采用平行结转分步法计算产品成本，能直接提供以原始成本项目反映的产品成本资料，所以不用进行成本还原。（　　）

25. 品种法只适用于大量大批的单步骤生产的企业。（　　）

26. 成本计算方法中的最基本的方法是分步法。（　　）

27. 在大量大批多步骤生产的企业中，如果企业生产规模较小，而且成本管理上又不要求提供各步骤的成本资料时，可以采用品种法计算产品成本。（　　）

28. 采用分批法计算产品成本，一般不需要将生产费用在完工产品和在产品间分配。（　　）

29. 若生产的批量不大，且批内产品跨月陆续完工的情况不多时，可按计划单位成本计算结转完工产品成本。（　　）

30. 简化的分批法就是不计算在产品成本的分批法。（　　）

31. 采用简化的分批法计算产品成本时，要设立基本生产成本二级账，但不须设立产品成本明细账。（　　）

32. 采用简化分批法时，要设立各批产品明细账，明细账上要登记全部的生产费用和耗用的生产工时。（　　）

33. 采用简化分批法时，各批产品明细账平时只需按月登记直接计入费用和生产工时，在有完工产品时，要计算结转已完工产品的生产成本及该批产品的月末在产品成本。（　　）

34. 当生产车间采用简化分批法计算产品成本时，可以知道该车间月末全部在产品成本，但不能提供各批在产品成本的信息。（　　）

35. 简化的分批法适用于投产的批数较多，月末未完工的批数也较多，而且各月间接计入费用水平相差不大的企业。（　　）

36. 分步法的成本计算对象为各种产品的生产步骤和产品品种。（　　）

37. 在分步法下，产品成本计算的分步与产品生产步骤的划分不一定完全一致。（　　）

38. 分步法的一个重要特点是各步骤之间要进行成本结转。（　　）

39. 由于各个企业生产工艺过程的特点和成本管理对各步骤成本资料的要求不同，分步法可分为综合结转和分项结转两种方法。（　　）

40. 采用逐步结转分步法，按照结转的半成品的成本在下一步骤产品成本明细账中的

反映方法，分为综合结转法和分项结转法。（　）

41. 采用简化的分批法计算产品成本时，在基本生产成本二级账计算得到的各项间接计入费用累计分配率，既是在各批完工产品之间分配各该费用的依据，也是在完工批别与月末在产品批别之间以及某批产品的完工产品与月末在产品之间分配各该费用的依据。（　）

42. 逐步结转分步法亦称为计列半成品成本分步法。（　）

43. 逐步结转分步法，可以按照半成品的实际成本结转，也可以按照半成品的计划成本或定额成本结转。（　）

44. 与按实际成本综合结转半成品成本方法相比较，按计划成本综合结转半成品成本具有如下优点：①可以简化和加速半成品核算和产品成本计算工作。②可以不进行成本还原就提供按原始成本项目反映的成本资料。（　）

45. 成本还原的对象是产成品成本中以"半成品"项目列示的综合成本，成本还原的依据是上一步骤半成品成本的结构。（　）

46. 由于采用逐步(综合结转)分步法，不能提供以原始成本项目反映的产品成本资料，所以，要进行成本还原。（　）

47. 由于采用分项结转法结转半成品成本，可以直接、正确地提供按原始项目反映的企业产品成本资料，不需要进行成本还原，而且可以提供本步骤完工的产品成本中耗用上一步骤半成品费用的多少及本步骤加工费用是多少，所以，是一种比综合结转法好得多的方法。（　）

48. 由于平行结转分步法不能提供各步骤完工半成品的成本资料，所以，管理上要求提供各步骤半成品成本资料时，就不能采用平行结转分步法。（　）

49. 即使企业生产的半成品的种类较多，但管理上要求提供各个生产步骤半成品成本数据，就要采用逐步结转分步法计算产品成本。（　）

50. 平行结转分步法是分步法的一种，但是采用平行结转分步法时，是不能提供各步骤完工产品成本资料的。（　）

51. 逐步结转分步法实际上就是品种法的多次连续应用。（　）

52. 采用平行结转分步法计算产品成本时，不论半成品是在各步骤之间直接转移，还是通过半成品库收发，都不通过"自制半成品"科目进行总分类核算。（　）

53. 在分步法下，不管是逐步结转还是平行结转分步法，各步骤完工的半成品成本都随半成品实物转移而结转。（　）

54. 在平行结转分步法下，各步骤的生产费用要在产成品与广义在产品之间进行分配。（　）

55. 采用平行结转分步法计算产品成本时，若该步骤狭义在产品数量为零时，如月初在产品 30 件，本月投产 150 件，本月完工 180 件，月末在产品为零时，则该步骤月末在产品成本也一定是零。（　）

四、计算题

(一) 品种法

华夏公司设有一个基本生产车间，大量生产甲、乙两种产品，其生产工艺属于单步骤生产，根据生产特点和管理要求，确定采用品种法计算产品成本。该公司还设有供电和机修两个辅助生产车间，因辅助生产车间规模较小，因此辅助生产车间的制造费用不通过“制造费用”账户核算。该公司产品成本包括“直接材料”“直接人工”“直接燃料和动力”和“制造费用”四个成本项目。

该公司201×年8月生产甲、乙两种产品，相关资料如下：

1. 月初在产品成本。甲、乙两种产品的月初在产品成本如表6-1。

表6-1　　　　**甲、乙产品月初在产品成本资料表**

201×年8月　　　　单位：元

摘　要	直接材料	直接燃料和动力	直接人工	制造费用	合计
甲产品月初在产品成本	110 400	20 760	44 040	17 120	192 320
乙产品月初在产品成本	93 600	15 960	24 000	18 350	151 910

2. 本月生产数量。甲产品本月完工500件，月末在产品100件，实际生产工时100 000小时；乙产品本月完工200件，月末在产品40件，实际生产工时50 000小时。甲、乙两种产品的原材料都在生产开始时一次性投入，加工费用发生比较均衡，月末在产品完工程度均为50%。

3. 该公司所用分配方法如下：

(1) 甲、乙产品生产工人的工资按生产工时比例分配。

(2) 辅助生产费用的分配采用计划成本分配法分配。

(3) 制造费用的分配采用生产工时比例法分配。

(4) 完工产品与在产品间费用的分配采用约当产量比例法。

4. 本月发生生产费用如下：

(1) 本月发出材料汇总表，见表6-2。

表6-2　　　　**发出材料汇总表**

201×年8月　　　　单位：元

领料部门和用途		材料类别			合　计
		原材料	包装物	低值易耗品	
基本生产车间	甲产品耗用	440 000	1 600		441 600
	乙产品耗用	280 000	800		280 800
车间一般耗用		157 184		100	157 284
辅助生产车间	供电车间耗用	209 441			209 441
	机修车间耗用	1 200			1 200
厂部管理部门耗用		1 200		400	1 600
合　计		1 089 025	2 400	500	1 091 925

(2) 本月工资结算汇总表如表6-3所示。

表 6-3　职工薪酬汇总表

201×年 8 月　单位:元

人员类别		计件工资	计时工资	合计
基本生产车间	甲产品生产工人	139 660	330 000	511 660
	乙产品生产工人	42 000		
	车间管理人员		50 776	50 776
辅助生产车间	供电车间		65 150	65 150
	机修车间		57 000	57 000
厂部管理人员			132 570	132 570
合计		181 660	635 496	817 156

(3) 根据本月付款凭证汇总的各项货币支出(假定均以银行存款支付)为:

基本生产车间:办公费 315 元,运输费 5 000 元,其他费用 2 000 元。

供电车间:办公费 144 元,运输费 2 000 元,其他费用 300 元。

机修车间:办公费 200 元,其他费用 680 元。

行政部门:办公费 1 562 元,水费 1 200 元,招待费 2 800 元,其他费用1 000 元。

(4) 固定资产折旧费用:7 月份的折旧额为基本生产车间折旧 10 000 元,供电车间折旧 2 000 元,机修车间折旧 4 000 元,厂部管理部门折旧 6 000 元。7 月份增加的固定资产折旧额为:基本生产车间 1 195 元,供电车间 800 元,机修车间 600 元,行政部门 600 元。

(5) 本月供电和机修车间提供的劳务量见表 6-4。

表 6-4　供电和机修车间提供的劳务量表

201×年 8 月

受益部门		供电车间(度)	机修车间(小时)
供电车间			400
机修车间		3 000	
基本生产车间	产品生产	541 240	
	一般耗费	6 000	5 000
厂部管理部门		10 000	1 100
合　计		560 240	6 500

该公司每度电的计划成本为 0.5 元,每小时机修费的计划成本为 10 元;成本差异全部由管理费用负担。甲、乙两种产品动力用电按两种产品的机器工时比例分配,其中:甲产品的机器工时为 42 385 小时;乙产品的机器工时为 25 270 小时。

要求:

(1) 根据上述资料编制各种费用分配表,并根据各种费用分配表编制会计分录。

(2) 根据各种费用分配表及编制的会计分录,登记有关基本生产成本明细账、辅助生产成本明细账和制造费用明细账。

(3) 将辅助生产成本明细账归集的费用按计划成本分配法进行分配并登记有关明细账。

(4) 将基本生产车间制造费用明细账归集的制造费用在各种产品间分配,并登记基本生产成本明细账。

(5) 将基本生产成本明细账归集的生产费用合计,采用约当产量比例法在完工产品与在产品间分配,计算完工产品成本与在产品成本,并结转完工产品成本。

本题相关表格如下所示:

(1) 分配材料费用(见表 6-5)。

表 6-5　　**材料费用分配表**

201×年 8 月　　单位:元

总账账户	明细账户	原材料	包装物	低值易耗品	合计
基本生产成本	甲产品 乙产品 小计				
辅助生产成本	供电车间 机修车间 小计				
制造费用	基本生产车间				
管理费用	修理费				
合　计					

根据材料费用分配表,编制发出材料的会计分录如下:

(2) 分配职工薪酬费用(见表 6-6)。

表 6-6　　**职工薪酬分配表**

201×年 8 月　　单位:元

分配对象		直接计入	分配计入			工资合计
总账账户	明细账户		生产工时	分配率	分配额	
基本生产成本	甲产品					
	乙产品					
	小　计					
辅助生产成本	供电车间					
	机修车间					
	小　　计					
制造费用	基本生产车间					
管理费用	工资、福利费					
合　计						

根据职工薪酬分配表，编制职工薪酬分配业务的会计分录如下：

(3) 各项货币支出(见表 6-7)。

表 6-7 其他费用分配表

201×年 8 月 单位:元

总账账户	明细账户	金额
制造费用		
辅助生产成本		
管理费用		
合计		

根据其他费用分配表，编制会计分录如下：

(4) 计提固定资产折旧费用(见表 6-8)。

表 6-8 折旧费用计算表

201×年 8 月 单位:元

总账账户	明细账户	费用项目	分配金额
制造费用			
辅助生产成本			
管理费用			
合　计			

根据折旧费用计算表，编制计提折旧的会计分录如下：

(5) 分配辅助生产费用。

根据上述分录登记辅助生产成本明细账，并分配辅助生产成本(见表 6-9 至表 6-12)。

表 6-9　　**辅助生产成本明细账**

车间名称:供电车间　　单位:元

年		凭证字号	摘　要	材料费	职工薪酬	折旧费	办公费	修理费	运输费	其他	合计	转出
月	日											

表 6-10　　**辅助生产成本明细账**

车间名称:机修车间　　单元:元

摘　要	材料费	职工薪酬	折旧费	办公费	电费	其他	合计	转出

表 6-11　　**辅助生产费用分配表**

201×年 8 月　　单位:元

受益部门		供电(单位成本 0.34 元)		机修(单位成本 3.50 元)	
		用电度数	计划成本	机修工时	计划成本
供电车间					
机修车间					
基本生产车间	产品生产				
	一般耗费				
厂部管理部门					
合　计					
实际成本					
成本差异					

表 6-12　　**产品生产用电分配表**

201×年 8 月　　单位:元

产　品	生产工时(小时)	分配率	分配金额
甲产品			
乙产品			
合　计			

根据辅助生产费用分配表,编制会计分录如下:

结转辅助生产成本差异,为了简化成本计算工作,成本差异全部计入管理费用。

(6) 分配制造费用。

根据各项要素费用分配表及编制的会计分录,登记制造费用明细账(见表 6-13)。

表 6-13　　**制造费用明细账**

车间名称:基本生产车间　　单元:元

年		凭证字号	摘　要	材料费	职工薪酬	折旧费	办公费	运输费	水电费	修理费	其他	合计
月	日											

按甲、乙两种产品的生产工时比例分配制造费用,分配结果见表 6-14。

表 6-14　　**制造费用分配表**

车间名称:基本生产车间　　单位:元

产　品	生产工时	分配率	分配金额
合　计			

根据制造费用分配表，编制会计分录如下：

(7) 生产费用在完工产品与在产品之间的分配。

根据各项要素费用分配表及编制的会计分录，登记有关基本生产成本明细账。

根据各产品生产成本明细账归集的生产费用合计数和有关生产数量记录，在完工产品和月末在产品之间分配生产费用。

甲产品的基本生产成本明细账见表 6-15。

表 6-15　基本生产成本明细账

产品名称：甲产品　　单元：元

年		凭证字号	摘　要	直接材料	直接燃料和动力	直接人工	制造费用	合　计
月	日							

月末，甲产品在产品的约当产量计算情况见表 6-16。

表 6-16　在产品约当产量计算表

产品名称：甲产品　　单位：件

成本项目	在产品数量	投料程度(加工程度)	约当产量

乙产品的基本生产成本明细账见表 6-17。

表 6-17　　基本生产成本明细账

产品名称:乙产品　　　　单元:元

201×年		凭证字号	摘　要	直接材料	直接燃料和动力	直接人工	制造费用	合　计
月	日							

月末在产品的约当产量计算情况见表 6-18。

表 6-18　　在产品约当产量计算表

产品名称:乙产品　　　　单位:件

成本项目	在产品数量	投料程度(加工程度)	约当产量

乙产品的完工产品成本计算如下:

(8) 编制完工产品成本汇总表。

根据分配结果,编制完工产品成本汇总表(见表 6-19),并据以结转完工产品成本。

表 6-19　　完工产品成本汇总表

201×年 8 月　　单位:元

成本项目	甲产品(500 件)		乙产品(200 件)	
	总成本	单位成本	总成本	单位成本
直接材料				
直接燃料和动力				
直接人工				
制造费用				
合计				

根据完工产品成本汇总表或成本计算单及产成品入库单,结转完工入库产品的生产成本。编制会计分录如下:

(二) 一般分批法

1. 某企业生产甲、乙两种产品,生产组织属于小批生产,采用分批法计算成本。

(1) 201×年 5 月份投产的产品批号有:

501 批号:甲产品 10 台,本月投产,本月完工 6 台。

502 批号:乙产品 10 台,本月投产,本月完工 2 台。

(2) 5 月份各批号生产费用资料见表 6-20。

表 6-20　　各批产品生产费用表　　单位:元

批号	直接材料	直接人工	制造费用
501	3 360	5 400	4 780
502	4 600		

(3) 5 月份各批号产品的生产工时:501 批号为 1 150 小时;502 批号为 850 小时。

(4) 直接人工费用和制造费用在各批次产品间按生产工时分配。

(5) 501 批号甲产品生产所用原材料在生产开始时一次投入,因完工数量较大,在完工产品与在产品之间采用约当产量比例法分配生产费用,在产品完工程度为 50%。

502 批号乙产品完工数量较少,完工产品按计划成本结转。单位产品计划成本:直接材料费用 460 元,直接人工 350 元,制造费用 240 元。

要求:根据上述资料,采用分批法,登记产品成本明细账(见表 6-21 和表 6-22),计算各批产品的完工成本和月末在产品成本。

表 6-21　　产品成本明细账

产品批号：　　　　　　　　　　　　　　　　　　　　开工日期：

产品名称：　　　　　　　　批量：____台　　　　　　完工日期：

年		凭证字号	摘　要	直接材料	直接人工	制造费用	合　计
月	日						
			5 月份成本合计				
			完工 6 台转出成本				
			完工产品单位成本				
			5 月份在产品				

表 6-22　　产品成本明细账

产品批号：　　　　　　　　　　　　　　　　　　　　开工日期：

产品名称：　　　　　　　　批量：____台　　　　　　完工日期：

年		凭证字号	摘　要	直接材料	直接人工	制造费用	合　计
月	日						
			5 月份成本合计				
			2 台计划成本转出				
			5 月末在产品成本				
			单位成本				

2. 某企业第一生产车间生产 401 批次甲产品、402 批次丙产品、501 批次乙产品三批产品，5 月份有关成本资料如下：

(1) 月初在产品成本情况见表 6-23。

表 6-23　　月初在产品成本　　单位：元

批　次	直接材料	直接人工	制造费用	合　计
401	16 800	5 000	4 800	26 600
402	24 000	6 800	5 200	36 000

(2) 产量及工时情况。

401 批次甲产品为 4 月 2 日投产 20 件，本月全部完工。本月实际生产工时为 1 600 小时。

402 批次丙产品为 4 月 6 日投产 30 件，本月尚未完工，本月实际生产工时为 8 000 小时。

501 批次乙产品为本月 3 日投产 12 件，本月完工入库 2 件，本月实际生产工时为 880 小时。

(3) 本月发生的生产费用。

各批次产品所用材料均在生产开始时一次性投入，本月投入原材料 79 200 元，全部为

501 批次乙产品耗用。

本月产品生产工人工资为 99 560 元，提取福利费为 13 938.4 元。

本月制造费用总额为 89 080 元。

（4）费用分配方法。

501 批次乙产品本月少量完工，其完工产品成本按定额成本结转。501 批次乙产品单位产品定额成本为 8 125 元，其中直接材料 6 600 元，直接人工 825 元，制造费用 700 元。

要求：

（1）按产品批别开设产品成本明细账并登记月初在产品成本。

（2）编制 501 批次产品耗用原材料的会计分录并登记产品成本明细账。

（3）采用生产工时比例法在各批产品之间分配本月发生的直接人工费用，根据分配结果编制会计分录并登记有关产品成本明细账。

（4）采用生产工时比例法在各批产品之间分配本月发生的制造费用，根据分配结果编制会计分录并登记有关产品成本明细账。

（5）计算本月完工产品和月末在产品成本，编制结转完工产品成本的会计分录。

本题用表如表 6-24 至表 6-28 所示。

（1）

表 6-24　　产品成本明细账

产品批号：　　开工日期：

产品名称：　　批量：____件　　完工日期：

年		凭证字号	摘　要	直接材料	直接人工	制造费用	合　计
月	日						

表 6-25　　产品成本明细账

产品批号：　　开工日期：

产品名称：　　批量：____件　　完工日期：

年		凭证字号	摘　要	直接材料	直接人工	制造费用	合　计
月	日						

表 6-26 **产品成本明细账**

产品批号： 开工日期：

产品名称： 批量：____件 完工日期：

年		凭证字号	摘　要	直接材料	直接人工	制造费用	合　计
月	日						

(2)

表 6-27 **直接人工费用分配表** 单位:元

产　品	生产工时	分配工人工资		分配福利费		合　计
		分配率	分配金额	计提比例	分配金额	
			合　计			

(3)

表 6-28 **制造费用分配表** 单位:元

产　品	生 产 工 时	分 配 率	分 配 金 额
合　计			

(三) 简化的分批法

1. 某企业采用简化的分批法计算甲产品各批产品成本。3 月份各批产品成本明细账中有关资料如下：

(1) 产量资料。

1023 批号:1 月份投产 22 件,本月全部完工。

2011 批号:2 月份投产 30 件,本月完工 20 件。

3015 批号:本月投产 5 件,全部未完工。

(2) 费用及工时资料。

1023 批号:累计原材料费用 79 750 元,累计耗用工时 8 750 小时。

2011 批号:累计原材料费用 108 750 元,累计耗用工时 12 152 小时;原材料在生产开始时一次投入；月末在产品完工程度为 80%，采用约当产量比例法分配所耗工时。

3015 批号：累计原材料费用 18 125 元，累计耗用工时 2 028 小时。

(3) 基本生产成本二级账归集的累计间接计入费用为：直接人工 366 880 元，制造费用 275 160 元。

要求：根据上述资料，计算累计间接计入费用分配率和甲产品各批完工产品成本。

2. 某企业属于小批生产，该企业的产品批别多，生产周期较长，每月月末未完工的产品批数较多，为了简化核算工作，采用简化的分批法计算成本。

201×年 8 月各批产品生产成本的有关资料如下：

(1) 8 月份生产批号有：

7720 批号：甲产品 8 件，7 月投产，8 月全部完工；

7721 批号：乙产品 10 件，7 月投产，8 月完工 4 件；

7822 批号：丙产品 5 件，8 月投产，尚未完工；

7823 批号：丁产品 15 件，8 月投产，尚未完工；

7824 批号：戊产品 12 件，8 月投产，尚未完工。

(2) 各批号在生产开始时一次投入的原材料费用和生产工时为：

7720 批号：7 月份投入原材料 18 000 元，生产工时 4 000 小时；8 月份生产工时 5 020 小时。

7721 批号：7 月份投入原材料 24 000 元，生产工时 1 500 小时；8 月份生产工时 20 000 小时。

7822 批号：8 月份投入原材料 5 600 元，8 月份生产工时 3 200 小时。

7823 批号：8 月份投入原材料 5 200 元，8 月份生产工时 3 000 小时。

7824 批号：8 月份投入原材料 5 000 元，8 月份生产工时 2 100 小时。

(3) 8 月月末，该厂全部产品累计原材料费用 57 800 元，工时 38 820 小时，直接人工 504 660 元，制造费用 419 256 元。

(4) 期末完工产品工时总额为 23 020 小时，其中：7720 批号的甲产品全部完工，采用实际工时确定，该批产品全部实际生产工时为 9 020 小时；7721 批号的乙产品部分完工，采用工时定额计算确定已完工产品的生产工时为 14 000 小时。

要求：根据上列资料，登记基本生产成本二级账和各批产品成本明细账；计算和登记累计间接计入费用分配率；计算各批完工产品成本。

本题用表如表 6-29 至表 6-34 所示。

表 6-29 基本生产成本二级账 单元：元

201×年		摘 要	直接材料	生产工时	直接人工	制造费用	合 计
月	日						
8	31	本月累计					
	31	分配率					
	31	完工转出					
	31	月末在产品					

表 6-30　　基本生产成本明细账

开工日期：

产品批号：7720#　　完工日期：

产品名称：甲产品　　批量：8 件　　单位：元

201×年		摘　要	直接材料	生产工时	直接人工	制造费用	合　计
月	日						
7	31	本月累计					
8	31	本月发生					
	31	本月累计					
	31	分配率					
	31	完工转出					

表 6-31　　基本生产成本明细账

开工日期：

产品批号：7721#　　完工日期：

产品名称：乙产品　　批量：10 件　　单位：元

201×年		摘　要	直接材料	生产工时	直接人工	制造费用	合　计
月	日						
7	31	本月累计					
8	31	本月发生					
	31	本月累计					
	31	分配率					
	31	完工分配费用					
	31	完工转出					
	31	月末在产品					

表 6-32　　基本生产成本明细账

开工日期：

产品批号：7822#　　完工日期：

产品名称：丙产品　　批量：5 件　　单位：元

201×年		摘要	直接材料	生产工时	直接人工	制造费用	合　计
月	日						
8	31	本月累计					

表 6-33　　基本生产成本明细账

开工日期:
产品批号:7823#　　完工日期:
产品名称:丁产品　　批量:15 件　　单位:元

201×年		摘 要	直接材料	生产工时	直接人工	制造费用	合 计
月	日						
8	31	本月累计					

表 6-34　　基本生产成本明细账

开工日期:
产品批号:7824#　　完工日期:
产品名称:戊产品　　批量:12 件　　单位:元

201×年		摘 要	直接材料	生产工时	直接人工	制造费用	合 计
月	日						
8	31	本月累计					

(四) 逐步结转分步法

1. 某企业甲产品经过三个车间连续加工制成，一车间生产 A 半成品，直接转入二车间加工制成 B 半成品，B 半成品直接转入三车间加工成甲产品。原材料或半成品均于生产开始时一次投入，各车间月末在产品完工率分别为 60%、50%和 40%。各车间生产费用在完工产品和在产品之间的分配采用约当产量法。该企业 201×年 3 月份有关资料如表 6-35 和表 6-36 所示。

表 6-35　　各车间的产量资料　　单位:件

项 目	第一车间	第二车间	第三车间
月初在产品数量	60	160	140
本月投产数量或上步转入	1 040	980	1 020
本月完工产品数量	980	1 020	1 060
月末在产品数量	120	120	100

表 6-36　　各车间月初、本月生产费用资料　　单位:元

项目		直接材料	半成品	直接人工	制造费用	合计
第一车间	月初在产品成本	11 160		1 440	1 700	14 300
	本月生产费用	148 340		23 808	24 600	196 748
第二车间	月初在产品成本		15 080	7 400	9 760	32 240
	本月生产费用		—	46 600	85 280	131 880
第三车间	月初在产品成本		12 040	5 600	7 000	24 640
	本月生产费用		—	24 100	24 900	49 000

要求：

(1) 根据上述资料开设甲产品三个生产步骤的基本生产成本明细账(见表 6-37 至表 6-39),并登记期初在产品成本和本月生产费用。

(2) 根据上述资料采用逐步结转法的综合结转法计算各步骤半成品或完工产品成本。

(3) 对采用综合结转法计算出来的完工产品成本进行成本还原,计算出原始的成本项目金额(见表 6-40)。

表 6-37　　基本生产成本明细账

车间名称:第一车间

产品名称:A 半成品　　单位:元

年		凭证字号	摘要	直接材料	直接人工	制造费用	合计
月	日						
			月初在产品成本				
			本月生产费用				
			生产费用合计				
			约当产量				
			单位成本				
			完工 A 半成品成本				
			月末在产品成本				

表 6-38　　基本生产成本明细账

车间名称:第二车间

产品名称:B 半成品　　单位:元

年		凭证字号	摘要	A 半成品	直接人工	制造费用	合计
月	日						
			月初在产品成本				
			本月生产费用				

（续表）

年		凭证字号	摘　要	A 半成品	直接人工	制造费用	合　计
月	日						
			生产费用合计				
			约当产量				
			单位成本				
			完工 B 半成品成本				
			月末在产品成本				

表 6-39　　**基本生产成本明细账**

车间名称：第三车间

产品名称：甲产成品　　单位：元

年		凭证字号	摘　要	B 半成品	直接人工	制造费用	合　计
月	日						
			月初在产品成本				
			本月生产费用				
			生产费用合计				
			约当产量				
			单位成本				
			完工产品成本				
			月末在产品成本				

表 6-40　　**甲产品成本还原计算表**　　单位：元

项　目	还原率	直接材料			直接人工	制造费用	合　计
		B 半成品	A 半成品	直接材料			
还原前甲产品成本							
B 半成品成本							
第一次成本还原							
A 半成品成本							
第二次成本还原							
还原后甲产品成本							

2. 某企业生产甲产品，分三个步骤进行生产。成本计算采用逐步结转分步法，上一车间向下一车间结转成本时采用综合结转法。5 月份各步骤成本计算资料如表 6-41 至表 6-43 所示。

表 6-41　　第一步骤产品成本计算单　　单位:元

项　目	直接材料	直接燃料和动力	直接人工	制造费用	合　计
月初在产品成本	1 800	600	1 000	700	4 100
本月发生费用	24 000	9 300	7 910	4 250	45 460
合计	25 800	9 900	8 910	4 950	49 560
转出半成品成本	21 500	9 000	8 100	4 500	43 100
在产品成本	4 300	900	810	450	6 460

表 6-42　　第二步骤产品成本计算单　　单位:元

项　目	半成品	直接燃料和动力	直接人工	制造费用	合　计
月初在产品成本	2 500	915	1 125	875	5 415
本月发生费用	43 100	3 000	2 500	1 300	49 900
合　计	45 600	3 915	3 625	2 175	55 315
转出半成品成本	37 050	3 510	3 250	1 950	45 760
在产品成本	8 550	405	375	225	9 555

表 6-43　　第三步骤产品成本计算单　　单位:元

项　目	半成品	直接燃料和动力	直接人工	制造费用	合　计
月初在产品成本	5 291	1 250	1 360	1 130	9 031
本月发生费用	45 760	5 400	3 200	2 100	56 460
合　计	51 051	6 650	4 560	3 230	65 491
转出产成品成本	38 896	5 600	3 840	2 720	51 056
在产品成本	12 155	1 050	720	510	14 435

要求:对甲产品进行成本还原,计算按原始成本项目反映的产品成本。

3. 某企业有三个基本生产车间,大量生产乙产品,其生产过程是:原材料或半成品均在生产开始时一次性投入,第一车间将原材料加工成 A 半成品;第二车间将 A 半成品加工成 B 半成品;第三车间将 B 半成品加工成乙产品。各车间没有半成品库存。201×年 6 月各车间的产量记录和成本资料如下。

(1) 各车间产量记录及月末在产品的完工程度见表 6-44。

表 6-44　　　　　　　　　　　**产量记录**

项　目	计量单位	第一车间	第二车间	第三车间
月初在产品	件	60	160	140
本月投产	件	1 040	980	1 020
本月完工	件	980	1 020	1 060
月末在产品	件	120	120	100
完工程度		60%	50%	40%

（2）各车间月初在产品成本及本月发生的生产费用见表 6-45。

表 6-45　　　　　　　　　　　**各车间成本资料**　　　　　　　　　　　单位:元

成本项目		直接材料	直接人工	制造费用	合　计
第一车间	月初在产品成本	11 160	1 440	1 700	14 300
	本月发生费用	148 340	23 808	24 600	196 748
第二车间	月初在产品成本	15 080	7 400	9 760	32 240
	本月发生费用		46 600	85 280	131 880
第三车间	月初在产品成本	12 040	5 600	7 000	24 640
	本月发生费用		24 100	24 900	49 000

要求：

（1）根据上述资料开设乙产品三个生产步骤的基本生产成本明细账，并登记期初在产品成本和本月生产费用。

（2）根据上述资料采用逐步结转法的分项结转法计算各步骤半成品或完工产品成本。

各车间基本生产成本明细账如表 6-46 至表 6-48 所示。

表 6-46　　　　　　　　　　　**基本生产成本明细账**

车间名称:第一车间

产品名称:A 半成品　　　　　　　　　　　　　　　　　　　　单位:元

年		凭证字号	摘　要	直接材料	直接人工	制造费用	合　计
月	日						
			月初在产品成本				
			本月生产费用				
			合　计				
			单位产品成本				
			完工半成品成本				
			月末在产品成本				

表 6-47　　　　　　　　　　　　**基本生产成本明细账**

车间名称:第二车间

产品名称:B半成品　　　　　　　　　　　　　　　　　　　　　　　　单位:元

年 月	日	凭证字号	摘　要	直接材料	直接人工	制造费用	合　计
			月初在产品成本				
			上步骤转入费用				
			本月本步生产费用				
			合　计				
			单位产品成本				
			完工半成品成本				
			月末在产品成本				

表 6-48　　　　　　　　　　　　**基本生产成本明细账**

车间名称:第三车间

产品名称:乙产品　　　　　　　　　　　　　　　　　　　　　　　　单位:元

年 月	日	凭证字号	摘　要	直接材料	直接人工	制造费用	合　计
			月初在产品成本				
			上步骤转入费用				
			本月本步生产费用				
			合　计				
			单位产品成本				
			完工产成品成本				
			月末在产品成本				

4. 某企业的乙产品经过两道工序加工而成,成本结转方法采用综合逐步结转分步法,第一车间生产的乙半成品完工后入半成品库,半成品的收发均采用计划成本核算。各车间月末在产品成本均按定额成本计算。假设各生产车间期初在产品无材料成本差异,6月有关资料如下:

(1) 各车间产量记录见表 6-49。

表 6-49　　　　　　　　　　**产量记录表**　　　　　　　　　　单位:件

项　目	一车间	二车间
月初在产品	40	30
本月投入产	100	110
本月完工	120	120
月末在产品	20	20

（2）各车间月初在产品成本见表 6-50。

表 6-50　　月初在产品成本　　单位:元

项　目	直接材料(半成品)	直接人工	制造费用	合　计
一车间(定额成本)	92 800	25 000	15 000	132 800
二车间(定额成本)	95 178	15 000	8 000	118 178

（3）各车间本月发生的生产费用见表 6-51。

表 6-51　　本月生产费用　　单位:元

项　目	直接材料	直接人工	制造费用	合　计
一车间	223 200	89 000	77 000	389 200
二车间		65 600	64 800	130 400

（4）各车间月末在产品的成本见表 6-52。

表 6-52　　月末在产品成本　　单位:元

项　目	直接材料(半成品)	直接人工	制造费用	合　计
一车间(定额成本)	100 000	30 000	20 000	150 000
二车间(定额成本)	120 000	23 000	15 000	158 000

（5）月初库存半成品见表 6-53。

表 6-53　　月初库存半成品

项　目	月初结存		
	数　量	计划单价	实际单价
乙半成品	30	3 200	3 163

要求:计算完工产品成本,并填列表 6-54 至表 6-56。

表 6-54　　基本生产成本明细账

车间名称:第一车间

产品名称:乙半成品　　单位:元

年		凭证字号	摘　要	直接材料	直接人工	制造费用	合　计
月	日						
			月初在产品				
			本月发生费用				
			本月生产费用合计				
			单位成本				
			完工产品成本				
			月末在产品成本				

表 6-55　　自制半成品明细账(简化)

计划单价:3 200 元

产品名称:乙半产品　　金额单位:元

月份		6	7
月初结存	数量		
	计划成本		
	实际成本		
本月增加	数量		
	计划成本		
	实际成本		
合　计	数量		
	计划成本		
	实际成本		
	成本差异		
	差异率(%)		
本月减少	数量		
	计划成本		
	实际成本		

表 6-56　　基本生产成本明细账

车间名称:第二车间

产品名称:乙产品　　单位:元

年		凭证字号	摘　要	自制半成品			直接人工	制造费用	合　计
月	日			计划成本	成本差异	实际成本			
			月初在产品						
			本月发生费用						
			本月生产费用合计						
			完工产品成本						
			月末在产品成本						

(五) 平行结转分步法

1. 设某企业分三个步骤生产甲产品,原材料在生产开始时一次投入,第Ⅰ步骤生产出半成品 A 交自制半成品库 1,第Ⅱ步骤按所需用量从自制半成品库 1 领用半成品 A,进一步生产出半成品 B 交自制半成品库 2,第Ⅲ步骤按所需用量从自制半成品库 2 领用半成品 B 最后加工成甲产品。产品成本计算采用平行结转分步法,各月生产费用在完工产品和月末广义在产品之间的分配采用约当产量法，有关各步骤产品产量及半成品库收发结存情况见表 6-57 和表 6-58。

（1）

表 6-57　　各步骤产品产量及半成品库收发结存情况　　单位：件

项　目	第Ⅰ步骤	自制半成品库 1（半成品 A）	第Ⅱ步骤	自制半成品库 2（半成品 B）	第Ⅲ步骤
期初结存	100	90	120	80	50
本月投产或增加	400	300	350	420	470
本月完工或减少	300	350	420	470	500
期末结存	200	40	50	30	20

假设第Ⅱ步骤加工出一件半成品 B 需耗用一件半成品 A，第Ⅲ步骤加工完成 1 件产成品需耗用一件半成品 B，各步骤月末在产品在本步骤的完工程度为 50%，请确定该种情况下各步骤月末广义在产品的约当产量。

（2）

表 6-58　　各步骤产品产量及期末结存情况　　单位：件

项　目	第Ⅰ步骤	自制半成品库 1（半成品 A）	第Ⅱ步骤	自制半成品库 2（半成品 B）	第Ⅲ步骤
本月完工或减少	300	350	420	470	500
期末结存	200	40	50	30	20

假设第Ⅱ步骤加工出一件半成品 B 需耗用 2 件半成品 A，第Ⅲ步骤加工完成 1 件产成品需耗用 2 件半成品 B，各步骤月末在产品在本步骤的完工程度为 50%，请确定该种情况下各步骤月末广义在产品的约当产量。

2. 某企业生产甲产品，分第一车间和第二车间进行生产，采用平行结转分步法计算产品成本。原材料于生产开始时一次投入，各步骤月末在产品完工程度均为 40%，生产费用在完工产品与在产品之间的分配采用约当产量法。相关资料见表 6-59 至表 6-62。

表 6-59　　各车间产量记录　　单位：件

项　目	第一车间	第二车间
月初在产品	80	20
本月投入	400	440
本月完工	440	400
月末在产品	40	60

表 6-60　　第一车间成本计算单　　单位:元

项　目	直接材料	直接人工	制造费用	合　计
月初在产品成本	2 800	580	1 008	4 388
本月发生费用	8 000	1 800	2 800	12 600
费用分配率				
计入产成品成本份额				
月末在产品成本				

表 6-61　　第二车间成本计算单　　单位:元

项　目	直接材料	直接人工	制造费用	合　计
月初在产品成本	—	4 160	1 520	5 680
本月发生费用	—	12 800	11 200	24 000
费用分配率				
计入产成品成本份额	—			
月末在产品成本	—			

表 6-62　　产品成本汇总计算表　　单位:元

项　目	直接材料	直接人工	制造费用	合　计
第一车间				
第二车间				
合　计				

要求:

(1) 计算第一车间的约当总产量(按直接材料、直接人工、制造费用分别计算),并填写相关表格。

(2) 计算第二车间的约当总产量,并填写相关表格。

(3) 计算完工产品成本。

3. 某企业生产的丁产品经过三个车间连续加工制成,第一车间生产 A 半成品,直接转入二车间加工制成 B 半成品,B 半成品直接转入三车间加工成丁产成品。其中,1 件丁产品耗用 1 件 B 半成品,1 件 B 半成品耗用 1 件 A 半成品。原材料于第一车间生产开始时一次投入,第二车间和第三车间不再投入材料。各车间月末在产品完工率均为 50%。各车间生产费用在完工产品和在产品之间的分配采用约当产量法。

(1) 本月各车间产量资料,见表 6-63。

表 6-63　　各车间产量资料表　　单位:件

摘　要	第一车间	第二车间	第三车间
月初在产品数量	20	50	40
本月投产数量或上步转入	180	160	180
本月完工产品数量	160	180	200
月末在产品数量	40	30	20

（2）各车间月初及本月费用资料见表 6-64。

表 6-64　　各车间月初及本月生产费用　　单位:元

摘　要		直接材料	直接人工	制造费用	合　计
第一车间	月初在产品成本	1 000	60	100	1 160
	本月的生产费用	18 400	2 200	2 400	23 000
第二车间	月初在产品成本		200	120	320
	本月的生产费用		3 200	4 800	8 000
第三车间	月初在产品成本		180	160	340
	本月的生产费用		3 450	2 550	6 000

要求:采用平行结转分步法计算完工产品的生产成本,并将下列表格填写完整。

（1）编制各生产步骤约当产量计算表(见表 6-65)。

表 6-65　　各生产步骤约当产量计算表　　单位:件

摘　要	直接材料	直接人工	制造费用
第一车间步骤的约当产量			
第二车间步骤的约当产量			
第三车间步骤的约当产量			

（2）编制各生产步骤的成本计算单见表 6-66 至表 6-68。

表 6-66　　产品成本计算单

车间:第一车间

品名:丁产品(A 半成品)　　单位:元

摘　要	直接材料	直接人工	制造费用	合　计
月初在产品成本				
本月发生费用				
合　计				
第一步骤的约当产量				
分配率				
应计入产成品成本份额				
月末在产品成本				

表 6-67　　产品成本计算单

车间:第二车间

品名:丁产品(B半成品)　　单位:元

摘　要	直接人工	制造费用	合　计
月初在产品成本			
本月发生费用			
合　计			
第二步骤约当产量			
分配率			
应计入产成品成本份额			
月末在产品成本			

表 6-68　　产品成本计算单

车间:第三车间

品名:丁产品　　单位:元

摘　要	直接人工	制造费用	合　计
月初在产品成本			
本月发生费用			
合　计			
第三步骤约当产量			
分配率			
应计入产成品成本份额			
月末在产品成本			

(3) 编制产品成本汇总表见表 6-69。

表 6-69　　产品成本汇总计算表

产品名称:丁产品　　单位:元

项　目	数　量(件)	直接材料	直接人工	制造费用	总成本	单位成本
第一车间						
第二车间						
第三车间						
合　计						

4. B公司甲产品的生产成本核算采用平行结转分步法。该甲产品的生产在两个车间进行,该企业不设半成品库,第一车间为第二车间提供半成品,第二车间将其加工为产成品,本月发生的生产费用数据已计入成本计算单。相关表格见表6-70至表 6-72。

表 6-70　　**产品成本明细账**

车间:第一车间　　单位:元

201×年 月	201×年 日	凭证字号	摘　要	产　量(件)	直接材料	直接人工	制造费用	合　计
6	1	略	月初在产品成本		5 500	200	600	6 300
	30		本月发生费用		19 580	4 778	7 391	31 749
	30		合　计		25 080	4 978	7 991	38 049
	30		应计入产成品成本份额					
	30		月末在产品成本					

表 6-71　　**产品成本明细账**

车间:第二车间　　单位:元

201×年 月	201×年 日	凭证字号	摘　要	产　量(件)	直接材料	直接人工	制造费用	合　计
6	1	略	月初在产品成本			140	120	260
	30		本月发生费用			4 228	6 488	10 716
	30		合　计			4 368	6 608	10 976
	30		应计入产成品成本份额					
	30		月末在产品成本					

表 6-72　　**产成品成本汇总表**　　单位:元

摘　要	产　量(件)	直接材料	直接人工	制造费用	合　计
第一车间					
第二车间					
合　计					
单位成本					

要求:计算完工产品的成本。

(1) 该企业产成品和月末在产品之间分配费用的方法采用约当产量法,材料在生产开始时一次投入,各步骤在产品的资料如表 6-73 所示。

表 6-73　　**各步骤产量记录表**　　单位:件

生产步骤	月初在产品(完工率 50%)	本月投入	本步骤完工	月末在产品(完工率 50%)
第一车间	100	200	250	50
第二车间	30	250	200	80

（2）该企业每月月末进行在产品的盘点。产成品和月末在产品之间分配费用的方法采用定额比例法；材料费用按定额材料费用比例分配，其他费用按定额工时比例分配。定额资料见表6-74。

表6-74 **产品定额资料表** 金额单位：元

生产步骤	月初在产品		本月投入		产成品					月末在产品	
	材料费用	工时（小时）	材料费用	工时（小时）	单件材料定额	单件工时定额	产量（件）	材料费总定额	工时总定额	材料费用	工时（小时）
第一车间	4 800	210	18 000	1 100	100	6	200	20 000	1 200	2 800	110
第二车间		200		920		5	200		1 000		120
合计	4 800	410	18 000	2 020	100	11		20 000	2 200	2 800	230

第七章　产品成本计算的辅助方法

本章基本内容框架

- 分类法
  - 分类法的含义和特征
  - 分类法的成本核算程序
  - 分类法的适用范围、优缺点和应用条件
  - 联产品、副产品和等级产品成本的计算
- 定额法
  - 定额法的特点
  - 定额法的计算程序
  - 定额法的优缺点和应用条件
- 标准成本法
  - 标准成本法概述
  - 成本按习性的分类
  - 标准成本的制定
  - 成本差异的计算和分析
  - 标准成本法的账务处理
  - 标准成本法与定额法的比较

重点、难点讲解及典型例题

一、产品成本计算的分类法

（一）分类法的含义及特点

产品成本计算的分类法，是先按产品类别归集生产费用，在计算出某类产品总成本的基础上，按一定标准分配类内各产品成本的一种方法。分类法的特点可以概括为以下几个方面：

(1) 按照产品的类别归集生产费用、计算成本。

(2) 月末一般要将归集的生产费用总额在完工产品和月末在成品之间进行分配。

(3) 类内不同品种(或规格)产品的成本按照一定的分配方法分配确定。

(4) 成本计算期取决于生产特点及管理要求。

（二）分类法的成本核算程序

分类法核算程序见图 7-1。

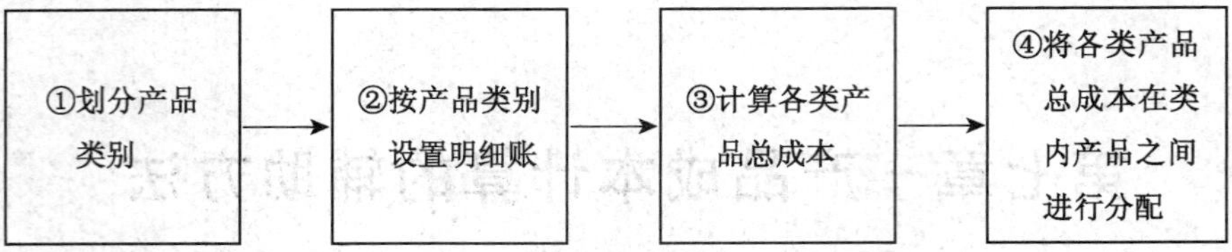

图 7-1　分类法核算程序

选择适当的分配标准，分配计算类内各种产品成本是分类法的关键。实务中常用的方法有定额比例法和系数法。系数法是指计算出各类产品总成本后，在类内各种产品之间按照固定的系数分配成本的方法。其计算公式如下：

$$\text{某产品系数}=\frac{\text{该产品售价（或定额消耗量、体积等）}}{\text{标准产品售价（或定额消耗量、体积等）}}$$

$$\text{某种产品总系数}=\text{该产品实际产量}\times\text{该产品系数}$$

$$\text{费用分配率}=\frac{\text{应分配成本总额}}{\text{类内各种产品系数之和}}$$

$$\text{某种产品应负担的费用}=\text{该产品总系数}\times\text{费用分配率}$$

【例题 1·单项选择题】 按照系数比例分配同类产品中各种产品成本的方法是（　　）。

A. 一种完工产品和月末在产品之间分配费用的方法

B. 一种单独的计算产品成本计算方法

C. 一种简化的分类法

D. 一种分配间接费用的方法

【答案】 C

（三）分类法的适用范围、优缺点和应用条件

1. 分类法的适用范围

分类法与生产的类型无直接关系，它可以在各种类型的生产中应用，即凡是产品品种、规格繁多，又可以按照一定标准划分为若干类别的企业或车间，均可以采用分类法计算成本。产品成本计算的分类法主要适用于下列情况：

（1）同原料、同工艺生产不同规格产品的企业。

（2）生产联产品的企业。

（3）生产零星产品的企业。

（4）生产等级产品的企业。

（5）生产副产品的企业。

2. 分类法的优缺点和应用条件（见表 7-1）

表 7-1　分类法优缺点及应用条件

优　点	分类法能够简化产品成本计算工作，便于分类掌握产品成本水平 由于分类法与产品的生产类型没有直接联系，所以在各种类型的生产企业中都可以采用
缺　点	分类法分配结果具有一定的假定性

（续表）

应用条件	由于分类法分配结果具有一定的假定性，因此在分类法下产品的分类和分配标准（或系数）的选定是否适当是一个关键问题。选定适当的产品分类和为各该类产品选择适当的类内费用的分配标准（或系数）是分类法得以恰当应用的前提条件

【例题2·多项选择题】 可以或应采用分类法计算成本的产品包括（　　）。

A. 联产品

B. 由于工人操作所造成的质量等级不同的产品

C. 品种、规格繁多，但可按规定标准分类的产品

D. 品种、规格繁多，且数量少、费用比重小的一些零星产品

【答案】 ACD

（四）联产品、副产品和等级产品成本的计算

1. 联产品成市的计算

联产品是指使用同种原材料，经过同一加工过程，同时生产出两种或两种以上的具有不同使用价值的主要产品。

联产品成本的计算可以分为以下几个步骤：

（1）采用分类法，计算联产品分离前的联合成本。

（2）采用适当标准在各种联产品之间分配联合成本。

（3）将分配的联合成本和分离后的加工成本进行汇总，计算联产品的总成本和单位成本。

在联产品成本的计算中，各种联合成本的分配可以按各种联产品的产量比例、售价比例或定额成本比例等进行分配，也可以将这些分配标准预先折算为系数，再按系数进行分配（见表7-2）。

表7-2　　联合产品成本的分配方法

<table>
<tr><th>成本计算方法</th><th colspan="2">含义及计算公式</th></tr>
<tr><td rowspan="2">实物量分配法</td><td>含　义</td><td>实物量分配法是指将联合成本按各种联产品之间的重量比例（或体积比例、数量比例等）进行分配的一种方法</td></tr>
<tr><td>计算公式</td><td>$联合成本分配率=\frac{联合成本}{各种联产品实物产量之和}$
$某种产品应分配的联合成本=\frac{该种联合产品}{实物产量}\times 联合成本分配率$</td></tr>
<tr><td rowspan="2">系数分配法</td><td>含　义</td><td>系数分配法是指首先将各种联产品的实际产量按事先规定的系数折算为标准产量，然后将联产品的联合成本，按各种联产品的标准产量比例进行分配的一种方法</td></tr>
<tr><td>计算公式</td><td>$联合成本分配率=\frac{联合成本}{各种联产品标准产量之和}$
$某种产品应分配的联合成本=\frac{该种联合产品}{标准产量}\times 联合成本分配率$</td></tr>
</table>

（续表）

成本计算方法		含义及计算公式
售价比例分配法	含　义	售价比例分配法是按照生产出的各联产品价格比例将联合成本在各种联产品之间进行分配，以计算各联产品总成本和单位成本的一种联产品成本计算方法
	计算公式	$联合成本分配率=\frac{联合成本}{各种联产品销售价格之和}$ 某种产品应分配的联合成本＝该种联合产品销售价格×联合成本分配率

2. 副产品成本的计算

副产品是指在生产主要产品的过程中，附带生产出的一些非主要产品。

由于副产品和主要产品是在同一生产过程中生产出来的，它们发生的费用很难分开。所以，一般将副产品和主要产品归为一类，按照分类法归集费用，计算总成本。一般来说，副产品的价值相对较低，在企业全部产品中所占比例小，为了简化核算工作，可将副产品按照简化的方法计价，从主副产品的总成本中扣除，从而确定主产品的产品成本。副产品的计价可以根据不同的情况采用不同的方法，常见的方法包括副产品成本不计价、副产品按照售价减去税金及销售费用后的余额计价、副产品按固定成本计价。

3. 等级产品的成本计算

等级产品是指品种、规格相同，但质量等级不同的产品。

按造成产品质量差别的原因不同，等级品可以分为两种：一种是由于材料质量、工艺过程不同或由于自然原因造成的等级品；另一种是因为经营管理或技术操作原因形成的等级品。

由于工人技术操作不当或管理不善导致的不同等级的产品，其成本不应有区别；因所用原材料质量不同或工艺技术要求不同而形成的等级品，如果各等级品售价相差很大，则可按单位售价等作为分配标准，计算各等级产品的成本。计算时，可将各等级品归为一类产品，计算分类产品的联合成本，再根据按各种等级品的售价等标准确定的系数，将各种等级品产量折合成标准产量，采用标准产量比例法分配联合成本，以分配的联合成本作为各等级产品的成本。

二、产品成本计算的定额法

产品成本计算的定额法，是为了解决及时反映和监督生产费用和产品成本脱离定额的差异，把产品成本的计划、控制、核算和分析结合在一起，以便加强成本管理而采用的一种成本计算方法。

采用定额法计算产品成本的程序，是在确定产品成本计算对象，设置和登记基本生产成本明细账的前提下，通过制定定额成本、揭示脱离定额差异、计算材料成本差异、计算定额变动差异，最终计算出完工产品成本。

（一）定额成本的计算

产品单位定额成本的制定，应包括零件、部件的定额成本和产成品的定额成本，通常由计划、会计等部门共同制定。一般是先制定零件的定额成本，然后汇总计算部件和产成品的定额成本。

（二）脱离定额差异的核算

脱离定额差异是指在生产过程中各项生产费用的实际支出脱离现行定额的差异。脱离定额差异一般按成本项目进行计算，包括直接材料脱离定额差异的计算、直接人工脱离定额差异的计算、制造费用脱离定额差异的计算。

1. 直接材料费用脱离定额差异的核算

直接材料脱离定额差异是指生产过程中产品原材料的实际耗用数量与其定额耗用量之间的差异。直接材料脱离定额差异的核算方法，一般有限额法、切割核算法和盘存法三种（见表 7-3）。

表 7-3　　直接材料脱离定额差异的核算方法

方　法	含　义
限额法	限额法又称差异凭证法，是指原材料的领用实行限额领料制度以控制用料的一种方法。
切割核算法	对于某些贵重材料或经常大量使用且有需要经过在准备车间或下料工段切割后才能进一步加工的材料，可以采用切割材料法组织日常的原材料差异的核算。
盘存法	在大量生产不能按照上述方法分批核算原材料脱离定额差异的情况下，除仍要使用限额领料单等定额凭证和超额领料单等差异凭证，以便控制日常材料实际消耗外，还应定期通过盘存的方法核算差异。

2. 直接人工费用脱离定额差异的核算

工资定额差异的计算，由于公司采用的工资形式不同，其核算方法也不一样（见表 7-4）。

表 7-4　　直接人工脱离定额差异的核算方法

工资形式	工资定额差异计算公式
计件工资	某种产品直接人工费用脱离定额差异＝该产品实际直接人工费用－该产品实际产量×单位产品定额直接人工费用
计时工资	$计划单位小时直接人工费用=\frac{某车间计划产量的定额直接人工费用}{该车间计划产量的定额生产工时}$ $实际单位小时直接人工费用=\frac{该车间实际直接人工费用总额}{该车间实际生产工时总数}$ 某产品的定额直接人工费用＝该产品实际产量的定额生产工时×计划单位小时直接人工费用 某产品的实际直接人工费用＝该产品实际产量的实际生产工时×实际单位小时直接人工费用 某产品的直接人工费用脱离定额差异＝该产品实际直接人工费用－该产品定额直接人工费用

3. 制造费用及其他费用脱离定额（或计划）的核算

各种产品定额制造费用和脱离定额差异的计算，与计时工资脱离定额差异的计算确定方法相似，其有关计算公式如下：

$$计划单位小时制造费用=\frac{某车间计划制造费用总额}{该车间计划产量的定额生产工时总数}$$

$$\text{实际单位小时制造费用}=\frac{\text{该车间实际制造费用总额}}{\text{该车间实际生产工时总数}}$$

某产品定额制造费用＝该产品实际产量的定额工时×计划单位小时制造费用

某产品实际制造费用＝该产品实际生产工时×实际单位小时制造费用

某产品的制造费用脱离定额差异＝该产品实际制造费用－该产品定额制造费用

（三）直接材料成本差异的分配

在定额法核算产品成本的过程中，为了便于对产品成本进行考核和分析，对于原材料定额费用和脱离定额差异都是按照计划单位价格计算的。而在月末计算产品实际耗用原材料费用时，还需要考虑计划单位价格和实际单位价格之间的差异，即材料成本差异。某产品应分配的直接材料成本差异计算公式如下：

$$\begin{matrix}\text{某产品应分配的}\\\text{直接材料成本差异}\end{matrix}=\left(\begin{matrix}\text{该产品的直接}\\\text{材料定额费用}\end{matrix}\pm\begin{matrix}\text{直接材料脱离}\\\text{定额差异}\end{matrix}\right)\times\begin{matrix}\text{原材料成本}\\\text{差异率}\end{matrix}$$

（四）定额变动差异的核算

定额变动差异是指因修订消耗定额或生产耗费的计划价格而产生的新旧定额之间的差额。在构成产品的零部件种类较多的情况下，为了简化计算工作，也可以按照单位产品费用的折算系数进行计算。其计算公式如下：

$$\text{系数}=\frac{\text{按新定额计算的单位产品费用}}{\text{按旧定额计算的单位产品费用}}$$

月初在产品定额变动差异＝按旧定额计算的月初在产品费用×（1－系数）

综上所述，定额法下产品实际成本的计算公式如下：

产品实际成本＝按现行定额计算的产品定额成本±脱离现行定额差异±材料成本差异±月初在产品定额变动差异

（五）定额法的优缺点和应用条件（见表7-5）

表7-5　定额法的优缺点和应用条件

优点	1. 有利于加强对成本的控制 2. 便于对各项生产耗费和产品成本进行定期分析 3. 有利于提高成本的定额管理和计划管理工作的水平 4. 能够较为合理、简便地解决完工产品和月末在产品之间分配费用的问题
缺点	采用定额法核算产品成本需要根据各成本项目制定定额成本，并且需要根据经济发展的需要和劳动生产率的提高及时调整定额成本，同时要单独核算脱离定额差异，因此工作量很大
适用	1. 定额管理制度比较健全，定额管理工作的基础比较好 2. 产品的生产已经定型，消耗定额比较准确、稳定

三、产品成本计算的标准成本法

（一）标准成本的含义及种类

标准成本法也称标准成本制度，或标准成本会计，是以预先运用技术测定等科学方法制定的标准成本为基础，将实际发生的成本与标准成本进行比较，核算和分析成本差异的一种成本计算方法，也是加强成本控制、评价经营业绩的一种成本控制制度。标准成本的种类有多种，主要包括理想标准成本、正常标准成本和现实标准成本（见表 7-6）。

表 7-6　　标准成本的种类

种　类	含　义	用　途
理想标准成本	以现有生产技术条件和经营管理所能达到最优的情况下确定的目标成本	这种标准成本未考虑客观存在的实际情况，往往难以实现，故在实际工作中较少采用
正常标准成本	以正常的工作效率、正常的耗用水平、正常的价格和正常的生产经营能力利用程度等条件为基础制定的标准成本	这种标准成本只是根据过去的平均水平估计的，往往不能反映目前的实际水平，用它来控制成本也不够积极，它一般只用来估计未来的成本变动趋势
现实标准成本	在现实标准成本的基础上考虑到目前的实际情况而制定的目标成本	这种标准成本是通过努力能够达到、切实可行、最接近实际的一种标准成本，因此标准成本法一般采用这种标准成本

（二）成本按习性的分类

成本性态又称成本习性，是指在一定条件下成本总额与特定业务量之间的依存关系。成本按其与业务量之间的依存关系，可以分为固定成本与变动成本两大类。

1. 固定成本

固定成本是指在特定的业务量范围内不受业务量变动影响，一定期间的总额能保持相对稳定的成本。固定成本习性模型如图 7-2 和图 7-3 所示。

（1）成本总额不随业务量而变，表现为某一固定金额。

（2）单位固定成本随业务量的增减变动成反比例变动。

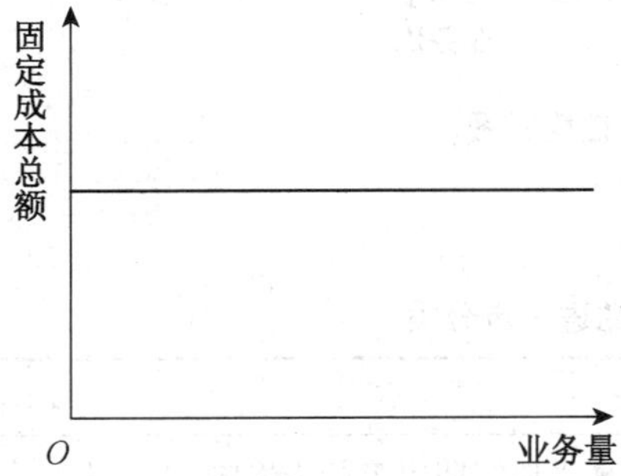

图 7-2　业务量与固定成本总额的关系

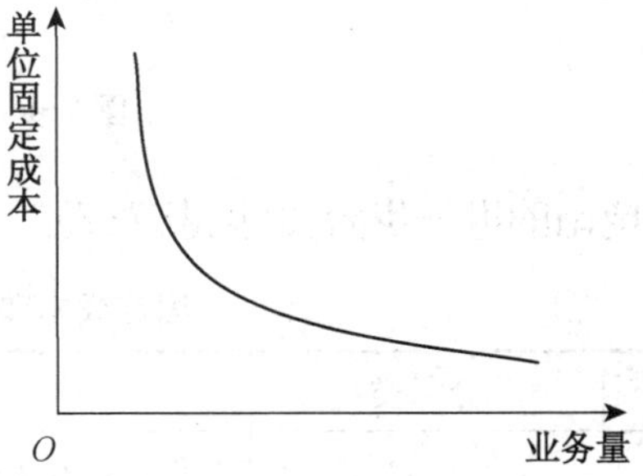

图 7-3　业务量与单位固定成本的关系

2. 变动成本

变动成本是指在特定的产量范围内其总额随产量变动而正比例变动的成本。变动成本习性模型如图 7-4 和图 7-5 所示。

（1）成本总额因业务量的变动而成正比例变动。

（2）单位业务量负担的变动成本表现为某一固定金额。

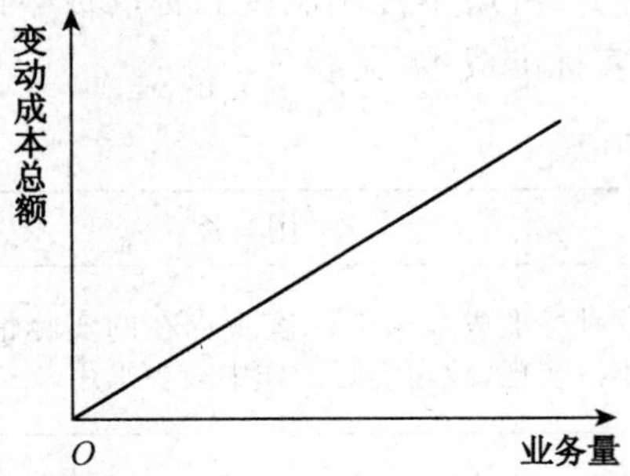

图 7-4　业务量与变动成本总额的关系

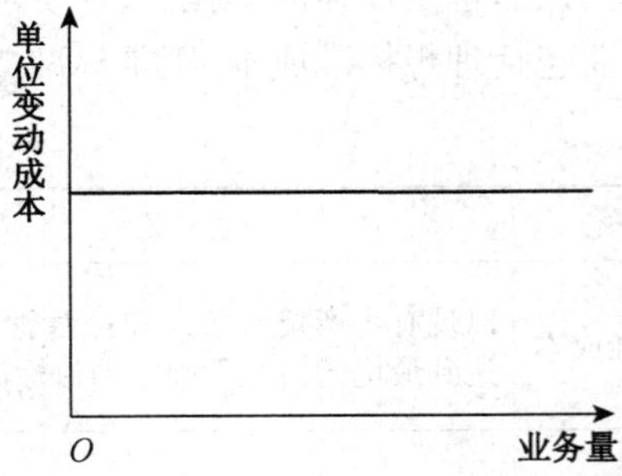

图 7-5　业务量与单位变动成本的关系

3. 总成本习性模型

由于按成本习性分析的全部成本可分为固定成本和变动成本两大类，因此总成本的计算公式为：

总成本＝固定成本总额＋变动成本总额＝固定成本总额＋单位变动成本×业务量

总成本的计算公式可写成：$y=a+bx$。其中 x 是自变量；y 是因变量；a 是常数，即截距；b 是直线的斜率。成本习性模型如图 7-6 所示。

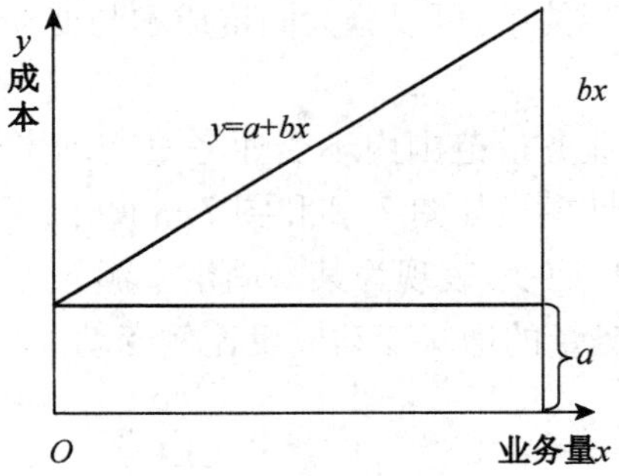

图 7-6　总成本习性模式图

4. 成本的进一步分类(见表 7-7)

表 7-7　固定成本和变动成本的进一步分类

成本	分　类	特　点
固定成本	约束性固定成本	有很大的约束性，不受管理当局短期决策行为影响，支出大小主要取决于生产经营能力的规模和质量
	酌量性固定成本	管理当局通过其短期决策行为可以改变其数额的固定成本
变动成本	技术性变动成本	与业务量有明确的技术或实物关系的变动成本
	酌量性变动成本	可以通过管理决策行为而改变的变动成本

【例题 3 · 多项选择题】　提供和维持生产经营所需设施、机构而支出的固定成本属于(　　)。

A. 酌量性固定成本　　　　B. 约束性固定成本
C. 经营方针成本　　　　D. 生产经营能力成本

【答案】 BD

【解析】 约束性固定成本也叫经营能力成本，它是同企业的生产经营能力的形成及其正常维护相联系的固定成本。

（三）标准成本的制定

产品成本一般由直接材料、直接人工和制造费用三个成本项目组成，因此，企业也应根据这些成本项目的特点，分别制定标准成本。在制定时，无论计算哪个成本项目，都需要分别计算其用量标准和价格标准，两者的乘积得出单位产品的标准成本（见表7-8）。

表7-8　　标准成本构成

成本项目	用量标准	价格标准
直接材料	单位产品材料消耗量	原材料价格
直接人工	单位产品直接人工工时	小时工资率
制造费用	单位产品直接人工工时	小时制造费用分配率

（四）成本差异的计算和分析

成本差异包括直接材料成本差异、直接人工成本差异和制造费用差异三部分。其中，制造费用差异又分为变动制造费用差异和固定制造费用差异。

1. 直接材料、直接人工和变动制造费用成本差异计算公式（见表7-9）

表7-9　　变动成本项目的差异计算公式

	价　差	量　差
直接材料成本差异	直接材料价格差异＝实际价格×实际用量－标准价格×实际用量＝（实际价格－标准价格）×实际用量	直接材料用量差异＝标准价格×实际用量－标准价格×标准用量＝（实际用量－标准用量）×标准价格
直接人工成本差异	直接人工工资率差异＝实际工资率×实际工时－标准工资率×实际工时＝（实际工资率－标准工资率）×实际工时	直接人工效率差异＝标准工资率×实际工时－标准工资率×标准工时＝（实际工时－标准工时）×标准工资率
变动制造费用成本差异	变动制造费用耗费差异＝实际分配率×实际工时－标准分配率×实际工时＝（实际分配率－标准分配率）×实际工时	变动制造费用效率差异＝标准分配率×实际工时－标准分配率×标准工时＝（实际工时－标准工时）×标准分配率

2. 固定制造费用成本差异分析

固定制造费用的成本差异分析方法主要有两差异分析法和三差异分析法两种。

（1）两差异分析法将固定制造费用成本差异区分为耗费差异和能量差异两种成本差异。

固定制造费用耗费差异＝实际固定制造费用－计划固定制造费用
＝实际固定制造费用－计划产量标准工时×标准费用分配率

固定制造费用能量差异＝（计划产量标准工时－实际产量标准工时）×标准费用分配率

（2）三差异分析法是将固定制造费用的成本差异区分为耗费差异、能力差异和效率差异三种成本差异。其中，耗费差异与两差异分析法中相同，不同的是要将二因素分析法中的“能量差异”进一步分为两部分：一部分是实际工时未达到生产能量而形成的闲置能量差异；另一部分是实际工时脱离标准工时而形成的效率差异。其计算公式为：

固定制造费用能力差异＝（计划产量标准工时－实际产量实际工时）×标准费用分配率

固定制造费用效率差异＝（实际产量实际工时－实际产量标准工时）×标准费用分配率

思考与练习

一、单项选择题

1. 直接材料脱离定额差异是（　　）。

A. 价格差异　　B. 数量差异

C. 一种定额变动差异　　D. 原材料成本差异

2. 在完工产品成本中，如果月初在产品定额变动差异为正数，说明（　　）。

A. 定额降低了

B. 定额提高了

C. 本月定额管理和控制不利

D. 本月定额管理和控制取得了成绩

3. 成本习性是指（　　）。

A. 与业务量的依存关系　　B. 经济用途

C. 经济内容　　D. 与利润的依存关系

4. 在成本差异分析中，变动制造费用耗费差异类似于（　　）。

A. 直接材料价格差异　　B. 直接材料用量差异

C. 直接人工效率差异　　D. 直接人工成本差异

5. 从总体上来看，标准成本法与定额成本法的相同之处在于（　　）。

A. 两者具有基本上相同的功能和实施环节

B. 两者都要计算产品的实际成本

C. 两者都要为各种成本差异单独设置账户

D. 两者都要将各种成本差异全部计入当期损益

6. 使用三因素分析法分析固定制造费用差异时，固定制造费用效率差异反映（　　）。

A. 实际耗费与预算金额的差异

B. 实际工时脱离生产能量形成的差异

C. 实际工时脱离实际产量标准工时形成的差异

D. 实际产量标准工时脱离生产能量形成的差异

7. 某公司采用标准成本法进行成本控制。某种产品的变动制造费用标准分配率为3元/小时，每件产品的标准工时为2小时。201×年6月，该产品的实际产量是100件，实际工时为250小时，实际发生变动制造费用1 000元，变动制造费用耗费差异为（　　）元。

A. 150　　B. 200　　C. 250　　D. 400

8. 通常应对不利的材料价格差异负责的部门是(　　)。

A. 质量控制部门　　B. 采购部门

C. 工程设计部门　　D. 生产部门

9. 分类法的成本计算对象是(　　)。

A. 产品类别　　B. 产品品种

C. 产品规格　　D. 产品加工程度

10. 企业利用相同的原材料,在同一生产过程中同时生产出几种地位相同的主要产品,称为(　　)。

A. 半成品　　B. 副产品

C. 等级产品　　D. 联产品

11. 企业在生产主要产品时附带生产出来的一些次要产品称为(　　)。

A. 半成品　　B. 副产品

C. 等级产品　　D. 联产品

12. 工时定额是指(　　)。

A. 单位工时的产量标准

B. 单位产量的工时标准

C. 一定时期完成产品按定额计算所耗用的工时

D. 一定时期完成产品所耗用的实际工时

13. 下列各项中,既是产品成本计算方法,又是成本控制方法的是(　　)。

A. 分步法　　B. 分批法

C. 分类法　　D. 定额法

14. 在生产过程中,企业实际发生的成本与定额成本的差异是(　　)。

A. 脱离定额差异　　B. 定额变动差异

C. 材料成本差异　　D. 费用变动差异

15. 下列各项中,属于约束性固定成本的是(　　)。

A. 职工培训费　　B. 研究开发费用

C. 管理人员的基本工资　　D. 产品包装材料费用

二、多项选择题

1. 在脱离定额差异的计算中,与直接材料脱离定额差异相同或类似的是(　　)。

A. 自制半成品

B. 计时工资形式下的生产工人工资

C. 计件工资形式下的生产工人工资

D. 制造费用

2. 在定额法下,产品的实际成本是(　　)的代数和。

A. 按现行定额计算的产品定额成本　　B. 脱离现行定额差异

C. 直接材料成本差异　　D. 月初在产品定额变动差异

3. 在变动成本法下,产品成本所包括的内容有(　　)。

A. 直接材料　　B. 直接人工
C. 固定制造费用　　D. 变动制造费用
4. 原材料脱离定额差异的计算方法有(　　)。
A. 限额法　　B. 切割核算法
C. 盘存法　　D. 总量法
5. 下列项目中,属于变动成本的是(　　)。
A. 产品包装材料费用　　B. 直接材料成本
C. 直接人工成本　　D. 按销售量支付的税金

三、判断题

1. 只要产品的品种、规格繁多,就可以采用分类法计算产品成本。(　　)
2. 主副产品在分离前应合为一类计算产品成本。(　　)
3. 在定额法下,退料单是一种差异凭证。(　　)
4. 在计时工资形式下,生产工人工资属于直接计入费用,因而其脱离定额的差异与原材料相同。(　　)
5. 定额变动差异反映的是生产费用的实际支出符合定额的程度。(　　)
6. 业务量在相关范围内变动,单位变动成本才是固定不变的。(　　)

四、计算题

1. 某企业丙产品采用定额法计算产品成本。该产品的生产只耗用一种原材料,原材料在生产开始时一次性投入。与丙产品有关的资料如下:

(1) 本月开始实行新的原材料消耗定额,直接材料消耗定额由原来的 20 千克降到 18 千克;直接材料的计划单价不变,仍为每千克 20 元。

(2) 月初在产品 100 件,直接材料定额费用为 40 000 元,脱离定额的差异为节约 4 400 元。

(3) 本月投产 1 000 件,直接耗用材料费 18 418 千克。

(4) 本月直接材料成本差异率为节约 2%。

(5) 本月完工产品 900 件。

要求:

(1) 计算月初在产品定额变动差异。

(2) 如果脱离定额差异按定额费用比例在完工产品与月末在产品之间进行分配,定额变动差异和直接材料成本差异全部由完工产品负担。计算本月完工产品和月末在产品直接材料实际费用。

2. 某企业 12 月份投产完工甲、乙两种产品的数量分别为 150 件和 200 件,耗用甲材料的标准分别为 8 千克/件和 4 千克/件,材料标准单位成本为 15 元/千克。12 月份实际耗用的材料分为 2 100 千克和 840 千克,实际成本总共为 33 600 元。

要求:

(1) 根据产品所耗材料的标准用量分配两种产品应分配的直接材料费用。

（2）计算甲产品材料费用的标准单位成本和实际单位成本。

（3）计算甲产品材料费用的成本差异。

五、案例分析题

华夏公司 201×年 12 月份与甲类产品有关的资料如下：

（1）该企业大量生产 A、B、C 三种产品。三种产品的结构、所用原材料和工艺过程相似，因而归为一类甲，采用分类法计算成本。类内各种产品之间的费用分配标准为：直接材料按各种产品的直接材料费用系数分配，直接材料费用系数按直接材料费用定额确定（以 B 产品为标准产品）；其他费用按工时比例分配。

（2）A、B、C、三种产品的直接材料费用定额和工时消耗定额见表 7-10。

表 7-10　　直接材料费用定额和工时消耗定额表

	直接材料费用定额(元)	工时消耗定额(小时)	各种产品产量(件)
A 产品	240	8.2	1 000
B 产品	300	10	1 200
C 产品	360	12	800

（3）本月完工甲类产品成本明细账见表 7-11。

表 7-11　　甲类产品成本资料表　　单位：元

项　目	直接材料	直接人工	制造费用	成本合计
完工甲类产品成本	592 000	62 580	89 400	743 980

要求：

（1）编制各项费用系数计算表。

（2）采用分类法计算 A、B、C 三种产品的成本，编制产品成本计算表。

第八章　其他行业成本核算

本章基本内容框架

- 农业企业成本核算
  - 生物资产和农产品
    - 生物资产的概念与分类
    - 生物资产和农产品的关系
    - 生物资产的成本计量
    - 农业生产成本核算概述
  - 种植业的成本核算
    - 当年生大田作物的成本核算
    - 多年生作物的产品成本核算
    - 蔬菜的成本核算
  - 林业的成本核算
    - 林业产品的成本核算对象
    - 林业产品的成本核算期
    - 林业产品成本的计算
  - 畜牧业的成本核算
    - 畜牧业的成本核算对象
    - 畜牧业生产费用的核算
    - 畜牧业产品的成本核算
  - 渔业的成本核算
    - 渔业产品的成本核算对象
    - 渔业产品的成本构成
    - 渔业产品的成本核算

- 商品流通企业成本核算
  - 商品流通企业概述
    - 商品流通企业的概念及分类
    - 商品流通企业的经营特点
  - 商品流通企业的主要成本构成
    - 商品采购成本
    - 商品存货成本
    - 商品加工成本
    - 商品销售成本
    - 其他业务成本
  - 商品流通企业经营费用及其分摊
    - 经营费用的分摊
    - 期末商品进货运杂费的归集方法
  - 批发商品的成本核算
    - 批发企业库存商品的核算方法
    - 批发企业主要经济业务核算
    - 批发企业数量进价金额核算法下商品销售成本的核算
    - 商品批发企业成本的结转
  - 零售商品的成本核算
    - 零售企业库存商品的成本核算方法
    - 零售企业主要经济业务核算
    - 零售企业售价金额核算法下商品销售成本的核算

- 交通运输企业成本核算
  - 交通运输业概述
    - 交通运输业的经营特点
    - 交通运输业营运成本的构成内容
    - 交通运输业成本账户的设置
  - 公路运输业成本概述
    - 公路运输成本的核算组织
    - 公路运输业成本核算账户的设置
  - 公路运输成本的核算
    - 车辆费用的归集和分配
    - 营运间接费用的归集和分配
    - 汽车运输业单位运输成本的计算

- 施工企业成本核算
  - 施工企业概述
    - 施工企业的生产经营特点
    - 施工企业工程成本的核算对象
  - 施工企业成本的构成和成本类账户的设置
    - 施工企业成本的构成内容
    - 施工企业成本类账户的设置
  - 施工企业的成本核算程序
  - 施工企业成本的归集和分配
    - 施工企业材料费用的归集和分配
    - 施工企业直接人工费用的归集和分配
    - 施工企业机械使用费的归集和分配
    - 施工企业其他直接费用的归集和分配
    - 施工企业间接费用的归集和分配
    - 施工企业未完工程的计算
    - 已完工程实际成本的计算

- 房地产企业成本核算
  - 房地产开发企业概述
    - 房地产企业的主要经营业务
    - 房地产开发成本对象的确认原则
    - 确定成本核算对象方法
  - 房地产开发企业开发成本的构成和相关账户的设置
  - 房地产开发企业开发成本核算的一般程序
  - 房地产开发企业开发成本中共同成本的分配方法
    - 占地面积法
    - 建筑面积法
  - 房地产开发企业开发成本的归集和分配
    - 土地成本的分配方法和成本归类
    - 借款费用的成本分配
    - 其他成本项目的分配方法
    - 开发间接费的分配方法
    - 已完工程的结转
  - 房屋开发成本核算方法举例

重点、难点讲解及典型例题

一、农业企业成本核算

（一）生物资产和农产品概述

1. 生物资产和农产品的关系

生物资产是指农业生产活动所涉及有生命的动物和植物。生物资产分为消耗性生物资产、生产性生物资产和公益性生物资产。

农产品是指生物资产的收获品，包括种植业产品、畜牧养殖业产品、水产品和林产品。

农产品与生物资产密不可分，当其附着在生物资产上时，作为生物资产的一部分，不需要单独进行会计处理，而当其从生物资产上收获，离开生物资产这一母体时开始，一般具有鲜活、易腐的特点，因此应该区别于工业企业一般意义上的产品单独核算。

【例题1·多项选择题】 生物资产可以分为（　　）。

A. 生产性生物资产

B. 消耗性生物资产

C. 公益性生物资产

D. 农产品

【答案】 ABC

【解析】 农产品是指生物资产的收获品。

2. 生物资产的成本计量

生物资产应当按照历史成本进行初始计量。

3. 农业生产成本核算概述

（1）农业生产的成本核算对象。企业首先要区分主要作物与次要作物。对主要作物应当以每种作物为成本核算对象，单独核算其产品成本；次要作物则以作物类别作为成本核算对象，

（2）农业生产的成本计算期。农业企业一般1年计算一次成本，以适应农业企业的生产周期较长、收获期比较集中、在年度中各项费用的发生不均匀等生产特点。

（3）农作物的成本项目。

① 直接材料：农业生产过程中直接耗用的自产或外购的种子、种苗、肥料、农药等。

② 直接人工：指直接从事农业生产的人员的职工薪酬费用。

③ 其他直接费用：指除直接材料、直接人工以外的其他直接支出，包括机械作业费、灌溉费、田间运输费等。

④ 间接费用：指分配计入农产品成本的间接费用，包括为组织管理生产所发生的生产单位管理人员的工资福利费、折旧费、水电费、办公费等。

【例题2·判断题】 农业企业以农作物的生长周期作为成本计算期。（　　）

【答案】 ×

【解析】 由于农作物的生长周期较长，收获期比较集中，在年度中各项费用的发生不均匀。为适应这些特点，农业企业一般1年计算一次成本。

（二）种植业的成本核算

1. 当年生大田作物的成本核算

当年生大田作物是指作物生长期不超过1年的农作物，一般为当年播种、当年收获的作物，也有少部分跨年度收获的作物。

农作物成本的计算包括单位面积成本和单位产量成本。单位面积成本是指种植某种农作物平均每单位播种面积所支出的费用总额。

2. 多年生作物的产品成本核算

多年生作物是指人参、剑麻、胡椒等经济作物，其特点是生长期限长。因此，多年生作物抚育年限和提供产品的年限比较长。

（1）一次性收获的多年生作物，应按各年累计的生产费用计算成本。其主产品单位成本的计算公式如下：

一次性收获的多年生作物主产品单位成本＝(往年费用＋收获年份截至收获月份累计费用－副产品成本)÷收获的主产品总产量

(2) 多次性收获的多年生作物,在未提供产品以前的费用,视同长期待摊费用处理。

3. 蔬菜的成本核算

(1) 露蔬菜栽培的成本核算。大面积栽培的大宗、主要的蔬菜,可分别计算各种蔬菜的成本。按照蔬菜的品种和规定的成本项目归集生产费用;用各种蔬菜的总成本除以各自的实际产量,得到各种蔬菜的单位产量成本。

(2) 温室或大棚蔬菜栽培的成本核算。保护地蔬菜栽培就是利用温床和温室等防寒设备进行育苗和种植蔬菜。其成本指标,除蔬菜每千克成本外,还有温床格日(一个温床格用1天为一个温床格日)成本和温室平方米日(温室中1平方米面积占用1天为一个温室平方米日)成本。

(3) 保护地蔬菜栽培的成本核算。能明确区分是某种蔬菜费用的,直接计入该种蔬菜的成本。若干种蔬菜的共同性费用,如保温用的材料、燃料、辅助材料等,应按温床格日数或温床平方米日数进行分配。

$$\text{某种温床蔬菜应分配的某项共同性费用}=\frac{\text{该项共同性费用总额}}{\text{温床全年使用的温床平方米数(温床格日数)}}\times\text{该种蔬菜占温床的平方米日数(温床格日数)}$$

(三) 林业的成本核算

1. 林业产品的成本核算对象

经济林木一般要经过苗圃育苗、幼树培育和成林管理三个阶段。苗圃育苗是培育树苗的阶段;幼树培育是从树苗起土、移植到成林投产为止的抚育管理阶段;成林管理是正式投产后的抚育管理阶段。经济林木在幼树成林后,按规定转为固定资产管理。此后采摘果品、收割胶水等发生的生产费用,均为培育林业产品的成本。

自行营造的橡胶树、果树、茶树等,其成本确定的一般原则是按照其达到预定生产经营目的前发生的必要支出确定,包括直接材料、直接人工、其他直接费和应分摊的间接费用。

2. 林业产品的成本核算期

成本核算期一般是1年计算一次。经济林木的产品成本,包括当年的抚育费用和停采、停割期间的费用。停采、停割期间的费用,本年度内产品产出以前发生的部分,计入产品成本,产品产出以后发生的部分一般作为在产品结转至下年。

3. 林业产品成本的计算

经济林木产品单位成本的计算公式如下：

某种经济林木产品单位成本＝(该种经济林木本年全部抚育费＋停割停采期间费用－副产品价值)÷该种经济林木产品年总产量

(四) 畜牧业的成本核算

1. 畜牧业的成本核算对象

畜牧业生产是指对猪、牛、羊、鸡、鸭、鹅等畜禽产品的生产。

畜牧业产品进行成本核算,首先要确定成本核算对象,可以实行分群核算,也可以实行混群核算。

2. 畜牧业生产费用的核算

畜牧业的生产费用可以划分为下列成本项目：

（1）直接材料是指饲养中耗用的精饲料、粗饲料、动物饲料和矿物饲料等饲料费用，以及粉碎和蒸煮饲料、孵化增温等耗用的燃料和动力费用。

（2）直接人工是指直接从事畜牧业生产人员的工资及按工资总额计提并缴纳社会保险费用及住房公积金。

（3）其他直接费是指专用设备折旧费、产畜折旧费、畜禽医疗费。

（4）制造费用是指分配计入产品成本的制造费用。包括生产单位管理人员工资及社保费、折旧费、修理费、水电费、办公费等。

3. 畜牧业产品的成本核算

畜牧业产品的成本核算期，一般规定为1年计算一次，对经常有产品产出的单位，也可以按月计算成本。

（1）混群核算的成本核算公式：

$$\text{某类畜(禽)本期生产总成本(元)}=\text{期初存栏价值}+\text{本期饲养费用}+\text{本期购入畜(禽)价值}+\text{本期无偿调入畜(禽)价值}-\text{期末存栏价值}-\text{本期无偿调出畜(禽)价值}$$

$$\text{某类畜(禽)主产品单位成本(元)}=\left[\text{某类畜(禽)生产总成本}-\text{副产品价值}\right]\div\text{该类畜(禽)主产品总产量}$$

（2）分群核算的成本。要分类进行主要会计科目的设置。

（五）渔业的成本核算

1. 渔业产品的成本核算对象

成本核算对象的确定是水产养殖成本进行归集和核算的前提。水产养殖的任务是生产出各种水产品，因此，水产品品种是水产养殖业成本核算的对象，也就是对养殖期间所发生的各项品种费用进行分类、归集、核算。

2. 渔业产品的成本构成

（1）直接材料是指直接用于养殖生产的苗种、饲料、肥料和材料等。

（2）直接人工是指直接从事水产养殖人员的工资、工资性津贴、奖金、福利费。

（3）其他直接费是指除直接材料、直接人工以外的其他直接费用。

（4）制造费用是指应摊销、分配计入各种产品的间接生产费用。

3. 渔业产品的成本核算

（1）鱼苗成本的计算。

鱼苗又称鱼花，是孵化不久的幼苗，可以人工繁殖，也可以从江河中张捕，由于鱼苗的数量大、体型细小，一般采用估计或通过抽样清查方法推算总数，其结果只能做到大致准确。鱼苗成本核算的对象就是鱼苗，通常以万尾为成本核算单位，其成本核算公式为

$$\text{每万尾鱼苗成本}=\text{育苗期全部生产费用}\div\text{育成鱼苗数量(万尾)}$$

（2）成鱼成本的计算。

成鱼生产有两种方式：一种是多年放养，一次捕捞；另一种是逐年放养，逐年捕捞。

多年放养一次捕捞的成鱼成本，包括捕捞前各年作为在产品结转的费用和当年发生的

费用。其成鱼计算公式为:

成鱼单位(千克)成本=(捕捞前各年的生产费用+当年捕捞的生产费用)÷成鱼总产量

(3) 海水养殖成本的计算。

海水养殖成鱼单位成本=(捕捞前各年结转的生产费用+当年发生的生产费用+捕捞费用)÷海水养殖成鱼总产量

(4) 捕捞成本的计算。

捕捞是指在天然湖泊、江河、海洋捕捞自然生长的渔业产品,当年发生的全部捕捞费用,应当完全由当年捕捞的渔业分摊,对不同的渔业产品,可按计划成本或销售价格的比例,将总成本在不同渔业产品之间进行分配。

二、商品流通企业成本核算

(一) 商品流通企业概述

商品流通企业是在社会再生产过程中组织商品流通的企业。它的基本任务是将社会产品通过货币交换形式,从生产领域转移到消费领域,满足人民生活和其他各方面的需要,并实现商品价值,取得盈利。商品流通企业的经济活动主要是商品的购、销、存。

按照商品流通企业在社会再生产过程中的作用,可以分为批发企业和零售企业。

(1) 批发企业是指以从事批量销售业务为主,使商品从生产领域进入流通领域,在流通领域继续流转,或进入生产性消费领域的企业。

(2) 零售企业是指以从事单个销售业务为主,使商品从生产领域或流通领域进入非生产性领域的企业。

此外,有的商品流通企业既从事批发业务又从事零售业务,称之为批零兼营企业。

(二) 商品流通企业的主要成本构成

1. 商品采购成本

商品采购成本是指因采购商品而发生的有关支出。

(1) 国内购进商品进价成本常见的有以下三种情况:①国内购进的一般商品,应以进货原价(即增值税专用发票上所列的价款)作为其采购成本。②国内购进的农副产品,应以进货原价和收购不含税产品时所支付的税费作为其采购成本。③小规模纳税人,支付的增值税计入购进商品的成本。

(2) 国外购进商品进价成本。国外购进商品的进价成本是指进口商品在到达目的地港口以前所发生的各种支出。具体包括:

(1) 国外进价。

(2) 进口税费。进口环节缴纳的增值税不计入采购成本。

(3) 委托其他单位代理进口商品,其采购成本为实际支付给代理单位的全部价款。

2. 商品存货成本

商品存货成本一般以商品采购成本为基础进行核算,并根据存货计价方法确定其成本额。

数额较大的进货费用(如进货运杂费)及存货费用(如储存保管费),按商品存销比例分摊,商品存货所分摊的费用应作为存货成本的构成内容。

3. 商品加工成本

商品加工成本一般指企业将原材料、半成品等自营进行加工制成商品的全部支出。此外，委托加工的成本包括耗用的原材料或半成品、支付的加工费用、运输费、装卸费、保险费、缴纳的加工税费。

4. 商品销售成本

商品销售成本是指已销产品的进价成本和存货变现损失，按存货的计价方法确定。

商品流通企业对库存商品的核算方法不同，商品销售成本的核算也不同，一般有数量进价金额法、数量售价金额法、售价金额法、进价金额法。

5. 其他业务成本

其他业务成本是指除了商品销售以外的其他销售或提供其他劳务等发生的直接人工、直接材料、其他直接费用和税费及附加。

【例题3·多项选择题】 批发零售企业产品成本核算项目有(　　)。

A. 进货成本　　B. 相关税费　　C. 采购费　　D. 管理费用

【答案】 ABC

(三) 商品流通企业经营费用及其分摊

经营费用是指商品流通企业在商品购、销、存环节发生的各项费用。经营费用一般直接计入当期损益。

1. 经营费用的分摊

$$费用分摊率=\frac{期初进货运杂费结存额+本期进货运杂费用额}{期初结存商品进价成本+本期购进商品进价成本}$$

本期期末结存商品存货应分摊的进货运杂费＝期末商品存货进价成本×费用分摊率

应计入当期损益的经营费用＝期初进货运杂费结存额＋本期经营费用发生额－期末商品存货应分摊的进货运杂费(其中运杂费有计入销售成本的、还有计入销售费用的)

2. 期末商品进货运杂费的归集方法

期末商品存货应分摊的进货运杂费计入商品存货的方法一般有两种，分别为账结法和账留法。

(四) 批发商品的成本核算

1. 批发企业库存商品的核算方法

根据批发商品特点，对“库存商品”采用金额和数量两种计量进行双重核算，核算方法有以下两种：

(1) 商品数量进价金额核算。

(2) 商品数量售价金额核算。

数量售价金额核算，其内容除与进价核算相同外，不同的有：

一是总分类账、明细分类账统一按售价记账。

二是设置“商品进销差价”账户，登记商品进价与销价之间的差额。适用于小型批发商店和需要控制贵重商品数量零售企业。

三是定期分摊进销差价，计算已销商品进销差价和库存商品进价。

2. 批发企业主要经济业务核算(以采用商品数量进价金额核算为例)

(1) 商品购进过程核算。主要经济业务是购进商品,支付货款和费用。

(2) 商品销售过程核算。主要经济业务是发出商品,收回货款。

3. 批发企业数量进价金额核算法下商品销售成本的核算

商品销售成本的计算有两个基本问题:一是已销商品进货单价的确认;二是成本核算顺序。

4. 商品批发企业成本的结转

期末计算损益时,将“主营业务收入”“主营业务成本”“销售费用”“管理费用”和“财务费用”账户的余额结转到“本年利润”账户。

商品销售成本的结转方法有分散结转和集中结转两种。

(1) 分散结转。分散结转是按每一商品明细账户分别计算出商品销售成本和期末商品存货成本后,在每一账户付出金额栏内逐一结转商品销售成本,并将结存金额计入结存栏内,各明细销售成本加总起来就是总账的结转额。

结转顺序为:计算每种商品销售成本和期末结存金额一汇总各类商品销售成本一汇总全部商品销售成本。

(2) 集中结转。集中结转只在“库存商品”总分类账及二级账上登记商品销售成本,库存商品,明细账上不登记已销商品成本(但要计算和登记每一商品的期末结存金额)。

结转顺序为:计算每种商品期末结存金额一汇总各类商品结存成本一倒轧各类商品销售成本。这种方法的特点是,在商品明细账上不计算销售成本,只结出库存金额,然后将各商品的库存金额汇总转入类目账或总账,然后在类目账或总账上采用倒挤成本法计算销售成本。

(五) 零售商品的成本核算

零售商品的经营特点一般有:经营品种多,交易次数频繁、数量零星,成交时间短,采用一手钱、一手货的现金交易。

1. 零售企业库存商品的成本核算方法

根据零售商品的经营特点,商品核算一般采用“金额核算”的方法反映商品进销存情况,只记金额,不计数量。按照商品不同价格,分为“进价金额核算”和“售价金额核算”两种。

2. 零售企业售价金额核算法下商品销售成本的核算

(1) 商品销售成本核算的原理。商品零售企业的库存商品一般采用售价金额核算法,即以商品的售价金额来反映商品的购进、销售和储存情况,月末应将已实现的商品进销差价从销售成本中转出,以便使“商品销售成本”账上反映的是已销商品的进价成本的核算方法,其重点是对已销售商品进行进销差价的计算。其计算公式为:

商品销售成本=已销商品售价-已销商品应分摊的进销差价

(2) 商品进销差价的计算方法。零售企业确定已售商品的商品进销差价的计算方法一般有综合差价率法、分类差价率法和实地盘存差价法三种。

三、交通运输企业成本核算

(一) 交通运输业概述

交通运输业是指使用运输工具或人力、畜力将货物或旅客送达目的地,使其空间位置得到转移的业务活动。其包括陆路运输、水路运输、航空运输、管道运输、装卸搬运。按其运输方式的不同可以分为铁路运输企业、公路运输企业、水上运输企业、民用航空运输企业、管道运输企业。

1. 交通运输业营运成本的构成内容

根据交通运输企业财务制度规定，营运成本的组成内容包括：

(1) 材料费。企业在营运生产过程中实际消耗的各种燃料、材料、备品配件、垫隔材料、轮胎、专用工器具，低值易耗品等物质性支出。

(2) 人工费。企业直接从事营运生产活动人员的工资、福利费、奖金、津贴和补贴等工资、福利性支出。

(3) 其他费用。其他费用主要包括交通运输企业在营运过程中实际发生的固定资产折旧费、修理费、租赁费、水电费、办公费、差旅费、保险费、设计制图费、试验检验费、劳动保护费、季节性开支和事故净损失等。

2. 交通运输业成本账户的设置

(1)"运输支出"账户。

(2)"装卸支出"账户。

(3)"其他业务支出"账户。

(4)"辅助营运费用"账户。

(5)"营运间接费用"账户。

(二) 公路运输成本的概述

1. 公路运输成本的核算组织

(1) 公路运输业的概念。公路运输企业又称汽车运输企业，是组织汽车运输的生产单位。公路运输企业经营的业务划分，有专营旅客运输的企业，如公共汽车公司和出租汽车公司；专营货物运输企业，如专营市内和市郊货物运输业务的汽车运输公司等等；也有兼营旅客运输与货物运输的企业。

(2) 公路运输业的成本核算对象。公路运输企业成本的计算对象是按客车运输和货车运输分别汇集计算成本。挂车运输不单独计算成本，挂车费用随主车计入客车运输和货车运输有关成本项目内。

(3) 公路运输业的成本核算单位。公路运输业的成本核算单位是以汽车运输工作量的计量单位为依据的，货物运输工作量通常称为货物周转量。

(4) 公路运输业的成本核算期。公路运输企业的成本应按照月、季、半年和年计算从年初至各月月末的累积成本。营运车辆如果发生跨月运输业务时，通常以行车路单签发日期所属的月份计算其运输成本。

【例题4·判断题】 汽车运输业务的成本计算单位以汽车运输工作量的计量单位为依据。（　　）

【答案】 √

【解析】 公路运输业的成本核算单位是以汽车运输工作量的计量单位为依据的，货物运输工作量通常称为货物周转量。

(5) 公路运输业的成本项目。汽车运输成本项目为：直接材料、直接工资、燃料、轮胎费用、其他间接费用、营运间接费用等。

① 直接材料是指营运车辆运行中所耗用的各种消耗性材料。

② 燃料是指营运车辆运行中所耗用的各种燃料。

③ 直接工资是指直接从事营运生产活动人员的工资及工资附加费等。

④ 轮胎费用是指营运车辆所耗用的外胎、内胎、垫带等。

⑤ 其他直接费用是指可直接计入成本核算对象的营运费用，如办公费、水电费、劳动保护费等。

2. 公路运输业成本核算账户的设置

公路运输业为了全面核算其成本，应当设置“劳务成本”和“制造费用”账户。该账户核算企业对外提供各种劳务发生的成本。发生劳务成本时记借方；月末结转到主营业务成本时记入贷方；期末借方余额，表示未完劳务的成本。

针对公路运输企业的业务内容，可分设“基本生产成本”“辅助生产成本”两个明细账户。

(三) 公路运输成本的核算

1. 车辆费用的归集和分配

(1) 职工薪酬的归集和分配。

公路运输企业每月发生的职工薪酬应按人员分类分别记入相关的成本费用账户，包括工资费用和其他薪酬费用。

(2) 运输业燃料费用的归集和分配。

① 公路运输业燃料实际耗用数的确认方法。

公路运输企业各种车辆耗用的燃料，应根据燃料单进行汇总，编制燃料耗用汇总表，以便于对燃料费用进行归集和分配。

② 燃料的会计核算。

月末，企业根据燃料领用凭证编制“燃料费用分配汇总表”，按不同用途分别记入各有关账户。营运车辆耗用的燃油记入“劳务成本——基本生产成本”账户，其他耗用分别按用途记入“劳务成本——辅助生产成本”“制造费用”“管理费用”。

(3) 汽车运输业轮胎费用的归集和分配。

汽车轮胎分为外胎、内胎和垫带三部分，各种车辆领用的轮胎外胎、内胎和垫带，应根据领料单进行汇总，编制轮胎领用汇总表，以便于对轮胎费用的归集和分配。

(4) 汽车运输业其他直接费用的归集和分配。

① 折旧费。汽车运输企业的车辆折旧一般采用工作量法计提。如果外胎按行驶里程摊提，计算折旧时，应从车辆原值中扣减外胎价值，如果外胎采用一次摊销法计入成本，计提折旧时，外胎的价值不必从车辆原值中扣除。

② 养路费。汽车运输企业缴纳的养路费，一切按照货车吨位数计算缴纳，所以养路费根据缴款凭证直接计入各成本核算对象的成本和有关费用。

③ 其他费用。根据相关凭证直接计入各类运输成本。

2. 营运间接费用的归集和分配

营运间接费用包括为保证正常营运而配备的替补司售人员、服务员以及病事假人员的工资及应付职工薪酬、服装费、文体宣传费、杂费及单证资料(客运票据、货运提单、技术业务资料)费用及广告费、经营活动费、电信费等。

汽车运输企业在营运过程中发生的不能直接计入成本核算对象的各种间接费用,发生时记入“制造费用”账户的借方,期末从贷方分配转入各成本核算对象,结转后无余额。营运间接费用的分配标准有按客、货运输收入的比例分配、按车辆费用比例分配、按营运车日比例分配。

3. 汽车运输业单位运输成本的计算

(1) 汽车运输企业的总成本。汽车运输企业应承担的直接材料、直接人工、其他直接费用以及营运间接费用构成了汽车运输企业的总成本。

(2) 汽车运输企业的单位成本。汽车运输总成本除以运输周转量的单位成本。如客运企业的单位成本核算公式为:

客运运输单位成本(元/千人千米)=运输总成本÷运输周转量(千人千米)

四、施工企业成本核算

(一) 施工企业概述

施工企业是指从事建筑安装及其他专业工程施工的生产经营性企业。施工企业的基本生产活动就是生产建筑安装产品。它生产的产品按其性质可分为建筑工程和安装工程两种。

施工企业工程成本的核算对象:

(1) 建筑安装工程一般应以每一独立编制施工图预算的单位工程为成本核算对象。

(2) 一个单位工程由几个施工单位共同施工时,各施工单位都应以同一单位工程为成本核算对象。

(3) 规模大、工期长的单位工程,可以将工程划分为若干部位,以分部位的工程作为成本核算对象。

(4) 同一建设项目,由同一个单位施工、同一施工地点、同一结构类型、开竣工时间相接近的若干个单位工程,可以合并作为一个成本核算对象。

(5) 改建、扩建的零星工程,可以将开竣工时间相接近、属于同一建设项目的各个单位工程,合并作为一个成本核算对象。

(6) 土石方工程、打桩工程,可以根据实际情况和管理需要,以一个单项工程为成本核算对象,或将同一施工地点的若干个工程量较小的单项工程合并作为一个成本核算对象。

(二) 施工企业成本的构成和成本类账户的设置

1. 施工企业成本的构成内容

施工企业工程成本分为直接成本和间接成本。

(1) 直接成本。直接成本是指施工过程中耗费的构成工程实体或有助于工程形成的各项支出,包括人工费、材料费、机械使用费和其他直接费。

(2) 间接成本。间接成本是指企业各施工单位为组织和管理工程施工所发生的全部支出,包括施工单位管理人员工资、奖金、职工福利费、行政管理用固定资产折旧费及修理费、物料消耗、低值易耗品摊销、取暖费、水电费、办公费、差旅费、财产保险费、检验试验费、工程保修费、劳动保护费、排污费及其他费用。

2. 施工企业的成本类账户的设置

(1)“工程施工”账户。

(2)“工程结算”账户。

(3)“机械作业”账户。

(三) 施工企业的成本核算程序

施工企业在进行工程成本的总分类核算时一般的核算程序简述如下:

(1) 将本期发生的施工费用,按其发生地点和经济用途分别分配和归集到有关的施工费用账户。

(2) 将归集在“工程施工——间接费用”账户的费用,按照一定的分配标准分配计入有关的工程成本。

(3) 将归集在“辅助生产”账户中的费用,按各受益对象进行分配并转入“工程施工”“机械作业”和“管理费用”等账户。

(4) 将归集在“机械作业”账户中的费用,按各受益对象进行分配并转入“工程施工”等账户。

(5) 期末,将已计算确定的已完工程实际成本从“工程施工”账户转入“工程结算成本”账户。

(四) 施工企业成本的归集和分配

1. 施工企业材料费用的归集和分配

材料费用是工程成本的重要组成部分,因其耗用量大,品种多,用途多样,月末应根据不同情况对材料费用进行归集和分配。

材料费一般包括施工过程中耗用的构成工程实体的原材料、辅助材料、构配件、零件、半成品的费用和周转材料的摊销及租赁费用。

月末,财务部门要严格审核各种领退料凭证,并根据各种领料凭证、退料凭证以及材料成本差异,编制材料费分配表,计算受益对象应承担的材料费用。

2. 施工企业直接人工费用的归集和分配

施工企业直接人工费用一般包括企业从事建筑安装工程施工人员的工资、奖金、职工福利费、工资性质的津贴和劳动保护费等。

(1) 若企业只有一个项目时,工程施工成本的人工费按照职工工作的部门及服务对象进行分配,分别记入“工程施工”“机械作业”“管理费用”等账户的借方。

(2) 企业存在多个项目时,需要采用一定的分配方法和各个成本对象之间进行分配。

(3) 采用计件工资制度时,根据工程任务单和工程结算汇总表,将所归集的人工费用直接记入各个成本对象的“人工费”成本项目。

(4) 采用计时工资制度时,如果能够正确区分工人劳动的服务对象,直接将人工费用计入成本核算对象;如果建筑安装人工同时为多项工程工作,就需要将人工费用在各个成本核算对象之间进行分配。分配标准一般为实际耗用工日数。其计算公式如下:

每工日人工费=工程施工人员薪酬总额÷Σ(各合同项目所耗工日)

某合同项目应负担人工费用=该合同项目所耗工日数×每工日人工费

3. 施工企业机械使用费的归集和分配

机械使用费一般包括施工过程中使用自有施工机械所发生的机械使用费和租用外单位

施工机械的租赁费，以及施工机械安装、拆卸和进出场费。

（1）租赁机械而支出的租赁费和进出场费，可根据结算单由会计人员直接记入“工程施工”账户，不通过“机械作业”账户核算。

（2）自有机械的使用费，发生时记入“机械作业”账户的借方，月末从“机械作业”账户贷方分配计入各项工程成本的机械使用费项目。

（3）分配机械作业费用可采用以下三种方法进行分配：

一是按各合同项目使用施工机械的台时（台班）数进行分配。

二是按实际发生的机械使用费和预算规定的机械使用费比例进行分配。

三是按各合同项目接受机械所完成的作业量进行分配。

4. 施工企业其他直接费用的归集和分配

其他直接费用包括施工过程中发生的材料二次搬运费、临时设施摊销费、生产工具用具使用费、检验试验费、工程定位复测费和场地清理费等。

其他直接费用若能明确归属对象，可直接计入该合同成本；若不能确定成本对象，则先通过“工程施工（间接费用）”账户的借方先进行归集，等月末采用适当的方法进行分配计入各合同项目的工程成本。

5. 施工企业间接费用的归集和分配

间接费用是指企业各施工单位为组织和管理工程施工所发生的全部支出，包括施工单位管理人员工资、奖金、职工福利费、行政管理用固定资产折旧费及修理费、物料消耗、低值易耗品摊销、取暖费、水电费、办公费、差旅费、财产保险费、检验试验费、工程保修费、劳动保护费、排污费及其他费用。

（五）施工企业未完工程的计算

一般来说，确定期末未完工程施工成本的常用方法有两种，分别为：

（1）未完施工工程成本按预算成本计价。企业在期末应对未完施工进行盘点，将未完施工工程名称、已完工序及数量定额填列“未完施工盘点单”。按照预算定额规定的工序，折合成已完分部分项工程量；再根据分部分项工程的预算单价计算期末未完施工成本。计算公式为：

$$\text{未完工程成本}=\text{预算单价}\times\text{未完工程量}\times\text{完工程度}=\text{未完工程预算造价}\times\text{完工程序}$$

（2）未完施工工程成本按预算成本比例分配计算。在取得已完施工工程预算成本的前提下，可按预算成本核算比例进行分配。其计算公式如下：

$$\text{实际成本分配率}=\frac{\text{期初未完施工工程实际成本}+\text{本期实际施工成本}}{\text{本期已完施工工程预算成本}+\text{期末未完施工工程预算成本}}$$

期末未完施工成本一般不负担管理费。如果期末未完施工成本数额较大，并且期初、期末的数量相差很大的，则应分摊管理费。

未完施工工程量占当期全部工程量的比重很小，或期初、期末数量相差不大的，可以不计算未完施工成本。

（六）已完工程实际成本的计算

本期已完成工程实际成本根据期初未完施工成本、本期实际发生的生产费用和期末未完施工成本进行计算。计算公式为：

本月已完工工程的实际成本＝月初未完施工成本＋本月施工费用－月末未完施工成本

根据各成本核算对象的成本核算单的实际成本，填写已完工成本表中实际成本栏，以此来结转本月已完工程实际成本，将已完工程的实际成本从“工程施工——合同成本”的贷方转入“营业成本”账户的借方。

【例题 5 · 单项选择题】 下列关于未完工程和已完工程成本分配的公式中，不正确的是(　　)。

A. 未完工程成本＝预算单价×未完工程实物量×完工程度

B. 未完工程成本＝未完工程预算造价×完工程度

C. 已完工程成本＝月初未完工程成本＋本月生产费用－月末未完施工工程成本

D. 已完工程成本＝本月生产费用－月末未完施工工程成本

【答案】 D

【解析】 已完工程成本＝月初未完工程成本＋本月生产费用－月末未完工程成本。

五、房地产企业成本核算

(一) 房地产开发企业概述

房地产开发企业是指从事房产、地产的开发与经营的企业。房地产开发企业的开发经营对象是房地产。

1. 房地产企业的主要经营业务

房地产企业进行的主要业务有：

(1) 土地的开发与经营。

(2) 房屋的开发与经营。

(3) 城市基础设施和公共配套设施的开发。

(4) 代建工程的开发。

2. 房地产开发成本对象的确认原则

(1) 可否销售原则。

(2) 分类归集原则。

(3) 功能区分原则。

(4) 定价差异原则。

(5) 成本差异原则。

(6) 权益区分原则。

3. 确定成本核算对象方法

根据核算和管理需要，对独立编制设计概算或施工图预算的配套设施，不论其支出是否摊入房屋等开发产品成本，均应单独作为成本核算对象。对于只为一个单体开发项目服务的、应摊入开发项目成本且造价较低的配套设施，可以不单独作为成本核算对象，发生的开发费用直接计入单体开发项目的成本。

(二) 房地产开发企业开发成本的构成和相关账户的设置

1. 房地产开发企业开发成本的构成

开发产品的成本支出的内容主要分为六大类，分别为土地征用费及拆迁补偿费、前期工程费、建筑安装工程费、基础设施建设费、公共配套设施费和开发间接费。

2. 房地产开发企业开发成本相关账户的设置

（1）“生产成本”账户。

“生产成本”账户核算在房屋等产品开发过程中所发生的各项费用。

“生产成本”账户可按“土地开发成本”“房屋开发成本”“配套设施开发成本”“代建工程开发成本”进行明细核算，其中“房屋开发成本”应当分别按照成本核算对象设置明细账，并按规定的成本项目设置专栏。

（2）“开发间接费”账户。

归集和分配在房屋等产品开发过程中，本单位项目、设计、工程、预算、材料等业务部门为组织与管理开发项目建设而发生的各项费用。这类费用由本账户归集并按一定方法、标准分配后，再记入各成本核算对象的“开发间接费”成本项目中去。

（3）“库存商品”账户。

核算已开发完成并验收合格的开发产品的实际成本。房地产企业在进行库存商品核算的同时，应收集整理具体到每户的可售面积构成、销售及其回款情况的详细资料。“库存商品”账户按成本对象设置明细账户，用于核算各成本对象的实际成本。

（三）房地产开发企业开发成本核算的一般程序

房地产开发企业开发成本核算的一般程序为：

（1）对当期实际发生的各项支出，按其性质，经济用途及发生的地点进行整理、归类，并将其区分为应计入成本对象的成本和应在当期扣除的期间费用。同时还应按规定对在有关预提费用和待摊费用进行计量与确认。

（2）对应计入成本对象中的各项实际支出、预提费用、待摊费用等合理地划分为直接成本、间接成本和共同成本，并按规定将其合理的归集、分配至已完工成本对象、在建成本对象和未建成本对象。

（3）对前期已完工成本对象应负担的成本费用按已销开发产品、未销开发产品和固定资产进行分配，其中应由已销开发产品负担的部分，在当期纳税申报时进行扣除，未销开发产品应负担的成本费用待其实际销售时再予扣除。

（4）对本期已完工成本对象分类为开发产品和固定资产并对其计税成本进行结算。其中属于开发产品的，应按可售面积计算其单位工程成本，据此再计算已销开发产品计税成本和未销开发产品计税成本。对本期已销开发产品的计税成本，准予在当期扣除，未销开发产品计税成本待其实际销售时再予扣除。

（5）对本期未完工和尚未建造的成本对象应当负担的成本费用，应按分别建立明细台账，待开发产品完工后再予结算。

（四）房地产开发企业开发成本中共同成本的分配方法

1. 占地面积法

占地面积法是指已动工开发成本对象占地面积占开发用地总面积的比例进行分配。

2. 建筑面积法

建筑面积法是指按已动工开发成本对象建筑面积占开发用地总建筑面积的比例进行分配。

3. 直接成本法

直接成本法是指按期内某一成本对象的直接开发成本占期内全部成本对象直接开发成本的比例进行分配。

4. 预算造价法

预算造价法是指按期内其一成本对象预算造价占期内全部成本对象预算造价的比例进行分配。

(五)房地产开发企业开发成本的归集和分配

1. 土地成本的分配方法和成本归类

土地成本,一般按占地面积法进行分配。如果确需结合其他方法进行分配的,应经税务机关同意。

2. 借款费用的成本分配

借款费用属于不同成本对象共同负担的,按直接成本法或按预算造价法进行分配。

3. 其他成本项目的分配方法

(1)公共配套设施开发成本的分配。单独作为过渡性成本对象核算的公共配套设施开发成本的归集,应按建筑面积法进行分配。

(2)其他成本项目的分配。其他成本项目的分配方法一般由企业自行确定。

4. 开发间接费的分配方法

应先通过"开发间接费"账户分项目归集开发间接费的实际发生数,在每月月末,根据其实际发生数按一定标准分配计入各开发项目的各成本核算对象。

5. 已完工程的结转

房地产开发企业对已完成开发过程的商品房、代建房、出租房、周转房,应在竣工验收以后将其开发成本结转"库存商品"账户。会计人员应根据房屋开发成本明细分类账记录的完工房屋实际成本,记入"库存商品"账户的借方和"生产成本——房屋开发成本"账户的贷方。"库存商品"账户应按房屋类别分别设置商品房、代建房、出租房、周转房等二级账户,并按各成本核算对象进行明细分类核算。通常按照销售的比例同时确认主营业务成本。

【例题6·判断题】 职工工资和福利费应全部计入房地产开发成本。 ( )

【答案】 ×

【解析】 职工工资和福利费的分配应按照职工提供的服务对象划分。

思考与练习

一、单项选择题

1. 建筑企业一般按照订立的单项合同确定成本核算对象,在具体操作上( )。

A. 单项合同包括建造多项资产的,企业应当按规定合并资产项,将单一的合同确定为成本核算对象

B. 为建造一项或数项资产而签订一组合同的,按合同合并的原则,确定建造合同的成本核算对象

C. 单项合同包括建造多项资产的,既可以按单一合同,也可以将合同拆分为资产项,据

以确定成本核算对象

D. 为建造一项或数项资产而签订一组合同的，按合同分立的原则，确定建造合同的成本核算对象

2. 下列各项中，不属于机械作业费的是（　　）。

A. 机械作业过程中的直接耗用的燃料　　B. 生活费

C. 机务人员的职工薪酬　　D. 农机具折旧费、修理费

3. 建筑企业一般设置直接人工、直接材料、机械使用费、其他直接费用和间接费用等成本项目，下列各项中，属于其他直接费用的是（　　）。

A. 施工单位管理人员工资　　B. 燃料和动力费

C. 行政管理用固定资产折旧费及修理费　D. 工程保修

4. 下列各项中，不属于房地产企业设置的成本项目的是（　　）。

A. 土地征用及拆迁补偿费　　B. 前期工程费

C. 建筑安装工程费　　D. 机械作业费

5. 下列各项中，属于种植企业直接材料成本的是（　　）。

A. 种苗费　　B. 除草费

C. 播种费　　D. 灌溉费

6. 下列关于生物资产的说法中，不正确的是（　　）。

A. 生物资产是有生命的动物或植物

B. 一旦动植物停止其生命活动就不再是生物资产

C. 消耗性生物资产都是当年栽种、当年收获

D. 生产性生物资产通常需要生长到一定阶段才开始具备生产能力

7. 属于消耗性生物资产的农作物发生的费用在（　　）账户的借方归集。

A. “农业生产成本”　　B. “消耗性生物资产”

C. “农产品”　　D. “销售费用”

8. 生产性生物资产在达到预定的生产经营目的、能够连续生产农产品之前所发生的成本应在（　　）账户的借方归集。

A. “农业生产成本”　　B. “农产品”

C. “未成熟生产性生物资产”　　D. “成熟生产性生物资产”

9. 在成熟生产性生物资产连续生产农产品期间，为该农作物发生的生产费用，借记（　　）账户。

A. “农业生产成本”　　B. “农产品”

C. “未成熟生产性生物资产”　　D. “成熟生产性生物资产”

10. 下列关于运输企业的车辆折旧的说法中，正确的是（　　）。

A. 一般采用工作量法计提

B. 一般采用年限平均法计提

C. 如外胎价值一次摊销计入成本，计提车辆折旧时，外胎价值应从车辆原值中扣减

D. 如外胎价值按行程摊提计入成本，计提车辆折旧时，外胎价值不应从车辆原值中扣减

二、多项选择题

1. 交通运输企业产品成本核算项目有(　　)。

A. 营运费用　　B. 运输工具固定费用

C. 非营运期间的费用　　D. 燃料费

2. 房地产企业产品成本核算项目有(　　)。

A. 建筑安装工程费　　B. 基础设施建设费

C. 公共配套设施费　　D. 开发间接费

3. 建筑企业工程施工发生的各项间接费用,按发生地点和用途记入(　　)等账户。

A. "机械作业"　　B. "辅助生产成本"

C. "工程施工——合同成本"　　D. "工程施工——间接费用"

4. 批发零售企业产品成本核算项目有(　　)。

A. 进货成本　　B. 相关税费

C. 采购费　　D. 管理费用

5. 农业企业设置的产品成本核算项目有(　　)。

A. 直接材料　　B. 机械作业费

C. 其他直接费用　　D. 间接费用等

三、判断题

1. 房地产企业发生的借款费用,应当予以资本化,计入相关资产成本。(　　)

2. 消耗性生物资产是指将收获为农产品或为出售而持有的生物资产。(　　)

3. 批发与零售企业的成本项目一般为进货成本、所得税等相关税费、采购费等。(　　)

4. 交通运输企业发生的运输工具固定费用,能确定由某一成本核算对象负担的,应当直接计入成本核算对象的成本;由多个成本核算对象共同负担的,应当选择营运时间等符合经营特点的,以科学合理的分配标准分配计入各成本核算对象的成本。(　　)

5. 项目的开始和完成分属不同年度的建造合同项目,如果各年年末合同结果能够可靠估计的,应当采用完工百分比法确定和结转当期提供建造服务的成本。(　　)

6. 商品零售企业,商品采购费金额较小的,可以在发生时直接计入当期损益。(　　)

7. 建筑企业订立的单项合同中包括建造多项资产的,企业应当按照企业会计准则规定的合同分立原则,确定建造合同的成本核算对象。(　　)

8. 粮豆的成本算至入仓、入库或能够销售为止。(　　)

9. 多年生作物都属于生产性生物资产。(　　)

10. 独立施工的装饰工程的成本计算对象可以与土建工程的成本计算对象不一致。(　　)

四、计算题

1. 华夏农业企业2×15年收获玉米50 000千克,玉米秆20 000千克。当年实际生产费用62 400元。玉米秆的市场价格为每千克0.12元。

要求:计算玉米的单位成本。

2. 华夏农场利用温床培育丝瓜、西红柿两种秧苗,温床费用为 3 200 元,其中丝瓜占用温床 40 格,生长期为 30 天;西红柿占用温床 10 格,生长期为 40 天。秧苗育成移至温室栽培后,发生温室费用 15 200 元,其中丝瓜占用温室 1 000 平方米,生长期为 70 天;西红柿占用温室 1 500 平方米,生长期为 80 天。两种蔬菜发生的直接生产费用为 3 000 元,其中丝瓜 1 360 元,西红柿 1 640 元。应负担的间接费用共计 4 500 元,采用直接费用比例法分配。丝瓜和西红柿两种蔬菜的产量分别为 38 000 千克和 29 000 千克。

要求:计算分配温床费用、温室费用和间接费用。

3. 华夏运输企业有甲、乙两个车队。2×15 年 6 月份的相关情况如下:

(1) 企业对燃料耗用采用满油箱制计算。甲、乙两车队当月分别领用汽油6 200升和 13 000 升。汽油的成本为每升 5 元。

(2) 企业对轮胎采用一次摊销法。甲、乙两车队当月分别领用外胎 1 个和3 个。每个外胎成本为 850 元。

(3) 甲车队司机和助手的工资分别为 20 000 元和 54 000 元。福利费按工资总额的 14%计提。

(4) 甲、乙两车队分别计提车辆折旧费 69 000 元和 138 000 元。

(5) 甲、乙两车队分别发生过桥费等杂费 14 800 元和 25 400 元。

(6) 企业的营运间接费用按直接费用比例进行分配。当月发生营运间接费用 64 644 元。

(7) 甲、乙两车队当月分别营运货物 500 千吨千米和 1 500 千吨千米。

要求:编制相关会计分录并计算甲、乙两车队的单位运输成本。

4. 华夏鞋帽公司 12 月份发生的经济业务:

(1) 1 日,业务部门转来大连制帽厂开来的增值税专用发票,开列童帽 375 箱,每箱 300 元,货款共计 112 500 元,增值税额 19 125 元,并收到自行填制的收货单(结算联)467 号,经审核无误,当即签发转账支票付讫。

(2) 3 日,向大连运动鞋厂订购 26 公分运动鞋 5 000 双,每双 37.5 元,合同规定先预付货款的 30%,15 天后交货时,再支付 70%。今签发转账支票,预付大连运动鞋厂运动鞋货款 56 250 元。

(3) 4 日,储运部门转来收货单(入库联)467 号,向大连制帽厂购进的童帽 350 箱,每箱 200 元,已全部验收入库,结转童帽的采购成本。

(4) 14 日,银行转来厦门运动鞋厂托收凭证,附来增值税专用发票(发票联)555 号,开列 23 公分运动鞋 2 000 双,每双 30 元,增值税专用发票(发票联)556 号,开列 25 公分运动鞋 3 000 双,每双 36 元,全部货款共计 168 000 元,增值税额28 560元,运费 330 元,收到自行填制的收货单(结算联)470 号、471 号,经审核无误,当即承付。

(5) 20 日,业务部门转来大连运动鞋厂开来的增值税专用发票,开列 26 公分运动鞋 5 000 双,每双 37.5 元,货款共计 187 500 元,增值税额 31 875 元,并收到自行填制的收货单(结算联)472 号,今扣除已预付 30%的货款后,签发转账支票,付清其余 70%的货款及全部增值税。

5. 工程成本的核算。

某建筑公司有甲、乙两项工程。20×9 年 6 月份的相关情况如下：

(1) 材料费用分配表如表 8-1 所示。

表 8-1 **材料费用分配表** 单位:元

工程成本核算对象	主要材料						其他材料	
	钢 材		水 泥		合 计			
	计划成本	成本差异 2%	计划成本	成本差异 −1%	计划成本	成本差异	计划成本	成本差异 3%
甲工程	120 000	2 400	80 000	−800	200 000	1 600	13 000	390
乙工程	180 000	3 600	40 000	−400	220 000	3 200	4 000	120
合计	300 000	6 000	120 000	−1 200	420 000	4 800	17 000	510

(2) 发生计时工资 110 000 元,其中甲工程耗用 3 200 工时,乙工程耗用 3 675 工时。

(3) 按施工机械的实际态势分配机械使用费。一台吊车和一台搅拌机分别对甲、乙两工程实施了机械作业。当月吊车的机械使用费为 20 300 元,甲工程使用吊车 46 小时,乙工程使用吊车 94 小时。当月搅拌机的机械使用费为 31 680 元,甲工程使用搅拌机 65 小时,乙工程使用搅拌机 115 小时。

(4) 公司运输队本月发生各种费用共计 13 725 元。本月运输队总共提供15 250吨千米的运输服务,其中为甲工程提供 5 200 吨千米的运输服务,为乙工程提供 10 050 吨千米的运输服务。

(5) 公司本月发生其他直接费用 10 600 元,其中分配给甲工程 4 500 元,分配给乙工程 6 100 元。

(6) 按各工程的直接成本分配间接费用。公司本月发生间接费用24 000元。

(7) 甲工程包括 A、B、C 三个分项工程。甲工程月初未完工程成本为668 400元。A 工程在本月全部完工;B 工程的成本为 300 000 元,已完工进度为 80%;C 工程的预算造价为 400 000 元,已完工进度为 60%。乙工程为年初新动工工程,尚未完工。

要求:编制相关会计分录。

第九章　成本会计前沿

本章基本内容框架

- 作业成本法
  - 作业成本法的含义
  - 作业成本法的核心概念
    - 资源
    - 作业
    - 成本动因
  - 作业成本法的核算程序
    - 确定基本成本核算对象
    - 确定本期直接生产费用
    - 确认作业类别,建立作业成本库
    - 选择作业动因,分配作业成本库的成本
    - 汇总直接、间接生产费用,计算各成本核算对象成本

- 环境成本
  - 环境成本的含义
  - 环境成本的分类
    - 按生产过程的不同阶段分类
      - 事前环境成本
      - 事中环境成本
      - 事后环境成本
    - 按环境成本的形成分类
      - 环境预防成本
      - 环境失败成本
      - 环保研发成本
      - 其他环境成本
    - 按成本分摊期限的长短分类
      - 长期环境成本支出
      - 短期环境成本支出
  - 环境成本的核算
    - 传统成本核算方法
    - 作业成本核算方法
  - 环境成本的管理

- 质量成本
  - 质量成本的含义
  - 质量成本的分类
    - 标准分类
      - 运行质量成本
        - 预防成本
        - 鉴定成本
        - 内部损失成本
        - 外部损失成本
      - 外部质量保证成本
    - 表现形式分类
      - 显性成本
      - 隐性成本
  - 质量成本的核算
    - 显性成本核算
    - 隐性成本核算
  - 质量成本管理
- 责任成本
  - 责任成本的含义
  - 责任中心的种类
    - 成本中心
    - 利润中心
    - 投资中心
  - 责任中心业绩评价
    - 成本中心业绩评价
      - 责任成本变动额
      - 责任成本变动率
    - 利润中心业绩评价
      - 边际贡献
      - 部门可控边际贡献
      - 部门营业利润
    - 投资中心业绩评价
      - 部门报酬率
      - 剩余收益

重点、难点讲解及典型例题

一、作业成本法

(一) 作业成本法的核心概念

1. 资源

资源是企业在生产经营过程中,消耗的人力、物力、财力。就制造业而言,资源包括直接材料、直接人工、各种间接费用;而在服务业中,主要指人员、场地、设备等费用。执行任何一项作业,都要消耗一定的资源。作业成本把资源作为成本计算对象,是要在价值形成的最初形态上反映被最终产品吸纳的有意义的资源耗费价值。

2. 作业

“作业”是作业成本法下最基本的概念,是进行作业成本计算的核心和基础。一般认为,作业是企业为了提供一定数量的产品或劳务所消耗的人力,技术原材料,方法和环境的集合体。通俗地讲,作业也就是基于一定目的,以人为主体,消耗一定资源的特定范围内的工作。

常见的作业可以分为单位作业、批量作业、产品作业和维持性作业四种。

(1) 单位作业。单位作业是使单位产品受益的作业,此类作业是重复性的,每生产一单位产品即需要作业一次,所消耗成本将随产品数量而变动,与产品产量成比例变动,如直接材料,直接人工等。

(2) 批量作业。批量作业是使一批产品受益的作业。如对每批产品的检验,机器准备,原材料处理,订单处理等。这些作业的成本与产品的批数成比例变动。

(3) 产品作业。产品作业是使某些产品受益的作业,如对每一种产品编制数控规划,材料清单。这种作业的成本与产品产量及批数无关,但与产品项目成比例变动。

(4) 维持性作业。维持性作业是使某个机构或某个部门受益的作业,它与产品的种类和某种产品的多少无关。

3. 成市动因

成本动因是指作业成本或产品成本的驱动因素,是决定成本发生的那些重要的活动或事项。成本动因可以是个事件、一项活动或作业,它支配成本行为,决定成本的发生。所以,要把间接成本分配到各产品中去,必须要了解成本行为,识别恰当的成本动因。通常可将其分为资源动因和作业动因两类。

(二) 作业成本法的核算程序(见图 9-1)

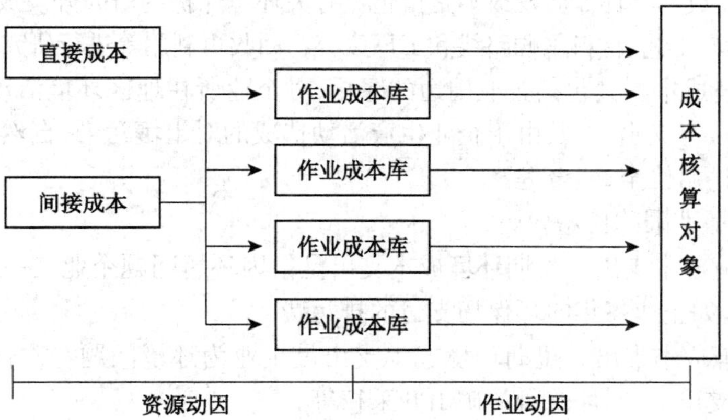

图 9-1　作业成本法核算程序图

【例题 1 · 单项选择题】 下列作业中属于随着产量变动而变动的作业是(　　)。

A. 单位作业　　B. 批量作业

C. 产品作业　　D. 维持性作业

【答案】 A

【解析】 选项 A,单位作业是使单位产品受益的作业,此类作业是重复性的,每生产一单位产品即需要作业一次,所消耗成本将随产品数量而变动,与产品产量成比例变动所以应选 A。

二、环境成本

(一) 环境成本的含义及分类

环境成本是指本着对环境负责的原则,为管理企业活动对环境造成的影响而采取和被要求采取措施的成本，以及因企业执行环境目标和要求所付出的其他成本。

具体来说，环境成本可以分为以下几类。

1. 按生产过程的不同阶段分类

（1）事前环境成本。事前环境成本是指为减轻对环境的污染而事前予以开支的成本。

（2）事中环境成本。事中环境成本是指企业生产过程中发生的环境成本，包括耗费成本和恶化成本。

（3）事后环境成本。事后环境成本包括恢复成本和再生成本。恢复成本是指对因生产遭受的环境资源损害给予修复而引起的开支；再生成本是指企业在经营过程中对使用过的环境资源使之再生的成本，如造纸厂、化工厂对废水净化的成本。

2. 按环境成本的形成分类

（1）环境预防成本。环境保护成本是指为了防止污染物的产生和对环境有破坏性的废弃物的产生而执行一系列活动所带来的成本。其包括环保设备的购置、职工环境保护教育费、环境污染的监测计量、环境管理体系的构筑和认证等成本。

（2）环境失败成本。环境失败成本是指由于生产过程中降低和处理排放到环境中去的污染物和废弃物所导致的成本。其主要包括产生废弃物的处理、再生利用系统的运营、对环境污染大的材料替代、节能设施的运行等成本。

（3）环保研发成本。环保研发成本是指企业有关环境保护的研究开发成本。其包括环保产品的设计，对生产工艺、材料采购路线和工厂废弃物回收再利用等进行研究开发的成本。

（4）其他环境成本。其包括企业周边的绿化、对企业所在地区环境活动的赞助、环境信息披露和环境广告等支出，以及由于企业生产活动造成的对土壤污染、自然破坏的修复成本及支付的公害诉讼赔偿金、罚金等。

3. 按成本分摊期限的长短分类

（1）长期环境成本支出。长期环境成本支出是指因环境问题企业在一个较长时期内需持续支付的费用，如企业每年向环保局支付的排污费。

（2）短期环境成本支出。短期环境成本支出是企业为环境问题一次性支付的费用，如企业的环保设备支出、一次性支付的矿山开采权等。

【例题 2·单项选择题】 按照环境成本形成分类，下列应计入预防成本的是（　　）。

A. 实施废品再利用的研发成本　　B. 废弃物的处理费用

C. 自然破坏的修复费用　　D. 环保设备购置费用

【答案】 D

【解析】 选项 A，属于企业有关环境保护的研究开发成本。选项 B，是由于生产过程中降低和处理排放到环境中去的污染物和废弃物所导致的成本。选项 C，属于其他环境成本。选项 D，为了防止污染物的产生和对环境有破坏性的废弃物的产生而执行一系列活动所带来的成本。所以应选 D。

（二）环境成本的核算

环境成本的核算方法通常有以下几种。

1. 传统成本核算方法

传统核算方法下产品成本通常包括直接材料、直接人工和制造费用，环境成本一般列入制造费用项目中，然后采用一定方法分配到各种产品的成本，或将环境成本直接列入管理费用、营业外支出等科目。

2. 作业成本核算方法

采用作业成本法核算环境成本就是将相关环境成本根据单个产品对这些作业的要求进行分配。首先，将全部环境成本按照资源动因分配给所有与环境相关的作业。其次，用某项环境作业的成本除以该作业的作业动因总量，计算出环境作业的作业分配率。最后，根据作业分配率以及每种产品消耗的作业动因数量，将环境作业成本分配给每种产品。

三、质量成本

（一）质量成本的含义及分类

1. 质量成本的含义

质量成本又称质量费用。根据 ISO9000 系列国际标准质量成本的定义是：将产品质量保持在规定的质量水平上所需的有关费用。它是企业生产总成本的一个组成部分。

2. 质量成本的分类

根据国际标准的规定，质量成本是由两部分构成，即运行质量成本和外部质量保证成本。

（1）运行质量成本。运行质量成本是指企业为保证和提高产品质量而支付的一切费用以及因质量故障所造成的损失费用之和。它又分为四类，即企业内部损失成本、鉴定成本、预防成本和外部损失成本等。

（2）外部质量保证成本。外部质量保证成本是指为用户提供所要求的客观证据所支付的费用。主要包括：为提供特殊附加的质量保证措施、程序、数据所支付的费用；产品的验证试验和评定的费用；满足用户要求，进行质量体系认证所发生的费用。

此外，质量成本根据其具体表现形式又可分为显性质量成本和隐性质量成本。显性质量成本指可从企业会计记录中获取数据的成本，由预防成本、鉴定成本、内部损失成本及部分外部损失成本构成。隐性质量成本是由于提供的产品或服务质量低劣而导致的机会成本，通常不在会计记录中反映。例如：失去销售机会，顾客欠满意，市场占有率下降等。

【例题 3 · 单项选择题】 运行质量成本的内容一般包括四项内容，下列各项中，不属于运行质量成本内容的是（　　）。

A. 预防成本　　B. 坏账损失

C. 内部损失成本　　D. 外部损失成本

【答案】 B

【解析】 运行质量成本是指企业为保证和提高产品质量而支付的一切费用以及因质量故障所造成的损失费用之和。它又分为四类，即企业内部损失成本、鉴定成本、预防成本和外部损失成本等。所以应该选 B。

（二）质量成本的核算

1. 显性成本的核算

显性质量成本由预防成本、鉴定成本、内部损失成本及部分外部损失成本构成。与传统生产成本相比，该类质量成本往往被掩盖于传统会计账簿中各个科目里，例如原材料、管理费用、制造费用等。因此，要根据日常财务会计的记录追溯显性质量成本时，往往需要对与显性质量成本相关的财务会计科目当期发生额进行分析,找出其中可归属于显性质量成本的金额,再予以汇总,最后得出一定期间内显性质量成本的发生额及其明细。

2. 隐性成本的核算

由于隐性质量成本不能从财务数据中分析取得,且其数额可能较大,因而只能通过估计的方法进行计量。评估隐性质量成本的常用方法有如下三种:

(1) 乘数法。乘数法简单地假定全部外部损失成本是已计量的外部损失成本的一定倍数。其计算公式为:

$$全部外部损失成本=K\times已计量外部损失成本$$

$$隐性质量成本=全部外部损失成本-已计量外部损失成本$$

式中 K 为乘数因子,根据经验估计确定。

(2) 市场研究法。市场研究法通常来判断不良质量对销售和市场份额的影响。通过对顾客的调查对企业销售人员的访谈,可以对隐性质量成本的估计提供重要参考依据,可用于预计不良质量所带来的未来利润流失数。

(3) 塔古奇损失函数法。塔古奇损失函数假定任一质量特性相对于目标值的偏离都会导致隐性质量成本的发生,而且当质量特性的实质值偏离目标值时,隐性质量成本以平方倍增加。其计算公式为:

$$L(Y)=K(Y-T)^2$$

式中 K 为企业外部损失成本结构的比例函数;Y 为质量特性的实际值;T 为质量特性的目标值;L 为隐性质量成本。

运用塔古奇损失函数,必须先估计 K 值,用一个极限值相对于目标值的偏离值平方去除该极限值对应的预期隐性质量成本,可以得出 K 值为:

$$K=\frac{C}{D^2}$$

式中 C 为上限或下限值对应的预期隐性质量成本;D 为上限或下限相对于目标值的偏离值。

C 值的估计可以借用乘数法和市场调查来进行。一旦估计出了 K 值,就可以估计质量特性相对于目标值的任何水平的偏差所导致的隐性质量成本。

四、责任成本

(一) 责任成本的含义

责任成本是以具体的责任单位(部门、单位或个人)为对象,以其承担的责任为范围所归集的成本,也就是特定责任中心的全部可控成本。

所谓可控成本指在责任中心内,能为该责任中心所控制,并为其工作好坏所影响的成本;反之,为不可控成本。确定责任成本的关键是可控性,它不受发生区域的影响。

(二) 责任中心的种类

责任中心是根据管理权限承担一定经济责任,并享有一定权利的企业内部(责任)单位。责任中心按照其责任范围的大小,一般可分为成本中心、利润中心和投资中心三种类型。

1. 成本中心

成本中心是指只对成本或费用负责的责任中心。成本中心的范围最广，只要有成本费用发生的地方，都可以建立成本中心，从而在企业形成逐级控制、层层负责的成本中心体系。

成本中心最大的特点就是只考虑成本费用、只对可控成本承担责任、只对责任成本进行考核和控制。

成本中心的目标是保证质量完成生产任务或搞好管理工作的基础上控制及降低成本费用。

【例题 4·单项选择题】 某生产车间是一个标准成本中心，为了对该车间进行业绩评价，需要计算的责任成本范围是（　　）。

A. 该车间的直接费用和全部制造费用

B. 该车间的直接费用和变动制造费用

C. 该车间的直接费用和可控制造费用

D. 全部可控成本

【答案】 D

【解析】 责任成本是以具体的责任单位（部门、单位或个人）为对象，以其承担的责任为范围所归集的成本，也就是特定责任中心的全部可控成本。所以应该选 D。

2. 利润中心

利润中心是指既对成本负责又对收入和利润负责的责任中心，它有独立或相对独立的收入和生产经营决策权。

利润中心最大的特点就是考核可控利润即责任利润。利润中心包括自然利润中心和人为利润中心。

自然利润中心具有全面的产品销售权、价格制定权、材料采购权及生产决策权。人为利润中心也有部分的经营权，能自主决定本利润中心的产品品种（含劳务）、产品产量、作业方法、人员调配、资金使用等。一般来说，只要能够制定出合理的内部转移价格，就可以将企业大多数生产半成品或提供劳务的成本中心改造成人为利润中心。

3. 投资中心

投资中心是指既对成本、收入和利润负责，又对投资效果负责的责任中心。

与投资中心相比，利润中心没有投资决策权，而且在考核利润时也不考虑所占用的资产，因此投资中心是最高层次的责任中心，它拥有最大的决策权，也承担最大的责任。投资中心必然是利润中心，但利润中心并不都是投资中心。

（三）责任中心的业绩评价

1. 成本中心业绩评价

成本中心只对其成本或费用负责，因此对其业绩评价主要采用责任成本降低额和责任成本降低率以及其他非财务指标进行业绩考核和评价。其考核指标计算公式如下：

责任成本变动额＝实际责任成本－预算责任成本

责任成本变动率＝责任成本变动额÷预算责任成本

2. 利润中心业绩评价

利润中心进行考核的指标主要是利润。但是任何一个单独的业绩衡量指标都不能够反映出某个组织单位的所有经济效果，利润指标也是一样。由于不同类型、不同层次的利润中心的可控范围不同，因此评价指标也有所不同。通常采用的指标有：边际贡献、部门可控边际贡献和部门营业利润三种：

(1) 边际贡献。边际贡献包含了利润中心管理者能够控制的销售收入和变动成本两个因素。其计算公式为：

边际贡献＝销售收入－变动成本

(2) 部门可控边际贡献。部门可控边际贡献主要用于评价利润中心管理者的经营业绩，可用于高层管理者进行部门间的比较。从利润中心的边际贡献中扣除掉该部门可控固定成本后的结果即为部门可控边际贡献。其计算公式为：

部门可控边际贡献＝边际贡献－可控固定成本

【例题5·单项选择题】 甲部门是一个利润中心。下列财务指标中，最适合用来评价该部门经理业绩的是(　　)。

A. 边际贡献　　B. 可控边际贡献

C. 部门营业利润　　D. 部门投资报酬率

【答案】 B

【解析】 部门可控边际贡献主要用于评价利润中心管理者的经营业绩，可用于高层管理者进行部门间的比较。所以应该选B。

(3) 部门营业利润。部门营业利润是在部门可控边际贡献的基础上扣除掉不可控成本后的余额。其计算公式为：

部门营业利润＝部门可控边际贡献－不可控固定成本

3. 投资中心业绩评价

投资中心是最高层次的责任中心，一般大型企业集团的分公司、子公司都是投资中心，拥有最大的经营决策权，也承担最大的责任，不仅要对成本、利润负责，也要对投资效益负责。投资中心必然是利润中心，但利润中心并不都是投资中心。通常评价投资中心业绩的主要财务指标有部门投资报酬率和剩余收益两种。

(1) 部门投资报酬率

部门投资报酬率是最常见的考核投资中心业绩的指标。这里所说的投资报酬率是指部门营业利润除以该部门所拥有的资产额。其考核指标计算公式如下：

部门投资报酬率＝部门营业利润÷部门平均资产

(2) 剩余收益

剩余收益是指投资中心获得的利润，扣减其投资额(或净资产占用额)按规定的最低投资报酬率计算的投资收益后的余额。其计算公式为：

部门剩余收益＝部门营业利润－最低投资收益
＝部门营业利润－部门平均总资产×最低投资报酬率

思考与练习

一、单项选择题

1. 作业成本法的成本计算是以(　　)为中心的。
A. 产品　　B. 作业　　C. 费用　　D. 资源

2. 传统成本计算法的计算对象为(　　)。
A. 资源　　B. 作业中心　　C. 费用　　D. 最终产品

3. 作业成本法适用于具有(　　)特征的企业。
A. 间接生产费用比重较大　　B. 作业环节较少
C. 间接生产费用比重较小　　D. 产品品种较少

4. 作业成本法的缺陷有(　　)。
A. 实施成本较高　　B. 实施效果较差
C. 成本决策相关性较弱　　D. 间接费用的分配和与产出量相关性较弱

5. 下列各项中,不属于环境成本按照生产过程的不同阶段分类的是(　　)。
A. 事前环境成本　　B. 事中环境成本
C. 事后环境成本　　D. 环境预防成本

6. 下列各项中,属于质量成本中鉴定成本项目的是(　　)。
A. 检测试验费　　B. 质量培训费
C. 质量改进措施费　　D. 产品评审费

7. 对质量问题进行分析处理所发生的直接损失称为事故分析处理费,它属于(　　)。
A. 预防成本　　B. 鉴定成本
C. 内部损失成本　　D. 外部损失成本

8. 质量管理部门人员的工资及福利费属于(　　)。
A. 预防成本　　B. 鉴定成本
C. 内部损失成本　　D. 外部损失成本

9. 既要对收入负责,又要对成本费用负责的是(　　)。
A. 成本中心　　B. 费用中心　　C. 利润中心　　D. 投资中心

10. 责任中心的成本考核应以(　　)为重点。
A. 责任成本　　B. 产品成本　　C. 变动成本　　D. 可控成本

二、多项选择题

1. 作业成本法与传统成本法相比(　　)。
A. 有较多的作业成本库　　B. 按成本动因分配生产费用
C. 提供较精确的成本信息　　D. 成本决策相关性较差

2. 作业按受益范围通常分为(　　)。
A. 单位作业　　B. 批量作业
C. 产品作业　　D. 维持性作业

3. 外部故障成本是指产品出厂后因未达到规定的质量要求所发生的各种费用或损失，下列各项中，属于外部故障成本项目的是(　　)。

A. 索赔费用　　B. 退货损失　　C. 保修费　　D. 诉讼费

4. 下列说法中，正确的是(　　)。

A. 责任中心所计量和考核的责任成本必须是可控成本

B. 责任中心发生的成本都是可控成本

C. 可控成本是相对于不可控成本而言的

D. 可控成本与不可控成本的划分是绝对的

5. 适合于建立费用中心进行成本控制的单位有(　　)。

A. 生产企业车间　　B. 医院的放射治疗室

C. 行政管理部门　　D. 研究开发部门

三、判断题

1. 作业成本法以成本动因作为分配成本的基础，因此它能提供比传统成本法更为精确的成本信息。(　　)

2. 作业成本计算法是资源—作业—产品，传统成本计算法是资源—成本—产品。(　　)

3. 产品出厂后由于质量问题造成的退货、换货所发生的损失属于内部故障成本。(　　)

4. 为改进和保证产品质量而支付的各种奖励称为质量奖励费，它属于预防成本。(　　)

5. 成本的可控性是就特定的责任中心而言的。(　　)

四、计算题

1. 华夏公司生产甲、乙两种产品，其中甲产品 900 件，乙产品 300 件，其作业情况数据如表 9-1 所示。

表 9-1　　作业情况数据表

作业成本库	耗用资源	作业动因	作业动因量		
			甲产品	乙产品	合　计
材料处理	18 000	移动次数	400	200	600
材料采购	25 000	订单件数	350	150	500
使用机器	35 000	机器小时	1 200	800	2 000
设备维修	22 000	维修小时	700	400	1 100
质量控制	20 000	质检次数	250	150	400
产品运输	16 000	运输次数	50	30	80
合　计	136 000				

要求：按作业成本法计算甲、乙两种产品的成本，并填制表 9-2。

表 9-2　成本计算表

作业成本库	耗用资源	作业动因量	动因分配率	甲产品作业成本	乙产品作业成本
材料处理	18 000	600			
材料采购	25 000	500			
使用机器	35 000	2 000			
设备维修	22 000	1 100			
质量控制	20 000	400			
产品运输	16 000	80			
合计总成本	136 000				
产　量				900	300
单位成本					

2. 华夏公司生产和销售甲、乙两种产品，两种产品的相关数据如表 9-3 所示。

表 9-3　甲、乙产品的相关数据表

项　目	甲产品	乙产品
产量(台)	5 000	15 000
售价(元)	4 000	2 000
直接材料和人工成本(元)	2 000	800
直接人工工时(小时)	25 000	75 000

公司管理会计师划分了下列作业、间接成本费用及作业动因(见表 9-4)。

表 9-4　作业、间接成本费用和作业动因表

作　业	间接成本费用	作业动因
调整	300 000	调整次数
机器运行	16 250 000	机器小时
包装	750 000	包装单数量
合　计	20 000 000	

两种产品的实际作业量如表 9-5 所示。

表 9-5　甲、乙产品的实际作业量表

作业动因	甲产品的作业动因量	乙产品的作业动因量	合　计
调整次数	200	100	300
机器运行小时	55 000	107 500	162 500
包装数量	5 000	10 000	15 000

要求:采用作业成本法计算两种产品的单位间接成本。

3. 华夏集团公司下设 2 个投资中心,有关资料如表 9-6 所示。

表 9-6 **投资中心相关资料表**

指　　标	A 投资中心	B 投资中心
部门营业利润(万元)	10 400	15 800
部门平均总资产(万元)	94 500	145 000
必要投资报酬率	10%	

要求:

(1) 计算各投资中心的部门投资报酬率。

(2) 计算各投资中心的剩余收益。

4. 华夏公司下设一鞋帽部,2015 年销售收入为 200 万元,变动成本率为 60%,固定成本为 30 万元,其中折旧 10 万元。

要求:

(1) 若该鞋帽部为利润中心,其固定成本中只有折旧不可控的,试评价该部门经理业绩,并评价该部门对百货公司的贡献有多大?

(2) 若该部门为投资中心,其所占用的总资产为 100 万元,该公司要求的必要报酬率为 15%,试计算该部门的部门投资报酬率和剩余收益。

第十章　成本报表和成本分析

本章基本内容框架

- 成本报表的特点、种类和作用
- 成本报表的编制
  - 全部产品生产成本表的编制
  - 主要产品单位成本表的编制
  - 制造费用明细表的编制
  - 期间费用明细表的编制
- 成本报表的分析
  - 成本报表的方法
    - 比较分析法
    - 比率分析法
    - 因素分析法
  - 全部产品成本计划完成情况的分析
  - 可比产品成本降低计划完成情况的分析
  - 主要产品单位成本的分析
  - 制造费用和各项期间费用的分析
  - 技术经济指标变动对单位成本影响的分析

重点、难点讲解及典型例题

一、成本报表的特点、种类和作用

(一) 成本报表的特点

成本报表是指根据成本核算及其他有关资料定期编制，用来反映和监督企业一定时期产品成本水平和构成情况，以及各项费用支出情况的一种报告性文件。编制和分析成本报表，是成本会计工作的一项重要内容。成本报表相对于其他会计报表来讲，针对性更强、灵活性更强、更注重时效性。

(二) 成本报表的种类

成本报表按其反映经济内容不同可以分成反映成本执行情况的报表、反映费用支出情况的报表和反映生产经营情况的报表；主要报表仍可按编制时间进行划分，可分为定期成本报表和不定期报表。

(三) 成本报表的作用

成本报表主要用于加强内部成本管理，其编报的主要目的是向企业管理者进行成本分析和成本决策提供有关成本信息。

(四)成本报表的编制要求

成本报表的编制需要遵循:数字准确、内容完整、编报及时。

【例题1·单项选择题】 下列各项中,不属于成本报表的是(　　)。

A. 全部产品生产成本表　　B. 主要产品单位成本表

C. 现金流量表　　D. 制造费用明细表

【答案】 C

【解析】 选项C,现金流量表不属于成本报表。

【例题2·单项选择题】 成本报表属于(　　)。

A. 对外报表　　B. 对内报表

C. 既是对内报表,又是对外报表　　D. 对内还是对外由企业决定

【答案】 B

【解析】 选项B,成本报表属于对内报表,不对外披露。

【例题3·多项选择题】 工业企业编报的成本报表必须做到(　　)。

A. 数字准确　　B. 内容完整

C. 字迹清楚　　D. 编报及时

【答案】 ABD

【解析】 选项C,字迹清楚不属于成本报表编制的要求。

二、成本报表的编制

(一)全部产品生产成本表的编制

全部产品生产成本表是指反映企业在报告期内生产的全部产品的总成本的报表,企业可以按产品种类编制全部产品生产成本表和按成本项目编制全部产品生产成本表。

(二)主要产品单位成本表编制

主要产品单位成本表是指反映企业在报告期内生产各种主要产品单位成本的水平和构成情况的报表。它是对全部产品生产成本表所列主要产品成本的补充说明。

(三)制造费用明细表的编制

制造费用明细表按费用项目分别反映该费用的本年计划数,上年同期实际数、本月实际数和本年累计实际数。

(四)期间费用明细表的编制

期间费用明细表包括管理费用明细表、销售费用明细表和财务费用明细表,是反映企业在报告期内的各项期间费用及构成情况的报表。

三、成本报表的分析

(一)成本分析的方法

1. 比较分析法

比较分析法是指通过指标对比,从数量上确定差异的一种分析方法。可以利用以下指标进行对比:以成本的实际指标与成本的计划或定额指标对比;以本期实际成本指标与前期

（上期、上年同期或历史最好水平）的实际成本指标对比；以本企业实际成本指标（或某项技术经济指标）与国内外同行业先进指标对比等。

【例题4·单项选择题】 比较分析法是通过指标对比，从（　　）上确定差异的一种分析方法。

A. 质量　　B. 价值量　　C. 数量　　D. 劳动量

【答案】 C

【解析】 比较分析法是指通过指标对比，从数量上确定差异的一种分析方法。

2. 比率分析法

比率分析法是指企业将具有内在联系的技术经济指标加以对比，分析评价其互相关系的一种方法。具体形式包括：相关比率分析、动态比率分析、构成比率分析。

3. 因素分析法

因素分析法是将综合性经济指标分解为各个原始因素，并确定各个因素变动对该项经济指标的影响方向和影响程度的方法。具体步骤包括：分解经济指标；确定各因素的替代顺序；计算替代指标；计算各因素变动对经济指标的影响程度；计算各因素变动影响数额的代数和。

【例题5·单项选择题】 下列各项中，不属于成本分析的基本方法是（　　）。

A. 比较分析法　　B. 产量分析法

C. 因素分析法　　D. 比率分析法

【答案】 B

【解析】 选项B，成本分析的方法包括比较分析法、比率分析法、因素分析法，产量分析法不属于成本分析的基本方法。

（二）全部产品成本计划完成情况的分析

全部产品成本计划完成情况的分析是根据全部产品成本计划和本年实际成本计算表或成本报表进行的。对全部产品成本计划完成情况的分析，可以按照产品种类和成本项目分别进行分析。

（三）可比产品成本降低计划完成情况的分析

可比产品成本分析的内容主要包括：可比产品成本降低计划完成情况的分析，以及影响可比产品成本降低计划完成情况的因素分析。可比产品成本降低计划完成情况的分析主要指实际降低额和降低率与计划降低额和降低率的比较分析，以判断本期计划的执行情况。

【例题6·单项选择题】 对可比产品成本降低率不产生影响的因素是（　　）。

A. 产品品种结构　　B. 产品产量

C. 产品单位成本　　D. 产品总成本

【答案】 B

【解析】 选项B，产品品种结构、产品单位成本、产品总成本对产品成本降低率均会产生影响，产品产量不会对产品成本降低率均会产生影响。

（四）主要产品单位成本的分析

1. 主要产品单位成市一般分析

主要产品单位成本一般分析，是根据主要产品单位成本表提供的资料，将本期实际单位成本分别与历史最好水平、上年实际平均、本年计划单位成本等比较，分别计算单位成本及其各个成本项目的降低额和降低率。

2. 主要产品单位成本分项目分析

为了查明产品单位成本及其成本项目变动的原因，还应进一步对各个成本项目特别是重点项目，即变动比较大的项目作具体分析。主要产品单位成本项目分析主要以直接材料、直接人工和制造费用主要成本项目进行分析。

【例题 7 · 多项选择题】 主要产品单位成本表反映的单位成本，包括(　　)单位成本。

A. 本月实际　　B. 同行业同类产品实际

C. 本年计划　　D. 上年实际平均

【答案】 ACD

【解析】 主要产品单位成本一般分析，是根据主要产品单位成本表提供的资料，将本期实际单位成本分别与历史最好水平、上年实际平均、本年计划单位成本等比较，分别计算单位成本及其各个成本项目的降低额和降低率。

(五) 制造费用和各项期间费用的分析

制造费用和各项期间都是由许多具有不同经济性质和不同经济用途的费用组成的，而且都是按整个公司或车间、部门编制计划加以控制的，因而分析各种费用计划的执行情况，查明各种费用实际脱离计划的原因，也只能按整个公司或车间、部门来进行。

对上述各种费用进行分析，首先应根据表中资料将本年实际与本年计划相比较，确定实际脱离计划的差异，然后分析差异产生的原因。同时在确定费用实际支出脱离计划差异时，应按各级费用项目分别进行。

(六) 技术经济指标变动对单位成本影响的分析

技术经济指标是指从各种生产资源利用情况和产品质量等方面反映生产技术水平的综合性指标。技术经济指标变动对产品成本的影响主要表现在对产品单位成本的影响上。企业的技术经济指标与其生产经营特点密切相关，每个企业都有适应本企业经营特点的技术经济指标体系，主要从产品产量、产品质量、劳动生产率和材料利用率四个方面来分析其变动对成本的影响。

【例题 8 · 单项选择题】 技术经济指标变动对产品成本的影响主要表现为对(　　)的影响。

A. 产品总成本　　B. 产品产量

C. 产品单位成本　　D. 比产品总成本与产品产量

【答案】 C

【解析】 技术经济指标变动对产品成本的影响主要表现在对产品单位成本的影响上，主要从产品产量、产品质量、劳动生产率和材料利用率四个方面来分析其变动对单位成本的影响。

思考与练习

一、单项选择题

1. 成本报表属于内部报表，成本报表的种类、格式、项目、指标的设计和编制的方法、编报日期、具体报送对象，由(　　)。

A. 企业自行决定　　B. 国家统一规定

C. 国家作出原则性规定　　D. 上级主管机关规定

2. 连环替代法是用来计算几个相互联系的因素，对综合经济指标变动(　　)的一种分析方法。

A. 影响原因　　B. 影响数量

C. 影响程度　　D. 影响金额

3. 将两个性质不同但又相关的指标对比求出的比率，成为(　　)。

A. 构成比率　　B. 相关指标比率

C. 动态比率　　D. 效益比率

4. 产量变动之所以影响产品单位成本，是由于(　　)。

A. 在产品全部成本中包括了一部分变动费用

B. 在产品全部成本中包括了一部分相对固定的费用

C. 在产品总成本不变的情况下

D. 在产品产量增长超过总成本增长的情况下

5. 可比产品是指(　　)，有完整的成本资料可以进行比较的产品。

A. 试制过　　B. 国内正式生产过

C. 企业曾经正式生产过　　D. 企业曾经试制过

6. 可比产品成本降低额是指可比产品累计实际总成本按(　　)计算的累计总成本降低的数额。

A. 本年计划单位成本　　B. 上年实际平均单位成本

C. 上年计划单位成本　　D. 国内同类产品实际平均单位成本

7. 采用连环替代法，可以揭示(　　)。

A. 产生差异的因素和各因素的影响程度

B. 产生差异的因素

C. 产生差异的因素和各因素的变动原因

D. 实际数与计划数之间的差异

8. 在可比产品降低计划完成情况的分析中，假定其他因素不变，单纯产量变动(　　)。

A. 只影响成本降低额

B. 只影响成本降低率

C. 既影响成本降低额又影响成本降低率

D. 不影响成本降低额

二、多项选择题

1. 全部产品生产成本表可以反映可比产品与不可比产品的(　　)。

A. 实际产量　　B. 单位成本

C. 本月总成本　　D. 本年累计总成本

2. 影响可比产品成本降低额变动的因素有(　　)。

A. 产品产量　　B. 产品价格

C. 产品品种构成　　D. 产品单位成本

3. 工业企业编制的成本报表有(　　)。

A. 全部产品生产成本表　　B. 主要产品单位成本表

C. 制造费用明细表　　D. 成本计算单

4. 影响单位产品原材料消耗数量变动的因素有(　　)。

A. 产品或产品零部件结构的变化

B. 材料质量的变化

C. 生产中产生的废料数量和废料的回收情况的变化

D. 材料的价格变化

5. 直接影响单位产品原材料费用变动的因素主要有(　　)。

A. 单位产品原材料消耗数量的变动

B. 原材料采购方式的变化

C. 原材料库存保管的质量

D. 原材料价格的变动

6. 直接影响产品单位成本中工资费用变动的因素主要有(　　)。

A. 单位产品工时消耗　　B. 产品工时定额

C. 工人出勤率　　D. 小时工资率

7. 下列指标中,属于产品生产成本表提供的有(　　)。

A. 按产品种类反映的上年实际平均单位成本

B. 按成本项目反映的本月实际生产费用

C. 按产品种类反映的本年累计实际总成本

D. 按产品种类反映的本月和本年累计的实际产量

8. 编报技术经济指标变动对产品成本影响分析表,应突出的特点包括(　　)。

A. 及时性　　B. 全面性　　C. 针对性　　D. 灵活性

9. 各项技术经济指标变动对产品单位成本的影响主要包括(　　)。

A. 一些技术经济指标变动对直接影响产品产量,通过产量影响产品单位成本

B. 一些技术经济指标变动直接影响产品总成本,进而影响产品单位成本

C. 一些技术经济指标变动既直接影响产品总成本,又直接影响产品产量,进而从两个角度影响产品单位成本

D. 一些技术经济指标变动直接影响产品单位成本

10. 生产成本表(按产品种类反映)与生产成本表(按成本项目反映)的各项指标之间(　　)。

A. 没有核对关系

B. 虽有联系,但数字不一定相符

C. 前者本月产品实际总成本与后者本月产品实际总成本核对相符

D. 前者本年累计计划总成本和累计实际总成本与后者相应指标核对相符

11. 进行可比产品成本降低任务完成情况分析时,对产品单位成本变动的说法中,正确

的有(　　)。

A. 产品单位成本的变动影响成本降低额

B. 产品单位成本的变动影响成本降低率

C. 产品单位成本的变动不影响成本降低额

D. 产品单位成本的变动不影响成本降低率

12. 在计算可比产品成本计划降低额时,需要计算的指标有(　　)。

A. 实际产量按上年实际单位成本计算的总成本

B. 实际产量按本年实际单位成本计算的总成本

C. 计划产量按上年实际单位成本计算的总成本

D. 计划产量按本年计划单位成本计算的总成本

三、判断题

1. 会计报表按其报送对象可以分为对外报表和对内报表两类。成本报表属于内部报表,不对外报送。(　　)

2. 全部产品生产成本表是反映企业在报告期内生产的全部产品的总成本的报表。(　　)

3. 企业编制的成本报表一般不对外公布,所以,成本报表的种类、项目和编制方法可由企业自行确定。(　　)

4. 在分析某个指标时,将与该指标相关但又不同的指标加以对比,分析其相互关系的方法称为比较分析法。(　　)

5. 比较分析法只适用于同质指标的数量对比。(　　)

6. 采用比率分析法,先要把对比的数值变成相对数,求出比率,然后再进行对比分析。(　　)

7. 采用因素分析法进行成本分析时,各因素变动对经济指标影响程度的数额相加,应与该项经济指标实际数与基数的差额相等。(　　)

8. 在进行全部产品成本分析时,需要计算成本降低率、该项指标是用成本降低额除以实际产量的实际总成本计算的。(　　)

9. 在进行可比产品成本降低任务完成情况的分析时,由于产品产量因素的变动,只影响成本降低额,不影响成本降低率。(　　)

10. 可比产品成本实际降低额是用实际产量按上年实际单位成本计算的总成本与实际产量按本年实际单位成本计算的总成本计算的。(　　)

11. 不可比产品是指上年没有正式生产过,没有上年成本资料的产品。(　　)

12. 产量变动之所以影响产品单位成本,是由于在产品全部成本中包括一部分变动费用。(　　)

13. 产量变动之所以影响产品单位成本,是由于在产品全部成本中包括了一部分相对固定的费用。(　　)

14. 采用连环替代法,在测定某一因素变动影响时,是以假定其他因素不变为条件的,即在其他因素不变的条件下,确定这一因素变动的影响程度。(　　)

15. 影响可比产品成本降低额指标变动的因素有产品产量和产品单位成本。(　　)

16. 影响可比产品成本降低额指标变动的因素有产品产量、品种构成和产品单位成本。 （　）

17. 为了分清企业或车间在降低成本方面的主观努力和客观因素影响，在编制报表时，应从实际成本中扣除客观因素和相关车间、部门工作的影响。 （　）

18. 在分析各项费用计划执行情况时，应根据费用超支或节约情况作出评价。 （　）

四、计算题

1. 某企业本年度生产 A、B、C、D 产品，有关资料如表 10-1 所示。

表 10-1　　产品产量及单位成本资料表

产品名称	产量(件)		单位成本(元)		
	计划	实际	上年实际	本年计划	本年实际
A 产品	2 000	2 300	1 000	980	990
B 产品	1 000	900	1 500	1 600	1 480
C 产品	5 600	6 000	3 000	2 900	2 800
D 产品	7 000	6 900	5 900	5 800	5 500

要求：根据上述资料对可比产品成本降低任务完成情况进行分析，并将计算结果填入表 10-2 至表 10-4。

表 10-2　　可比产品成本计划降低任务表

可比产品	计划量	单位成本		总成本		降低任务	
		上年	计划	上年	计划	降低额	降低率
A 产品							
B 产品							
C 产品							
D 产品							
合计							

表 10-3　　可比产品成本实际完成情况表

可比产品	实际产量	单位成本			总成本			降低任务	
		上年	计划	实际	上年	计划	实际	降低额	降低率
A 产品									
B 产品									
C 产品									
D 产品									
合计									

表 10-4 可比产品成本降低任务完成情况分析表

影响因素				计算方法	
顺序	产量	品种构成	单位成本		
(1)	计划	计划	计划		
(2)	实际	计划	计划		
(3)	实际	实际	计划		
(4)	实际	实际	实际		
各因素的影响： 产量因素的影响： 品种构成因素的影响： 单位成本构成因素的影响： 合计：					

2. 某企业本年度各种产品计划成本和实际成本资料如表 10-5 所示。

表 10-5 成本对比分析表

项目	本年计划成本	本年实际成本	成本差异额	成本差异率
A 产品	1 000 000	980 000		
B 产品	2 500 000	2 600 000		
C 产品	3 800 000	4 000 000		
合　计				

要求：根据上述资料，采用对比分析法，分析各种产品的成本差额和成本差异率并将计算结果填入上表。

3. 某企业生产的 A 产品，本月份产量及其他有关材料费用的资料如表 10-6 所示。

表 10-6 产量及其他有关资料

项　　目	计划数	实际数
产品产量(件)	200	220
单位产品材料消耗量(千克)	30	28
材料单价(元)	500	480
材料费用(元)		

要求：根据上述资料，采用因素分析法分析各种因素变动对材料费用的影响程度。

4. 某企业生产的甲产品，材料项目的有关资料如表 10-7 所示。

表 10-7　　材料项目的有关资料

材料名称	单位耗用量(千克)		材料单价(元)		材料成本(元)		差异
	计划	实际	计划	实际	计划	实际	
A 材料	100	95	10	8	1 000	760	－240
B 材料	200	210	20	22	4 000	4 620	620
C 材料	500	490	8	7	4 000	3 430	－570
合计					9 000	8 810	－190

要求：根据上述资料，计算材料耗用量和材料价格变动对材料费用的影响。

5. 某企业甲产品单位成本表如表 10-8 所示。

表 10-8　　主要产品单位成本表　　金额单位：元

成本项目	上年实际平均	本年计划	本期实际
直接材料	1 230	1 240	1 242
直接人工	110	100	105
制造费用	90	92	95
合计	1 430	1 432	1 442
主要技术经济指标			
原材料消耗量(千克)	41	40	40
原材料单价	30	31	31.05

要求：

(1) 分析计算甲产品单位成本变动情况；

(2) 分析计算原材料费用计划执行情况、影响因素和各因素变动的影响程度。

6. 某企业材料费用分析资料如表 10-9 所示。

表 10-9　　材料费用分析资料表

项　　目	计划数	实际数
产量(件)	100	115
单位产品材料消耗量(千克)	5	3
单价(元)	4	6
材料费用总额(元)	2 000	2 070

要求：根据表中资料，材料费用的实际数超过计划数 70 元，分析形成差异的因素产品产量、单位产品材料消耗量、材料单价的影响程度。

7. 某企业甲产品单位成本资料如表 10-10 所示。

表 10-10　　**甲产品单位成本资料表**　　金额单位：元

成本项目	上年实际平均	本年计划	本期实际
直接材料	1 862	1 890	2 047
直接人工	150	168	164
制造费用	248	212	209
合计	2 260	2 270	2 420
主要技术经济指标	用量	用量	用量
原材料消耗量(千克)	950	900	890
原材料单价	1.96	2.1	2.3

要求：

(1) 分析甲产品单位成本变动情况。

(2) 分析影响直接材料费用变动的因素和各因素变动的影响程度。

8. 某企业本年度生产五种产品，有关产品产量及单位成本资料如表 10-11 所示。

表 10-11　　**有关产品产量及单位成本资料表**

产品类别		实际产量(件)	计划单位成本(元)	实际单位成本(元)
可比产品	A 产品	200	150	162
	B 产品	300	200	180
	C 产品	800	1 200	1 150
不可比产品	D 产品	260	380	400
	E 产品	400	760	750

要求：根据上述资料，按产品计算企业全部产品成本计划的完成情况，并将计算结果填入表 10-12 中。

表 10-12　　**全部产品成本计划完成情况分析表**

产品名称		总成本		差异	
		按计划计算(元)	按实际计算(元)	降低额(元)	降低率
可比产品	A 产品				
	B 产品				
	C 产品				
	小计				
不可比产品	D 产品				
	E 产品				
	小计				
合计					

第二部分　案例分析精选及解析

案例 1　沃尔玛的成本领先战略

1962 年，山姆·沃尔顿开设了第一家沃尔玛(WAL-MART)商店。迄今沃尔玛商店已成为世界第一大百货商店。按照美国《福布斯》杂志的估算，1989 年，山姆·沃尔顿家族的财产已高达 90 亿美元。沃尔玛在世界零售业中排名第 1 位。《商业周刊》2001 年全球 1 000 强排名，沃尔玛位居第 6 位。作为一家商业零售企业，能与微软、通用电器、辉瑞制药等巨型公司相匹敌，实在让人惊叹。

沃尔玛取得成功的关键在于商品物美价廉，对顾客的服务优质上乘。

沃尔玛始终保持自己的商品售价比其他商店便宜，是在压低进货价格和降低经营成本方面下工夫的结果。沃尔玛直接从生产厂家进货，想尽一切办法把价格压低到极限成交。公司纪律严明，监督有力，禁止供应商送礼或请采购员吃饭，以免采购员损公肥私。沃尔玛也把货物的运费和保管费用降到最低。公司在全美有 16 个配货中心，都设在离沃尔玛商场距离不到 1 天路程的附近地点。商品购进后直接送到配货中心，再从配货中心由公司专有的集装箱车队运往各地的沃尔玛商场。公司建有最先进的配货和存货系统，公司总部的高性能电脑系统与 16 个配货中心和 1 000 多家商场的 POS 终端机相联网，每家商场通过收款机激光扫描售出货物的条形码，将有关信息记载到计算机网络当中。当某一货品库存减少到最低限时，计算机就会向总部发出购进信号，要求总部安排进货。总部寻找到货源，便派离商场最近的配货中心负责运输路线和时间，一切安排有序，有条不紊。商场发出订货信号后 36 小时内，所需货品就会及时出现在货架上。就是这种高效的商品进、销、存管理，使公司迅速掌握商品进、销、存情况和市场需求趋势，做到既不积压存货，销售又不断货，加速资金周转，降低了资金成本和仓储成本。

压缩广告费用是沃尔玛保持低成本竞争战略的另一种策略。沃尔玛公司每年只在媒体上做几次广告，大大低于一般的百货公司每年的 50～100 次的水平。沃尔玛认为，价廉物美的商品就是最好的广告，我们不希望顾客买 1 美元的东西，就得承担 20～30 美分的宣传、广告费用，那样对顾客极不公平，顾客也不会对华而不实的商品感兴趣。

沃尔玛也重视对职工勤俭风气的培养。沃尔玛说："你关心你的同事，他们就会关心你。"员工从进公司的第一天起，就受到"爱公司，如爱家"的店训熏陶。从经理到雇员，都要关心公司的经营状况，勤俭节约，杜绝浪费，从细微处做起。这使沃尔玛的商品损耗率只有 1%，而全美零售业平均损耗率为 2%，从而使沃尔玛大量降低成本。

沃尔玛每周五上午召开经理人员会议，研究商品价格情况。如果有报告说某一商品在其他商场的标价低于沃尔玛，会议可决定降价，保证同种商品在沃尔玛价格最低。沃尔玛成功运用低成本竞争战略，在激烈的市场竞争中取胜。

案例2　邯郸钢铁股份有限公司的低成本竞争战略

我国的邯郸钢铁总厂(简称邯钢)是1958年建成的老厂,目前是中国钢铁企业前10名的国有大型企业。1990年邯钢生产28种钢材有26种亏损。1991年开始实行低成本目标管理战略,以"模拟市场核算、实行成本否决"为核心,加大了企业技术改造力度,加强了内部经营管理,坚持走集约化经营的道路,勤俭节约使效益大幅度提高,实力迅速壮大。

"模拟市场核算"的具体做法:一是确定目标成本,由过去以"计划价格"为标准的"正算法"改变为以市场价格为依据的"倒算法",即将过去从产品的原材料进价,按厂内工序逐步结转的"正算"方法,改变为从产品的市场售价减去目标利润开始,按厂内工序反向逐步推算的"倒推"方法,使目标成本等指标真实地反映市场的需求变化。二是以国内先进水平和本单位历史最好水平为依据,对成本构成的各项指标进行比较,找出潜在的效益,以原材料和出厂产品的市场价格为参数,进而对每一个产品都定出科学、先进、合理的目标成本和目标利润等项指标。三是针对产品的不同情况,确定相应的目标利润,原来亏损但有市场的产品要做到不亏或微利,原来盈利的产品要做到增加盈利,对成本降不下来的产品,坚决停止生产。四是明确目标成本的各项指标是刚性的,执行起来不迁就、不照顾、不讲客观原因。

"成本否决"的具体做法:一是将产品目标成本中的各项指标层层分解到分厂、车间、班组、岗位和个人,使厂内每一个环节都承担降低成本的责任,把市场压力及涨价因素消化于各个环节。全厂28个分厂、18个行政处室分解承包指标1 022个,分解到班组、岗位、个人的达10万多个。目前全厂2.8万名职工人人身上有指标,多到生产每吨钢材负担上千元,少到几分钱,个个当家理财,真正成为企业的主人。二是通过层层签订承包协议,联利计酬,把分厂、车间、班组、岗位和个人的责、权、利与企业的经济效益紧密结合起来。三是将个人的全部奖金与目标成本指标完成情况直接挂钩,凡目标成本完不成的单位或个人,即使其他指标完成得再好,也一律扣发有关单位和个人的当月全部奖金,连续3个月完不成目标成本指标的,延缓单位内部工资升级。四是为防止成本不实和出现不合理的挂账及待摊,确保成本的真实可靠,总厂每月进行一次全厂性的物料平衡,对每个单位的原材料、燃料进行盘点。以每月最后一天的零点为截止时间,次月2日由分厂自己校对,3日分厂之间进行核对,在此基础上总厂召开物料平衡会,由计划、总调、计量、质量、原料、供应、财务等部门抽调人员深入分厂查账。账实不符的,重新核算内部成本和内部利润;成本超支、完不成目标利润的,否决全部奖金。

调整内部机构设置,保证低成本目标实现。一是精简机构,1990—1995年总厂和分厂的管理科室从503个减到389个,管理人员从占职工人数14%减到12%。二是充实和加强财务、质量管理、销售、计划、外经、预决算、审计等管理部门,进一步强化和理顺了管理职能。

三是实行“卡两头，抓中间”的管理方法。一头是严格控制进厂原材料、燃料的价格、质量，仅此一项，从1992年以来总共降低成本9 000万元；另一头是把住产品销售关，坚持集体定价；抓中间就是抓工序环节的管理，不仅抓生产过程的“跑、冒、滴、漏”，而且将各项技术经济指标进行横向比较，以同行业先进水平为赶超目标。

案例3　美的的成本控制

中国制造企业有90%的时间花费在物流上，物流仓储成本占据了总销售成本的30%～40%，供应链上物流的速度以及成本更是令中国企业苦恼的老大难问题。美的针对供应链的库存问题，利用信息化技术手段，一方面从原材料的库存管理做起，追求零库存标准；另一方面针对销售商，以建立合理库存为目标，从供应链的两段实施挤压，加速了资金、物资的周转，实现了供应链的整合成本优势。

（一）零库存梦想

美的虽多年名列空调产业的"三甲"之位，但是不无一朝城门失守之忧。自2000年来，在降低市场费用、裁员、压低采购价格等方面，美的频繁变招，其路数始终围绕着成本与效率。在广东地区已经悄悄为终端经销商安装进销存软件，即实现"供应商管理库存"（以下简称VMI）和"管理经销商库存"中的一个步骤。

对于美的来说，其较为稳定的供应商共有300多家，其零配件（出口、内销产品）加起来一共有3万多种。从2002年中期，利用信息系统，美的集团在全国范围内实现了产销信息的共享。有了信息平台做保障，美的原有的100多个仓库精简为8个区域仓，在8小时可以运到的地方，全靠配送。这样一来美的集团流通环节的成本降低了15%～20%。运输距离长（运货时间3～5天的）的外地供应商，一般都会在美的的仓库里租赁一个片区（仓库所有权归美的），并把其零配件放到片区里储备。

在美的需要用到这些零配件的时候，它就会通知供应商，然后再进行资金划拨、取货等工作。这时，零配件的产权，才由供应商转移到美的手上——而在此之前，所有的库存成本都由供应商承担。此外，美的在ERP（企业资源管理）基础上与供应商建立了直接的交货平台。供应商在自己的办公地点，通过互联页（WEB）的方式就可登录到美的公司的页面上，看到美的的订单内容，品种、型号、数量和交货时间等等，然后由供应商确认信息，这样一张采购订单就已经合法化了。

实施VMI后，供应商不需要像以前一样疲于应付美的的订单，而只需做一些适当的库存即可。供应商则不用备很多货，一般有能满足3天的需求即可。美的零部件年库存周转率，在2002年上升到70～80次/年。其零部件库存也由原来平均的5～7天存货水平，大幅降低为3天左右，而且这3天的库存也是由供应商管理并承担相应成本。

库存周转率提高后，一系列相关的财务"风向标"也随之"由阴转晴"，让美的"欣喜不已"；资金占用降低、资金利用率提高、资金风险下降、库存成本直线下降。

（二）消解分销链存货

在业务链后端的供应体系进行优化的同时，美的也正在加紧对前端销售体系的管理进行渗透。在经销商管理环节上，美的利用销售管理系统可以统计到经销商的销售信息（分公司、代理商、型号、数量、日期等），而近年来则公开了与经销商的部分电子化往来，以前半年一次的手工性的繁杂对账，现在则进行业务往来的实时对账和审核。

在前端销售环节，美的作为经销商的供应商，为经销商管理库存。这样的结果是，经销商不用备货了，“即使备货也是5台、10台这种概念”。经销商缺货，美的立刻就会自动送过去，而不需经销商提醒。经销商的库存“实际是美的自己的库存”。这种存货管理上的前移，美的可以有效地削减销售渠道上昂贵的存货，而不是任其堵塞在渠道中，让其占用经销商的大量资金。

2002年，美的以空调为核心对整条供应链资源进行整合，更多的优秀供应商被纳入美的空调的供应体系，美的空调供应体系的整体素质有所提升。依照企业经营战略和重心的转变，为满足制造模式“柔性”和“速度”的要求，美的对供应资源布局进行了结构性调整，供应链布局得到优化。通过厂商的共同努力，整体供应链在“成本”“品质”“响应期”等方面的专业化能力得到了不同程度的发育，供应链能力得到提升。

目前，美的空调成品的年库存周转率大约是接近10次，而美的的短期目标是将成品空调的库存周转率提高1.5～2次。目前，美的空调成品的年库存周转率不仅远低于戴尔等电脑厂商，也低于年周转率大于10次的韩国厂商。库存周转率提高1次，可以直接为美的空调节省超过2 000万元人民币的费用。由于采取了一系列措施，美的已经在库存上尝到了甜头，2002年度，美的销售量同比2001年度增长50%～60%，但成品库存却降低了9万台，因而保证了在激烈的市场竞争下维持了相当的利润。

案例 4　格兰仕的成本领先战略

规模和效益有时候并不同步，尤其是与规模相伴而行的固定资产投资往往成为很多工业企业难以摆脱的达摩克利斯之剑，一旦销售出现问题，这柄利剑就毫不迟疑地向企业砍去。广东格兰仕充分结合中国人力、土地廉价优势，采取给别人代工 OEM 的方式换取生产线，然后采取内部挖潜，压榨生产线的剩余生产能力为自己生产产品。这种使用权的虚拟扩张方式迅速构造了竞争力的成本动因，创造了微波炉制造、光波炉制造第一的世界奇迹。

（一）降价成长的优美曲线

“价格战”是企业竞争中最残酷也是最有效的手段，没有什么比价格战更能摧残企业资源的方式了，但是格兰仕却将这个手段发挥到了极致。

当梁庆德将企业改名为格兰仕(GALANZ)的时候，他就已经立志要创出一个闪耀全球的品牌。1993 年，格兰仕第一批 1 万台微波炉正式下线，虽然销售步履艰难，但是梁庆德的目光已经聚焦在 100 万台的数量级。到了 1996 年，格兰仕微波炉产量增至 60 万台，随即在全国掀起了大规模的降价风暴，当年降价 40%。降价的结果，是格兰仕产量增至近 200 万台，市场占有率已经达到 47.1%。此后，格兰仕高举降价大旗，前后已经进行了 9 次大规模降价，每次降价，最低降幅为 25%，一般都在 30%～40%，被业界誉为“价格杀手”。

规模扩大带动的是成本下降，微波炉降价又直接扩大了市场容量，企业资金回流也相应增加，企业规模再次扩大，成本再次下降……这个简单的循环引起了中国微波炉一波又一波的价格战。至今，微波炉的年产销售量已达到 1 500 万台，国内市场占有率高达 70%，国际市场占有率高达 35%，演绎了一条优美的成长曲线。

（二）价格屠夫的真正底牌

格兰仕能够打“价格战”的基础就是从扩大规模中获取规模效益，但是从另一方面来看，与规模扩大相伴生的就是固定投资的增大。一个企业最大的投资是设备投资，制造企业的设备投资更是庞大。这不仅仅会影响企业现金流，同时固定资产的折旧也会导致价格竞争力的下滑。

与收购国外企业或者生产线相反，格兰仕走了一条虚拟联合规模扩张的路子，不仅没有动用自有资金投资固定资产，而是将别人的生产线一个个地搬到了内地，而且建这些厂用的还是别人的钱。规模的扩大不仅仅没有让格兰仕背上沉重的成本包袱，反而成为克敌制胜的不二法门，格兰仕通过固定资产的虚拟式扩张完美地为价格战做了一个经典注解。

本来格兰仕没有微波炉的变压器生产线，但格兰仕有质优价廉的生产能力。在认清了自己的优势以及对方的目标后，梁庆德运用成本优势的支点，“虚拟”出了自己的生产线。以微波炉的变压器为例，格兰仕开始时分别向日本和欧洲进口，从日本的进口价为 23 美元，从欧洲的进口价为 30 美元。梁庆德对欧洲的企业说：“你把生产线搬过来，我们帮你干，然后 8 美元给你供货。”日本的企业在成本的挤压下倍感煎熬，这时，梁庆德对日本企业说：“你把生产线搬过来，我们帮你干，干完后5美元给你供货。"于是，一条条先进的生产线都逐渐搬过来了，规模大了，专业化、集约化程度高了，成本也大幅度降下来，格兰仕现在生产变压器的实际成本只要4美元。

与此同时，格兰仕每天实行三班倒24小时工作，使格兰仕的一条生产线创造出相当于欧美企业的六七条生产线的产能。"我们拼进去的是工与费，换回来的是一周六天的生产效益"，不分昼夜的格兰仕将对手远远抛在后面。扣除为别人代工生产的时间，格兰仕还可以保证满足自己的产量要求。加之双方的工资水平、土地使用成本、水电费、劳动生产率等相差较大，并且大大节约了固定资产投资，格兰仕获得了其他企业无可比拟的总成本优势。

紧接着，格兰仕趁热打铁，进一步整合国际资源，从元配件再到整机，又开始直接为跨国公司做OEM。目前格兰仕已经同200多家跨国公司建立了合作关系，许多跨国公司将附加值微薄的微波炉等产业战略转移到格兰仕，通过优势互补实现了生产力水平的进一步提升。目前，格兰仕制造的变压器等配套元器件1年的产能已突破2 000万个，其中一半左右的产量要返销到发达国家，在磁控管、定时器、微动开关、集成电路、微型电机等元器件、零部件的生产制造方面同样达到了国际一流水准。

（三）虚拟扩张的整合思维

格兰仕这种虚拟扩张的要诀在于其特殊的资源嫁接方式，一方面利用了中国的劳动力优势和庞大的市场规模，另一方面将国外的生产线拿过来又无形中得到了国外现成的市场，这又为规模的扩张提供了市场支持。现在在格兰仕的生产车间堆满了花花绿绿的盒子，贴着GE、晶石、翡利（英文名称Fillony）、哈利士（英文名称Harvard）各色标志的微波炉从这里运往世界各地。

这种通过合理整合全球家电产品生产力的方式，不仅大大降低了成本，而且成功地甩掉了市场风险、固定资产投资风险等"三大风险"，平衡地并购了全球多家家电企业，顺利地实现了资本、市场的同步扩张，从而使自己能够在一轮轮价格战中始终立于不败之地。

经济师梁庆德对价格战有着独到的理解："这个看似很简单的策略背后是一个价值链条，你必须最大可能地掌控这个价值链条，你才能拥有别人所没有的降价空间。"利用类似办法，格兰仕将自己的触角伸到了空调行业，先后引进了80条组装及零配件生产线。格兰仕的出口额已经从2004冷冻年度（指2003年秋天至2004年夏天）的国内企业第三名冲向第二名。

案例5　戴尔的作业成本法

为一名客户生产一台电脑要多少成本？生产成本是多少，他们如何控制？公司业绩如何提高？这是戴尔电脑公司的管理层要回答的一些问题。大多数情况下，它们回答的依据可以追溯到公司的管理会计系统上，这一系统收集戴尔运营多方面的数据，为管理人员回答问题、制定决策提供信息。

戴尔电脑总部位于得克萨斯州的奥斯丁城，是一家全球的制造业公司，戴尔不生产诸如芯片和硬盘之类的电脑零件。他专注于组装电脑并销往全世界。戴尔有四个系列的个人电脑：①Optiplex高端台式机系列；②Dimension实用系统；③笔记本电脑如Inspiron系列；④网络服务器。公司的生产厂为全球的客户服务，每台电脑都是依客户订单而生产，故戴尔没有产成品存货。直接材料存货周转天数为30天。

戴尔的目标是在平均五六天内完成任何一笔客户订单。一笔订单中的每台电脑都是单独为一个批次，因为构成每台电脑零件的成本可能不同，要看客户的特别指定。成本追溯到各台电脑，包括直接材料、直接人工和一个标准的制造费用率。制造费用率在戴尔工程小组的参与下制定，建立在其生产单元或“模块”的成本水平基础之上。产品装配模块负责电脑的组装，包括组装和测试各个零件。组装和测试完成的电脑从组装模块移动到装运模块，在那里进行新包装和分销准备。

为了保持竞争力，戴尔有一个产品小组，负责新产品的研发。这一个小组与戴尔的战略伙伴如英特尔公司协同工作，以生产具有更快处理能力和速度的产品。具有最新科技含量的新产品有较高的利润空间，所以戴尔总是努力使开发和生产新产品的时间最短，通常，零件生产商一披露出其技术新发展，戴尔就能在当天推出相应的新产品。

当戴尔在1994年着手实施作业成本系统时，几乎没有经理知道前景是什么，据后勤服务的主任Ken Hashman说，得克萨斯州定制个人电脑的厂商Austin已经碰壁。1994年净利润是29亿美元，但是这一年却以3 600万美元的亏损结束。公司正保持着大量增长的势头，然而经理人员并不知道哪个产品和市场正在产生最大的利润。管理人员需要知道哪些产品线正驱动着利润而哪些没有。

因此，当管理层选择执行ABC系统时几乎没有人反对。戴尔管理人员认识到更好的产品成本信息的价值，并且想知道执行ABC系统的详细情况。再三思索后，Ken注意到公司实际上在刚开始时不得不缩小范围，以使管理人员集中在有很大希望可以获得巨大收益的几个至关重要的领域上。

为了开始ABC程序，跨职能的小组确定了大约10个主要的作业，这些作业包括产品的合理流转、国内运输、接收、零件配合、装配、装运、国外分销和保修，装配作业又进一步分解为不同的产品线。

在估计作业和总间接成本时，戴尔的各个小组开始收集数据。先是成本动因的确定，接着是间接成本的估计，一些成本动因需要管理人员反复考虑，例如，采购职能为所有的生产线提供支持，并且要为计算机装配流程购买数百个零件，无论零件本身成本是 1 美元还是 100 美元，采购一个零件的作业成本几乎是一样的，因此，每条产品线零件数的相关程度变得很高，而在 ABC 系统以前，采购职能的成本仅仅是费用的一部分，并没有具体分配到各个产品线上面去。

总成本通过戴尔的内部计算机信息系统进行收集。最初，电子表格软件被用来创建 ABC 模型并分析收集到的有关成本动因的数据。在电子表格软件中输入公式，这样计算每个作业的预计间接成本是很容易的。电子表格软件也被用来给成本对象（如不同的计算机产品线）分配以实际使用数量为基础的作业成本。

5 年的努力赢得了巨大的效益。1998 年度的净收入是 123 亿美元，比 1994 年增长了 329%，1998 年度的净利润达到 94 400 万美元。John Jones，公司副总裁说："ABC 真正地使戴尔公司的管理更上一层楼。公司对各个产品的赢利有了更加透彻的了解，这将直接帮助公司制定竞争战略。"ABC 的实施使戴尔公司顺利完成了转型，由一个粗放经营的高速发展的企业转变为一个高速发展但同时管理精细化的成熟企业。

案例6 MWI公司标准成本计算系统的实施

Mark Wight公司(MWI)是一家位于美国中西部的专业冷冻食品加工企业。自1982年成立以来,该公司拥有一批忠实的顾客,这些顾客愿意支付溢价购买公司提供的经过特殊工艺加工的高质量冷冻食品。公司在经营地区销售额快速增长,而且有许多顾客要求其在全国范围内供应产品。为满足这一需要,公司扩大了加工能力,导致生产成本和经营成本的增加。而且,在其传统销售地区以外,公司还遭遇了来自竞争对手的价格压力。

由于MWI想要继续扩张,因此公司的首席执行官Jim Condone聘请了一家顾问公司帮助自己确定最佳决策方案。顾问公司建议采用标准成本计算系统,这也有助于弹性预算制度的实行,以便于更好地消化市场扩张时可以预计到的需求的变化。Condone会见了公司管理层的成员,传达了顾问公司的建议,要求他们负责制定标准成本。在与各自员工讨论之后,管理层成员又重新开会讨论此问题。

采购经理Jane Morgan建议,为了满足生产规模的扩大,需要从公司传统的采购渠道以外范围采购食品原料,这将会增加材料的运输成本,并且可能导致供货质量的下降。如果要保持或降低目前的成本,就要有生产部门来弥补这部分增加的成本。

生产经理Stan Walters反驳说,要提高产量就要加快生产周期,再加上可能出现供货质量的下降,将导致产品质量的下降和更高的废品率。在这种情况下,可能难以保持或降低单位人工耗用量,而预测未来单位产品的人工比例也将变得很困难。

技术工程师Tom Lopez说,如果设备没有按照规定每天进行定时的适当维护和彻底清洗,生产的冷冻食品的质量和独特口味很可能受到影响。

销售副总裁Jack Reid指出,如果不能保证产品质量,公司预期的销售量的增长幅度就无法实现。

最后,公司管理层成员将其各自遇到的难题向Condone作了汇报,Condone表示,如果不能就制定适当的标准成本取得一致意见,那么,他将请顾问公司来制定标准,每个人都要接受这一结果。

Condone说采用标准成本计算系统有助于改善计划和控制,并简化生产成本的计算。通过将实际结果与标准进行比较,将差异分解为价格差异和数量差异,可以为经理们提供更加详细的反馈信息。这些信息可以使经理们实施比正常成本计算系统或实际成本计算系统下更有效的成本控制。在标准成本计算系统下,像投标这样的决策也将更容易做出。

顾问公司建议说,制定与实施标准成本法必须遵循公司成本制度原则,同时遵照公司的管理层规定,例如选用现实的标准成本还是正常的标准成本。另外明确公司的战略非常重要,有些公司强调成本领先型战略,如大部分的制造型企业,往往追求成本的不断降低,即在制定标准成本中,每年不断地寻求改善和成本降低。而有些公司标准成本的制定标准不在于成本的降低，而在于公司不断地寻求创新、提供新的资源。因此在制定标准成本中，必须明确公司整体战略，从公司整体战略出发，对未来进行有效预期后，经过多方的参与，才能制定好标准的成本。

第三部分　思考与练习参考答案

第一章　总　　论

一、单项选择题

1	2	3	4	5	6	7	8	9	10
D	D	A	D	A	B	A	C	C	C
11	12								
B	B								

二、多项选择题

1	2	3	4	5	6	7			
AB	ABD	BC	AB	ABCD	ACD	BC			

三、判断题

1	2	3	4	5	6	7	8	9	10
√	√	√	×	×	√	×	√	√	×
11	12								
×	√								

第二章　工业企业成本核算的基本原理

一、单项选择题

1	2	3	4	5	6	7	8	9	10
C	C	A	D	B	C	D	B	A	D
11	12	13	14	15	16				
A	B	D	D	A	A				

二、多项选择题

1	2	3	4	5	6	7	8	9	10
ABCD	ACD	ABE	BC	AB	ABD	ABC	AC	AC	ABD
11	12	13	14	15	16	17	18		
ABD	CD	AC	ABD	ACD	ABD	ABCD	ABCD		

三、判断题

1	2	3	4	5	6	7	8	9	10
×	×	×	×	√	√	×	√	√	×
11	12	13	14	15	16	17	18	19	20
×	×	√	√	×	×	√	√	√	×
21	22	23	24	25	26	27			
√	×	×	√	√	×	×			

四、简答题

（略）

第三章　费用在各种产品和期间费用之间的归集和分配

一、单项选择题

1	2	3	4	5	6	7	8	9	10
B	C	B	A	A	C	C	B	A	D
11	12	13	14	15	16	17	18	19	20
D	C	D	A	B	D	C	D	A	B
21	22	23	24						
A	B	C	B						

二、多项选择题

1	2	3	4	5	6	7	8	9	10
BD	ABDE	ABCD	BCE	ABDE	ABC	ABCDE	BC	ABC	AC
11	12	13	14	15	16				
ABCD	BE	BCE	BC	ABD	ACDE				

三、判断题

1	2	3	4	5	6	7	8	9	10
×	×	×	×	×	×	×	√	×	×

四、简答题

（略）

五、计算题

1. 甲产品原材料定额耗用量＝220×12＝2 640(千克)

乙产品原材料定额耗用量＝256×10＝2 560(千克)

$$原材料定额消耗量分配率=\frac{6\,240}{2\,640+2\,560}=1.2$$

甲产品应分配的原材料数量＝2 640×1.2＝3 168(千克)

乙产品应分配的原材料数量＝2 560×1.2 ＝3 072(千克)

甲产品应分配的材料费用＝3 168×7＝22 176(元)

乙产品应分配的材料费用＝3 072×7＝21 504(元)

借：基本生产成本——甲	22 176	
——乙	21 504	
贷：原材料		43 680

2. $$原材料定额消耗量分配率=\frac{28\,000}{100\times15+500\times10+300\times25}=2$$

甲产品分配的原材料费用＝100×15×2＝3 000(元)

乙产品分配的原材料费用＝500×10×2＝10 000(元)

丙产品分配的原材料费用＝300×25×2＝15 000(元)

借：基本生产成本——甲	3 000	
——乙	10 000	
——丙	15 000	
贷：原材料		28 000

3. (1) A产品的燃料定额费用＝5 000×20＝100 000(元)

B产品的燃料定额费用＝3 000×15＝45 000(元)

$$燃料费用分配率=\frac{290\,000}{100\,000+45\,000}=2$$

A产品应负担的燃料费用＝100 000×2＝200 000(元)

B产品应负担的燃料费用＝45 000×2＝90 000(元)

(2) 借：基本生产成本——A产品——直接材料	200 000	
——B产品——直接材料	90 000	
贷：原材料——燃料		290 000
(3) 借：基本生产成本——A产品——直接燃料和动力	200 000	
——B产品——直接燃料和动力	90 000	
贷：原材料——燃料		290 000

4. 基本生产车间电费＝40 000×0.6＝24 000(元)

其中：照明用电＝5 000×0.6＝3 000(元)

动力用电＝24 000－3 000＝21 000(元)

$$产品动力费用分配率=\frac{21\ 000}{16\ 000+14\ 000}=0.7$$

甲产品应分配的动力费用＝16 000×0.7＝11 200(元)

乙产品应分配的动力费用＝14 000×0.7＝9 800(元)

行政管理部门电费＝3 000×0.6＝1 800(元)

机修车间电费＝4 000×0.6＝2 400(元)

供水车间电费＝3 000×0.6＝1 800(元)

5.(1) 基本生产车间产品动力费用＝(5 000－500)×1＝4 500(元)

$$产品动力费用分配率=\frac{4\ 500}{3\ 000+2\ 000}=0.9$$

A产品应负担的电力费用＝3 000×0.9＝2 700(元)

B产品应负担的电力费用＝2 000×0.9＝1 800(元)

基本生产车间照明电力费用＝500×1＝500(元)

辅助生产车间产品电力费用＝1 700×1＝1 700(元)

辅助生产车间照明电力费用＝300×1＝300(元)

企业管理部门电力费用＝600×1＝600(元)

(2) 借：应付账款　7 600

　贷：银行存款　7 600

(3) 借：基本生产成本——A产品——直接燃料和动力　2 700

　——B产品——直接燃料和动力　1 800

制造费用——基本生产车间　500

辅助生产成本——机修　2 000

管理费用　600

　贷：应付账款　7 600

6.(1) $日工资率=\frac{3\ 124.5}{30}=104.15(元/日)$

应付计时工资＝(17＋9)×104.15＋3×104.15×60%＝2 895.37(元)

(2) $日工资率=\frac{3\ 124.5}{30}=104.15(元/日)$

应付计时工资＝3 124.5－2×104.15－3×104.15×(1－60%)＝2 791.22(元)

(3) $日工资率=\frac{3\ 124.5}{20.83}=150(元/日)$

应付计时工资＝17×150＋3×150×60%＝2 820(元)

(4) $日工资率=\frac{3\ 124.5}{20.83}=150(元/日)$

应付计时工资＝3 124.5－2×150－3×150×(1－60%)＝2 644.5(元)

7.(1) $甲产品计件单价=\frac{25}{60}\times 12=5(元/件)$

$乙产品计件单价=\frac{35}{60}\times 12=7(元/件)$

(2) 该工人该月计件工资=350×5+(200-10)×7=1 750+1 330=3 080(元)

8. (1) 甲产品定额工时总数$=\frac{45}{60}\times(200-2)=148.5$(小时)

乙产品定额工时总数$=\frac{90}{60}\times 60=90$(小时)

该工人所生产产品的定额工时总数=148.5+90=238.5(小时)

(2) 该工人该月计件工资=238.5×20=4 770(元)

9. 工资费用分配率$=\frac{90\,000}{8\,000+1\,000}=10$

甲产品应分配工资费用=8 000×10=80 000(元)

乙产品应分配工资费用=1 000×10=10 000(元)

10. (1) A产品的定额工时=(15÷60)×14 000=3 500(小时)

B产品的定额工时=(18÷60)×10 000=3 000(小时)

C产品的定额工时=(12÷60)×13 500=2 700(小时)

工资费用分配率$=\frac{92\,000}{3\,500+3\,000+2\,700}=10$

A产品应负担的工资费用=10×3 500=35 000(元)

B产品应负担的工资费用=10×3 000=30 000(元)

C产品应负担的工资费用=10×2 700=27 000(元)

(2) 借:基本生产成本——A产品——直接人工　　35 000
　　　　　　　　——B产品——直接人工　　30 000
　　　　　　　　——C产品——直接人工　　27 000
　　辅助生产成本——锅炉车间　　5 000
　　制造费用——基本生产车间　　4 500
　　管理费用　　12 600
　　贷:应付职工薪酬　　114 100

11. (1) 计时工资分配率$=\frac{840\,000}{72\,000+48\,000}=7$(元/小时)

甲产品应分配的计时工资费用=72 000×7=504 000(元)

乙产品应分配的计时工资费用=48 000×7=336 000(元)

甲产品生产工人工资费用=504 000+19 600=523 600(元)

乙产品生产工人工资费用=336 000+16 400=352 400(元)

(2) 借:基本生产成本——甲　　523 600
　　　　　　　　——乙　　352 400
　　制造费用——基本生产车间　　10 000
　　辅助生产成本　　14 000
　　管理费用　　30 000
　　贷:应付职工薪酬　　930 000

12. (1) 供电车间:

供电车间分配率$=\frac{8\ 900}{35\ 600-2\ 200}=0.266\ 5$

甲产品应负担的电费＝29 800×0.266 5＝7 941.7(元)

基本车间应负担的电费＝1 600×0.266 5＝426.4(元)

管理部门应负担的电费＝8 900－7 941.7－426.4＝531.9(元)

(2) 机修车间：

机修车间分配率$=\frac{13\ 900}{4\ 000-300}=3.756\ 8$

基本车间应负担的修理费＝2 800×3.756 8＝10 519.04(元)

管理部门应负担的修理费＝13 900－10 519.04＝3 380.96(元)

(3) 会计分录如下：

借：基本生产成本——甲产品	7 941.70	
制造费用——基本生产车间	10 945.44	
管理费用	3 912.86	
贷：辅助生产成本——供电		8 900.00
——机修		13 900.00

13. 供水车间用运输费用$=\frac{64\ 000}{64\ 500}\times 500=496.10$(元)

运输车间用水费用$=\frac{43\ 800}{38\ 000}\times 500=576.30$(元)

应按照先供水，后运输的顺序分配辅助生产成本：

水的单位成本(分配率)$=\frac{43\ 800}{38\ 000}=1.152\ 6$(元／立方米)

基本生产车间负担水费＝36 000×1.152 6＝41 493.6(元)

运输车间用水费＝576.30(元)

行政管理部门负担水费＝43 800－(41 493.6＋576.3)＝1 730.1(元)

运输单位成本(分配率)$=\frac{64\ 000+576.3}{64\ 500-500}=1.009\ 0$(元／立方米)

基本生产车间负担运输费＝60 000×1.009 0＝60 540(元)

行政管理部门负担运输费＝64 000＋576.3－60 540＝4 036.30(元)

根据辅助生产费用分配结果编制会计分录如下：

借：辅助生产成本——运输	576.30	
制造费用——基本生产车间	41 493.60	
管理费用	1 730.10	
贷：辅助生产成本——供水		43 800.00
借：制造费用——基本生产车间	60 540	
管理费用	4 036.30	
贷：辅助生产成本——运输		64 576.30

14.(1)交互分配：

水费的分配率$=\frac{9\,900}{9\,000}=1.1$(元/立方米)

电费的分配率$=\frac{120\,000}{150\,000}=0.8$(元/度)

供水车间应分配的电费＝30 000×0.8＝24 000(元)

供电车间应分配的水费＝2 000×1.1＝2 200(元)

(2)交互分配后的实际费用：

供水车间实际费用＝9 900＋24 000－2 200＝31 700(元)

供电车间实际费用＝120 000－24 000＋2 200＝98 200(元)

(3)对外分配：

水费的分配率$=\frac{31\,700}{7\,000}=4.528\,57$(元/立方米)

电费的分配率$=\frac{98\,200}{120\,000}=0.818\,33$(元/度)

甲产品应分配的电费＝100 000×0.818 33＝81 833(元)

基本生产车间应分配的水费＝5 000×4.528 57＝22 642.85(元)

基本生产车间应分配的电费＝10 000×0.818 33＝8 183.3(元)

行政管理部门应分配的水费＝31 700－22 642.85＝9 057.15(元)

行政管理部门应分配的电费＝98 200－(81 833＋8 183.3)＝8 183.7(元)

会计分录如下：

(1)交互分配：

借：制造费用——供水车间	24 000	
——供电车间	2 200	
贷：辅助生产成本——供水		2 200
——供电		24 000

(2)结转辅助生产车间的制造费用：

借：辅助生产成本——供水	25 500	
——供电	27 200	
贷：制造费用——供水车间		25 500
——供电车间		27 200

(3)对外分配：

借：基本生产成本——甲产品	81 833.00	
制造费用——基本生产车间	30 826.15	
管理费用	17 240.85	
贷：辅助生产成本——供水		31 700.00
——供电		98 200.00

15. 供水车间费用交互分配率 $=\frac{6\,000}{2\,000+500+500}=2$

供电车间应分配水费 $=500\times2=1\,000$（元）

供电车间费用交互分配率 $=\frac{10\,000}{10\,000}=1$

供水车间应分配电费 $=400\times1=400$（元）

会计分录为：

借：辅助生产成本——供电	1 000	
——供水	400	
贷：辅助生产成本——供水		1 000
——供电		400

供水车间费用对外分配率 $=\frac{6\,000+400-1\,000}{2\,000+500}=2.16$

基本生产车间应分配水费 $=2\,000\times2.16=4\,320$（元）

行政管理费用应分配水费 $=500\times2.16=1\,080$（元）

供电车间费用对外分配率 $=\frac{10\,000+1\,000-400}{9\,200+400}=1.1$

基本生产车间应分配电费 $=9\,200\times1.1=10\,120$（元）

行政管理部门应分配电费 $=10\,600-10\,120=480$（元）

会计分录为：

借：制造费用	14 440	
管理费用	1 560	
贷：辅助生产成本——供水		5 400
——供电		10 600

16. 设水的单位成本为 x 元，电的单位成本为 y 元，根据资料，建立以下联立方程组：

$$\begin{cases}(8\,400+1\,500)+30\,000y=9\,000x\\(95\,000+25\,000)+2\,000x=150\,000y\end{cases}$$

解此方程组，得：

$x=3.941\,86$

$y=0.852\,558$

根据 x、y 的值以及各受益单位所耗水和电的数量，分配电费和水费：

编制会计分录如下：

(1) 向各受益单位分配辅助生产费用：

借：制造费用——供水车间	25 576.74	
——供电车间	7 883.72	
——基本生产车间	28 234.88	
基本生产成本——甲产品	85 255.80	
管理费用	16 409.32	
贷：辅助生产成本——供水		35 476.74
——供电		127 883.72

(2) 结转辅助生产车间的制造费用:

借:辅助生产成本——供水　　27 076.74

　　　　　　　——供电　　32 883.72

　贷:制造费用——供水车间　　27 076.74

　　　　　　——供电车间　　32 883.72

17. (1) 供电车间耗水计划成本=1 000×0.55=550(元)

供水车间耗电计划成本=4 000×0.35=1 400(元)

基本车间耗水计划成本=6 500×0.55=3 575(元)

基本车间耗电计划成本=30 000×0.35=10 500(元)

管理部门耗水计划成本=1 500×0.55=825(元)

管理部门耗电计划成本=6 000×0.35=2 100(元)

(2) 供水计划总成本=550+3 575+825=4 950(元)

供电计划总成本=1 400+10 500+2 100=14 000(元)

(3) 供水实际总成本=3 500+1 400=4 900(元)

供电实际总成本=12 400+550=12 950(元)

(4) 供水成本差异=4 900−4 950= −50(元)

供电成本差异=12 950−14 000= −1 050(元)

(5) 借:辅助生产成本——供水　　1 400

　　　　　　　——供电　　550

　制造费用——基本生产车间　　14 075

　管理费用　　2 925

　贷:辅助生产成本——供水　　4 950

　　　　　　　——供电　　14 000

借:管理费用　　1 100

　贷:辅助生产成本——供水　　50

　　　　　　　——供电　　1 050

18. (1) 各受益单位应分配的费用:

供水车间应分配运输费用=2 000×1.2=2 400(元)

运输队应分配水费=1 000×1.1=1 100(元)

基本生产车间应分配水费=8 000×1.1=8 800(元)

基本生产车间应分配运输费=10 000×1.2=12 000(元)

行政管理部门应分配水费=1 000×1.1=1 100(元)

行政管理部门应分配运输费=4 000×1.2=4 800(元)

(2) 辅助生产实际成本:

供水车间实际成本=10 000+2 400=12 400(元)

运输队实际成本=20 000+1 100=21 100(元)

(3) 辅助生产成本差异:

供水车间成本差异=12 400−11 000=1 400(元)

运输队成本差异＝21 100－19 200＝1 900(元)

(4) 编制会计分录如下：

借：制造费用——供水车间　2 400
　　　　　　——运输队　1 100
　　　　　　——基本生产车间　20 800
　　管理费用　5 900
　　贷：辅助生产成本——供水　11 000
　　　　　　　　　　——运输　19 200

借：辅助生产成本——供水　4 400
　　　　　　　　——运输　6 100
　　贷：制造费用——供水车间　4 400
　　　　　　　　——运输队　6 100

借：管理费用　3 300
　　贷：辅助生产成本——供水　1 400
　　　　　　　　　　——运输　1 900

19.(1) 制造费用分配率＝56 000/(20 000＋14 000＋30 000)＝0.875

甲产品应分配的制造费用＝20 000×0.875＝17 500(元)

乙产品应分配的制造费用＝14 000×0.875＝12 250(元)

丙产品应分配的制造费用＝30 000×0.875＝26 250(元)

(2) 会计分录如下：

借：基本生产成本——甲产品　17 500
　　　　　　　　——乙产品　12 250
　　　　　　　　——丙产品　26 250
　　贷：制造费用　56 000

20.(1) 年度计划产量定额工时：

甲产品：19 000×5＝95 000(小时)

乙产品：6 000×7＝42 000(小时)

丙产品：8 000×7.25＝58 000(小时)

定额工时总额为：95 000＋42 000＋58 000＝195 000(小时)

(2) 年度计划分配率：

$$\frac{234\ 000}{195\ 000}=1.2(\text{元/小时})$$

(3) 本月实际产量定额工时：

甲产品：1 800×5＝9 000(小时)

乙产品：700×7＝4 900(小时)

丙产品：500×7.25＝3 625(小时)

(4) 各产品应分配制造费用：

甲产品：9 000×1.2＝10 800(小时)

乙产品：$4\ 900\times1.2=5\ 880$（小时）

丙产品：$3\ 625\times1.2=4\ 350$（小时）

会计分录如下：

借：基本生产成本——甲产品　　10 800
　　　　　　　——乙产品　　5 880
　　　　　　　——丙产品　　4 350
　贷：制造费用　　21 030

21.（1）甲产品的年度计划产量的定额工时$=24\ 000\times4=96\ 000$（小时）

乙产品的年度计划产量的定额工时$=18\ 000\times6=108\ 000$（小时）

$$年度计划分配率=\frac{163\ 200}{96\ 000+108\ 000}=0.8$$

（2）11月份甲产品应分配的制造费用$=0.8\times1\ 200\times4=3\ 840$（元）

11月份乙产品应分配的制造费用$=0.8\times1\ 000\times6=4\ 800$（元）

11月份应分配转出的制造费用$=3\ 840+4\ 800=8\ 640$（元）

借：基本生产成本——甲产品　　3 840
　　　　　　　——乙产品　　4 800
　贷：制造费用——基本生产车间　　8 640

（3）11月份制造费用的月末余额$=-150+9\ 100-8\ 640=310$（元）（借方）

22.（1）$直接材料分配率=\frac{32\ 000}{400}=80$（元/件）

废品应负担的材料费用$=5\times80=400$（元）

$直接人工分配率=\frac{15\ 650}{3\ 130}=5$（元/小时）

废品应负担的人工费用$=30\times5=150$（元）

$制造费用分配率=\frac{18\ 780}{3\ 130}=6$（元/小时）

废品应负担的制造费用$=30\times6=180$（元）

不可修复废品净损失$=400+150+180-140-120=470$（元）

（2）借：废品损失——甲产品　　730
　　贷：基本生产成本——甲产品——直接材料　　400
　　　　　　　　　　　　　　——直接人工　　150
　　　　　　　　　　　　　　——制造费用　　180

借：原材料　　140
　贷：废品损失——甲产品　　140

借：其他应收款　　120
　贷：废品损失——甲产品　　120

借：基本生产成本——甲产品——废品损失　　470
　贷：废品损失——甲产品　　470

23.（1）不可修复废品的定额成本：

直接材料:10×50=500(元)

直接燃料和动力:150×1.50=225(元)

直接人工:150×1.80=270(元)

制造费用:150×1.20=180(元)

不可修复废品净损失:500+225+270+180−80−20=1 075(元)

(2) 会计分录如下:

结转不可修复废品的定额成本:

借:废品损失——B产品　　1 175
　　贷:基本生产成本——B产品——直接材料　　500
　　　　　　　　　　　　　——直接材料和动力　　225
　　　　　　　　　　　　　——直接人工　　270
　　　　　　　　　　　　　——制造费用　　180

残料入库:

借:原材料　　80
　　贷:废品损失——B产品　　80

应收赔款:

借:其他应收款　　20
　　贷:废品损失——B产品　　20

转出废品净损失:

借:基本生产成本——B产品——废品损失　　1 075
　　贷:废品损失——B产品　　1 075

第四章　生产费用在完工产品和在产品之间的分配

一、单项选择题

1	2	3	4	5	6	7	8	9	10
A	B	D	D	B	D	A	B	B	C
11	12	13	14	15	16	17	18	19	20
B	B	A	B	D	C	A	D	B	C

二、多项选择题

1	2	3	4	5	6	7	8	9	10
ABCE	ABCD	ACD	BD	BCD	AD	ABC	BCD	BC	AB

三、判断题

1	2	3	4	5	6	7	8	9	10
√	×	√	×	√	√	√	×	×	×
11	12	13	14	15	16	17	18	19	20
×	×	×	×	×	√	√	√	√	×
21									
×									

四、计算题

1.

产品成本计算单(不计算在产品成本法)

产品名称:A产品　　201×年5月　　单位:元

摘　　要	直接材料	直接人工	直接燃料和动力	制造费用	合计
本月生产费用	7 200	2 400	1 800	800	12 200
本月完工产品成本	7 200	2 400	1 800	800	12 200
完工产品单位成本	36	12	9	4	61

2.

产品成本计算单(在产品按年初数固定计价法)

产品名称:甲产品　　201×年5月　　单位:元

摘　　要	直接材料	直接燃料和动力	直接人工	制造费用	合计
月初在产品成本	3 600	2 400	1 400	1 200	8 600
本月生产费用	7 600	6 400	3 800	2 000	19 800
生产费用合计	11 200	8 800	5 200	3 200	28 400
本月完工产品成本	7 600	6 400	3 800	2 000	19 800
完工产品单位成本	38	32	19	10	99
月末在产品成本	3 600	2 400	1 400	1 200	8 600

3.

产品成本计算单(在产品按所耗直接材料费用计价法)

产品名称:乙产品　　201×年5月　　单位:元

摘　　要	直接材料	直接人工	制造费用	合计
月初在产品成本	40 000			40 000
本月生产费用	210 000	8 500	1 700	220 200

（续表）

摘　要	直接材料	直接人工	制造费用	合计
生产费用累计	250 000	8 500	1 700	260 200
本月完工产品成本	212 500	8 500	1 700	222 700
完工产品单位成本	250	10	2	262
月末在产品成本	37 500			37 500

4.

产品成本计算单(在产品按所耗直接材料费用计价法)

产品名称:甲产品　　201×年 5 月　　单位:元

摘　要	直接材料	直接人工	制造费用	合计
月初在产品成本	52 400			
本月生产费用	100 000	4 000	6 000	110 000
生产费用累计	152 400	4 000	6 000	162 000
本月完工产品成本	127 000	4 000	6 000	137 000
完工产品单位成本	127	4	6	137
月末在产品成本	25 400			25 400

5.

(1) 原材料随加工进度陆续投入，其投料程度与工时投入进度不一致。

投料度和约当产量计算表

工序	各工序直接材料定额	投料率	在产品数量	在产品约当产量
1	240	240×50%/500=24%	200	48
2	260	(240+260×50%)/500=74%	150	111
合计	500	—	350	159

(2) 原材料随加工进度分工序投入，但在每一道工序则是在开始时一次投入。

投料度和约当产量计算表

工序	各工序直接材料定额	投料率	在产品数量	在产品约当产量
1	240	240/500=48%	200	96
2	260	(240+260)/500=100%	150	150
合计	500	—	350	246

6.

各工序的完工率和约当产量计算表

工序	工时定额	完工率	在产品数量	约当产量
1	32	(32×50%)/100=16%	250	40
2	40	(32+40×50%)/100=52%	360	187.20
3	28	(32+40+28×50%)/100=86%	160	137.60
合计	100	—	770	364.80

7.

投料率和约当产量计算表

工序	各工序直接材料定额	投料率	在产品数量	在产品约当产量
1	280	280/560=50%	60	30
2	168	448/560=80%	70	56
3	112	560/560=100%	30	30
合计	560		160	116

完工率和约当产量计算表

工序	各工序工时定额	完工率	在产品数量	在产品约当产量
1	80	80×50%/300=13%	60	7.8
2	160	(80+160×50%)/300=53%	70	37.1
3	60	(80+160+60×50%)/300=90%	30	27
合计	300		160	71.9

8.

产品成本计算单

摘　　要	直接材料	直接人工	制造费用	合计
月初在产品费用	21 000	4 010	2 035	27 045
本月生产费用		3 801	1 603	5 404
生产费用合计	21 000	7 811	3 638	32 449
完工产品数量	600	600	600	—
在产品约当产量	900	470	470	—
约当总产量	1 500	1 070	1 070	—
分配率	14	7.3	3.4	24.7
完工产品成本	8 400	4 380	2 040	14 820
月末在产品成本	12 600	3 431	1 598	17 629

9.

产品成本计算单(在产品按完工产品计算法)　　单位:元

摘要	直接材料	直接人工	制造费用	合计
生产费用累计	25 600	5 600	6 400	37 600
费用分配率	32	7	8	47
完工产品成本	19 200	4 200	4 800	28 200
月末在产品成本	6 400	1 400	1 600	9 400

10.

产品成本计算单(在产品按定额成本计价法)　　单位:元

项目	直接材料	直接人工	制造费用	合计
生产费用合计	54 500	28 500	13 200	96 200
月末在产品定额成本	7 200	8 000	3 600	18 800
完工产品成本	47 300	20 500	9 600	77 400

11.

(1) 在产品定额工时＝4×50%×80＋(4＋2×50%)×70＝510(小时)

(2) 在产品各项费用:

直接材料＝(80＋70)×50＝7 500(元)

直接人工＝510×4＝2 040(元)

制造费用＝510×3＝1 530(元)

在产品定额成本＝7 500＋2 040＋1 530＝11 070(元)

(3) 完工产品各项费用:

直接材料＝22 300－7 500＝14 800(元)

直接人工＝9 200－2 040＝7 160(元)

制造费用＝7 000－1 530＝5 470(元)

完工产品成本＝14 800＋7 160＋5 470＝27 430(元)

12.

(1) 直接材料的分配率＝$\frac{3\,000+8\,000}{8\,000+2\,000}=1.1$

完工产品直接材料＝8 000×1.1＝8 800(元)

在产品直接材料＝2 000×1.1＝2 200(元)

(2) 直接人工的分配率＝$\frac{1\,000+4\,000}{3\,000+1\,000}=1.25$

完工产品直接人工＝3 000×1.25＝3 750(元)

在产品直接人工＝1 000×1.25＝1 250(元)

(3) 制造费用的分配率＝$\frac{1\,500+6\,500}{3\,000+1\,000}=2$

完工产品制造费用＝3 000×2＝6 000(元)

在产品制造费用＝1 000×2＝2 000(元)

完工产品成本＝8 800＋3 750＋6 000＝18 550(元)

在产品成本＝2 200＋1 250＋2 000＝5 450(元)

13.

(1) 完工产品定额原材料＝100×80＝8 000(元)

完工产品定额工时＝100×40＝4 000(小时)

(2) 月末在产品定额材料＝3 000＋7 000－8 000＝2 000(元)

月末在产品定额工时＝2 000＋3 000－4 000＝1 000(小时)

(3) 材料分配率＝$\frac{3\,500+7\,500}{8\,000+2\,000}$＝1.1

完工产品中材料费用＝8 000×1.1＝8 800(元)

在产品中材料费用＝2 000×1.1＝2 200(元)

(4) 人工费用分配率＝$\frac{2\,500+3\,500}{4\,000+1\,000}$＝1.2

完工产品中人工费用＝4 000×1.2＝4 800(元)

在产品中人工费用＝1 000×1.2＝1 200(元)

(5) 制造费用分配率＝$\frac{1\,500+2\,500}{4\,000+1\,000}$＝0.8

完工产品中制造费用＝4 000×0.8＝3 200(元)

在产品中制造费用＝1 000×0.8＝800(元)

(6) 完工产品成本＝8 800＋4 800＋3 200＝16 800(元)

在产品成本＝2 200＋1 200＋800＝4 200(元)

五、实训题

生产费用在完工产品和月末在产品之间的分配。

(1)

乙产品成本计算单

(约当产量法)　　单位:元

摘　要	直接材料	直接燃料和动力	直接人工	制造费用	合 计
月初在产品成本	4 680	230	970	600	6 480
本月生产费用	43 460	3 170	5 880	2 300	54 810
合　计	48 140	3 400	6 850	2 900	61 290
约当总产量	100	90	90	90	
分配率	481.40	37.777 8	76.111 1	32.222 2	627.51
完工产品成本(80 件)	38 512	3 022.22	6 088.89	2 577.78	50 200.89
月末在产品成本(20 件)	9 628	377.78	761.11	322.22	11 089.11

注:本题中的燃料动力项目假设动力费占主要部分,采用与人工制造费用一样的分配方法,若是燃料占主体并且是一次投入时,也可采用与直接材料一样的分配方法。

借：库存商品——乙产品　　50 200.89

　　贷：基本生产成本——乙产品　　50 200.89

（2）

乙产品成本计算单

（在产品按定额成本计价法）　　单位：元

摘　要	直接材料	直接燃料和动力	直接人工	制造费用	合 计
月初在产品成本	4 680	230	970	600	6 480
本月生产费用	43 460	3 170	5 880	2 300	54 810
合　计	48 140	3 400	6 850	2 900	61 290
完工产品成本(80 件)	38 740	3 000	6 010	2 540	50 290
月末在产品成本(20 件)	9 400	400	840	360	11 000

借：库存商品——乙产品　　50 290

　　贷：基本生产成本——乙产品　　50 290

（3）

乙产品成本计算单

（定额比例法）　　单位：元

摘　要		直接材料	直接燃料和动力	直接人工	制造费用	合 计
月初在产品成本		4 680	230	970	600	6 480
本月生产费用		43 460	3 170	5 880	2 300	54 810
合　　计		48 140	3 400	6 850	2 900	61 290
完工产品成本(80 件)	定额成本	37 600	2 880	5 600	2 480	48 560
	实际成本	38 513.68	2 985.41	5 956.72	2 532.33	49 988.14
月末在产品成本(20 件)	定额成本	9 400	400	840	360	11 000
	实际成本	9 626.32	414.59	893.28	367.67	11 301.86
分配率		1.024 3	1.036 6	1.063 7	1.021 1	

借：库存商品——乙产品　　49 988.14

　　贷：基本生产成本——乙产品　　49 988.14

（4）

乙产品成本计算单

（按年初数固定计算法）　　单位：元

摘　要	直接材料	直接燃料和动力	直接人工	制造费用	合 计
月初在产品成本	4 680	230	970	600	6 480
本月生产费用	43 460	3 170	5 880	2 300	54 810
合　　计	48 140	3 400	6 850	2 900	61 290
完工产品成本(80 件)	43 460	3 170	5 880	2 300	54 810
月末在产品成本(20 件)	4 680	230	970	600	6 480

借：库存商品——乙产品　　54 810

　　贷：基本生产成本——乙产品　　54 810

（5）　　乙产品成本计算单

（在产品按所耗直接材料费用计价法）　　单位:元

摘　要	直接材料	直接燃料和动力	直接人工	制造费用	合 计
月初在产品成本	4 680				4 680
本月生产费用	43 460	3 170	5 880	2 300	54 810
合　　计	48 140	3 170	5 880	2 300	59 490
约当产量	80＋20				
分配率	481.40				
完工产品成本(80 件)	38 512	3 170	5 880	2 300	49 862
月末在产品成本(20 件)	9 628				9 628

借：库存商品——乙产品　　49 862

　　贷：基本生产成本——乙产品　　49 862

第五章　产品成本计算方法概述

一、单项选择题

1	2	3	4	5	6	7	8
C	C	A	B	D	D	B	A

二、多项选择题

1	2	3	4	5
BD	ABC	AB	BCD	AD

三、判断题

1	2	3	4	5	6	7	8	9	10	11
×	√	×	√	×	√	√	√	×	√	×

第六章　产品成本计算的基本方法

一、单项选择题

1	2	3	4	5	6	7	8	9	10
C	A	D	A	C	D	C	D	A	D
11	12	13	14	15	16	17	18	19	20
D	A	D	B	D	C	A	D	B	B
21	22	23	24						
C	C	B	A						

二、多项选择题

1	2	3	4	5	6	7	8	9	10
BC	AC	ABCD	AC	ABCD	ABC	AB	ABCD	ABCD	AC
11	12	13	14	15	16	17	18	19	20
ACD	CD	AC	ACD	ABC	ABCD	BCD	BC	CD	ACD

三、判断题

1	2	3	4	5	6	7	8	9	10
√	×	×	×	×	×	√	√	√	×
11	12	13	14	15	16	17	18	19	20
×	√	√	√	×	×	√	×	√	√
21	22	23	24	25	26	27	28	29	30
√	√	×	√	×	×	√	√	√	×
31	32	33	34	35	36	37	38	39	40
×	×	×	√	√	√	√	×	×	√
41	42	43	44	45	46	47	48	49	50
√	√	√	×	√	√	×	√	√	√
51	52	53	54	55					
√	√	×	√	×					

四、计算题

（一）品种法

（1）分配材料费用。

材料费用分配表

201×年8月　　　　单位：元

会计科目	明细科目	原材料	包装物	低值易耗品	合计
基本生产成本	甲产品	440 000	1 600		441 600
	乙产品	280 000	800		280 800
	小计	720 000	2 400		722 400
辅助生产成本	供电车间	209 441			209 441
	机修车间	1 200			1 200
	小计	210 641			210 641
制造费用	基本生产车间	157 184		100	157 284
管理费用	修理费	1 200		400	1 600
合　计		1 089 025	2 400	500	1 091 925

根据材料费用分配表,编制发出材料的会计分录如下:

借:基本生产成本——甲产品　441 600
　　　　　　　——乙产品　280 800
　辅助生产成本——供电车间　209 441
　　　　　　　——机修车间　1 200
　制造费用——基本生产车间　157 284
　管理费用——修理费　1 600
　贷:原材料　1 089 025
　　周转材料——包装物　2 400
　　　　　　——低值易耗品　500

(2) 分配职工薪酬费用。

职工薪酬分配表

201×年8月　　单位:元

分配对象		直接计入	分配计入			工资合计
会计科目	明细科目		生产工时	分配率	分配额	
基本生产成本	甲产品	139 660	100 000		220 000	359 660
	乙产品	42 000	50 000	2.2	110 000	152 000
	小计	181 660	150 000	2.2	330 000	511 660
辅助生产成本	供电车间	65 150				65 150
	机修车间	57 000				57 000
	小计	122 150				122 150
制造费用	基本生产车间	50 776				50 776
管理费用	工资	132 570				132 570
合　计		487 156			330 000	817 156

根据职工薪酬分配表,编制职工薪酬分配业务的会计分录如下:

借:基本生产成本——甲产品　359 660
　　　　　　　——乙产品　152 000
　辅助生产成本——供电车间　65 150
　　　　　　　——机修车间　57 000
　制造费用——基本生产车间　50 776
　管理费用——工资　132 570
　贷:应付职工薪酬　817 156

(3) 各项货币支出。

其他费用分配表

201×年 8 月　　　　　　　　单位：元

会计科目	明细科目	金额
制造费用	基本生产车间	7 315
辅助生产成本	供电车间	2 444
	机修车间	880
管理费用	办公费	1 562
	水费	1 200
	招待费	2 800
	其他	1 000
合计		17 201

根据其他费用分配表，编制会计分录如下：

借：制造费用——基本生产车间　　7 315
　　辅助生产成本——供电车间　　2 444
　　　　　　　　——机修车间　　880
　　管理费用　　6 562
　　贷：银行存款　　17 201

（4）计提固定资产折旧费用。

折旧费用计算表

201×年 8 月　　　　　　　　单位：元

会计科目	明细科目	费用项目	分配金额
制造费用	基本生产车间	折旧费	11 195
辅助生产成本	供电车间	折旧费	2 800
	机修车间	折旧费	4 600
管理费用	折旧费	折旧费	6 600
合计			25 195

根据折旧计算表，编制计提折旧的会计分录如下：

借：制造费用——基本生产车间　　11 195
　　辅助生产成本——供电车间　　2 800
　　　　　　　　——机修车间　　4 600
　　管理费用——折旧费　　6 600
　　贷：累计折旧　　25 195

（5）根据上述分录登记辅助生产成本明细账，并分配辅助生产成本。

辅助生产成本明细账

车间名称:供电车间　　　　　　　　　　　　　　　　单位:元

201×年 月	日	凭证字号	摘　　要	材料费	职工薪酬	折旧费	办公费	修理费	运输费	其他	合计	转出
8	31	(略)	材料费用分配表	209 441							209 441	
	31		工资分配表		65 150						65 150	
	31		货币支出				144		2 000	300	2 444	
	31		计提折旧费			2 800					2 800	
	31		机修转入					4 000			4 000	
	31		结转各受益部门									280 120
	31		结转差异									3 715
	31		本月合计	206 841	65 160	2 800	144	4 000	2 000	300	283 835	283 835

辅助生产成本明细账

车间名称:机修车间　　　　　　　　　　　　　　　　单位:元

201×年 月	日	凭证字号	摘　　要	材料费	职工薪酬	折旧费	办公费	电费	其他	合计	转出
8	31	(略)	材料费用分配表	1 200						1 200	
	31		工资分配表		57 000					57 000	
	31		货币支出				200		680	880	
	31		计提折旧费			4 600				4 600	
	31		供电车间转入					1 500		1 500	
	31		结转各受益部门								65 000
	31		结转差异								180
	31		本月合计	1 200	57 000	4 600	200	1 500	680	65 180	65 180

辅助生产费用分配表

201×年 8 月　　　　　　　　　　　　　　　　单位:元

受益部门		供电(单位成本 0.5 元)		机修(单位成本 10 元)	
		用电度数	计划成本	机修工时	计划成本
供电车间				400	4 000
机修车间		3 000	1 500		
基本生产车间	产品生产	541 240	270 620		
	一般耗费	6 000	3 000	5 000	50 000

（续表）

受益部门	供电（单位成本0.5元）		机修（单位成本10元）	
	用电度数	计划成本	机修工时	计划成本
厂部管理部门	10 000	5 000	1 100	11 000
合　计	560 240	280 120	6 500	65 000
实际成本		283 835		65 180
成本差异		3 715		180

产品生产用电分配表

201×年8月　　　　单位：元

产　品	机器工时（小时）	分配率	分配金额
甲产品	42 385		169 540
乙产品	25 270		101 080
合　计	67 655	4	270 620

根据辅助生产费用分配表，编制会计分录如下：

借：辅助生产成本——供电车间　　4 000
　　　　　　　　——机修车间　　1 500
　基本生产成本——甲产品　　169 540
　　　　　　　——乙产品　　101 080
　制造费用——基本生产车间　　53 000
　管理费用　　16 000
　贷：辅助生产成本——供电车间　　280 120
　　　　　　　　　——机修车间　　65 000

结转辅助生产成本差异，为了简化成本计算工作，成本差异全部计入管理费用：

借：管理费用　　3 895
　贷：辅助生产成本——供电车间　　3 715
　　　　　　　　　——机修车间　　180

（6）分配制造费用。

根据各项要素费用分配表及编制的会计分录，登记制造费用明细账。

制造费用明细账

车间名称：基本生产车间　　　　单位：元

201×年		凭证字号	摘　要	材料费	职工薪酬	折旧费	办公费	运输费	水电费	修理费	其他	合计
月	日											
8	31	（略）	材料费用分配表	157 284								157 284
	31		工资分配表		50 776							50 776
	31		各项货币支出				315	5 000			2 000	7 315

（续表）

201×年		凭证字号	摘　　要	材料费	职工薪酬	折旧费	办公费	运输费	水电费	修理费	其他	合计
月	日											
	31		计提折旧			11 195						11 195
	31		辅助生产费用						3 000	50 000		53 000
	31		本月合计	157 284	50 776	11 195	315	5 000	3 000	50 000	2 000	279 570
	31		结转制造费用	157 284	50 776	11 195	315	5 000	3 000	50 000	2 000	279 570

按甲、乙两种产品的生产工时比例分配制造费用，分配结果见下表。

制造费用分配表

车间名称：基本生产车间　　　　单位：元

产　品	生产工时	分配率	分配金额
甲产品	100 000		186 380
乙产品	50 000		93 190
合　计	150 000	1.863 8	279 570

根据制造费用分配表，编制会计分录如下：

借：基本生产成本——甲产品　　186 380

　　　　　　　　——乙产品　　93 190

　贷：制造费用——基本生产车间　　279 570

（7）在完工产品与在产品之间分配生产费用。

根据各项要素费用分配表及编制的会计分录，登记有关基本生产成本明细账。

根据各产品成本计算单归集的生产费用合计数和有关生产数量记录，在完工产品和月末在产品之间分配生产费用。

基本生产成本明细账

产品名称：甲产品　　　　单位：元

201×年		凭证字号	摘　要	直接材料	直接燃料和动力	直接人工	制造费用	合计
月	日							
7	31	（略）	月末在产品成本	110 400	20 760	44 040	17 120	192 320
8	31		材料费用分配表	441 600				441 600
	31		工资费用分配表			359 660		359 660
	31		生产用电分配表		169 540			169 540
	31		制造费用分配表				186 380	186 380
	31		本月合计	552 000	190 300	403 700	203 500	1 349 500
	31		结转完工产品成本	460 000	173 000	367 000	185 000	1 185 000
	31		月末在产品成本	92 000	17 300	36 700	18 500	164 500
	31		完工产品单位成本	920	346	734	370	2 370

月末在产品约当产量计算情况见下表。

在产品约当产量计算表

产品名称:甲产品　　　　　　　　　　　　　　　　　　　　单位:件

成本项目	在产品数量	投料程度(加工程度)	约当产量
直接材料	100	100%	100
直接燃料和动力	100	50%	50
直接人工	100	50%	50
制造费用	100	50%	50

基本生产成本明细账

产品名称:乙产品　　　　　　　　　　　　　　　　　　　　单位:元

201×年		凭证字号	摘　要	直接材料	直接燃料和动力	直接人工	制造费用	合计
月	日							
7	31	(略)	月末在产品成本	93 600	15 960	24 000	18 350	151 910
8	31		材料费用分配表	280 800				280 800
	31		工资费用分配表			152 000		152 000
	31		生产用电分配表		101 080			101 080
	31		制造费用分配表				93 190	93 190
	31		本月合计	374 400	117 040	176 000	111 540	778 980
	31		结转完工产品成本	312 000	106 400	160 000	101 400	679 800
	31		月末在产品成本	62 400	10 640	16 000	10 140	99 180
			完工产品单位成本	1 560	532	800	507	3 399

月末在产品约当产量计算情况见下表。

在产品约当产量计算表

产品名称:乙产品　　　　　　　　　　　　　　　　　　　　单位:件

成本项目	在产品数量	投料程度(加工程度)	约当产量
直接材料	40	100%	40
直接燃料和动力	40	50%	20
直接人工	40	50%	20
制造费用	40	50%	20

(8) 编制完工产品成本汇总表。

根据分配结果,编制完工产品成本汇总表,并据以结转完工产品成本。

完工产品成本汇总表

201×年8月　　　　单位:元

成本项目	甲产品(500件)		乙产品(200件)	
	总成本	单位成本	总成本	单位成本
直接材料	460 000	920	312 000	1 560
直接燃料和动力	173 000	346	106 400	532
直接人工	367 000	734	160 000	800
制造费用	185 000	370	101 400	507
合计	1 185 000	2 370	679 800	3 399

根据完工产品成本汇总表或成本计算单及成品入库单,结转完工入库产品的生产成本。编制会计分录如下:

借:库存商品——甲产品　　1 185 000
　　　　　——乙产品　　679 800
　贷:基本生产成本——甲产品　　1 185 000
　　　　　　　——乙产品　　679 800

(二)一般分批法

1.

产品成本明细账

产品批号:501　　　　开工日期:5月
产品名称:甲产品　　批量:10台　　完工日期:

201×年 月	日	凭证字号	摘　要	直接材料	直接人工	制造费用	合　计
5	31	(略)	5月份成本合计	3 360	3 105	2 748.5	9 213.5
	31		完工6台转出成本	2 016	2 328.75	2 061.38	6 406.13
	31		完工产品单位成本	336	388.13	343.56	1 067.69
	31		5月份在产品	1 344	776.25	687.12	2 807.37

产品成本明细账

产品批号:502　　　　开工日期:5月
产品名称:乙产品　　批量:10台　　完工日期:

201×年 月	日	凭证字号	摘　要	直接材料	直接人工	制造费用	合　计
5	31	(略)	5月份成本合计	4 600	2 295	2 031.5	8 926.5
			2台计划成本转出	920	700	480	2 100
			5月末在产品成本	3 680	1 595	1 551.5	6 826.5
			单位成本	460	350	240	1 050

2.

(1) 见本题(5)答案。

(2) 借：基本生产成本——501 批乙产品　　79 200

　　贷：原材料　　79 200

(3)

直接人工费用分配表

单位：元

产　品	生产工时	分配工人工资		分配福利费		合　计
		分配率	分配金额	计提比例	分配金额	
401 批产品	1 600		15 200		2 128	17 328
402 批产品	8 000		76 000		10 640	86 640
501 批产品	880		8 360		1 170.4	9 530.4
合　计	10 480	9.5	99 560	14%	13 938.4	113 498.4

会计分录如下：

借：基本生产成本——401 批甲产品　　15 200

　　　　　　　——402 批丙产品　　76 000

　　　　　　　——501 批乙产品　　8 360

　贷：应付职工薪酬　　99 560

借：基本生产成本——401 批甲产品　　2 128.00

　　　　　　　——402 批丙产品　　10 640.00

　　　　　　　——501 批乙产品　　1 170.40

　贷：应付职工薪酬　　13 938.40

(4)

制造费用分配表

单位：元

产　品	生 产 工 时	分 配 率	分 配 金 额
401 批产品	1 600		13 600
402 批产品	8 000		68 000
501 批产品	880		7 480
合计	10 480	8.5	89 080

会计分录如下：

借：基本生产成本——401 批甲产品　　13 600

　　　　　　　——402 批丙产品　　68 000

　　　　　　　——501 批乙产品　　7 480

　贷：制造费用　　89 080

(5)

产品成本明细账

产品批号:401　　　　　　　　　　　　　　开工日期:4月
产品名称:甲产品　　　　批量:20件　　　　完工日期:4月

201×年 月	日	凭证字号	摘　要	直接材料	直接人工	制造费用	合　计
4	30	(略)	月初在产品成本	16 800	5 000	4 800	26 600
5	31		本月生产费用		17 328	13 600	30 928
	31		(完工产品总成本)	16 800	22 328	18 400	57 528
	31		完工产品单位成本	840	1 116.4	920	2 876.4

产品成本明细账

产品批号:402　　　　　　　　　　　　　　开工日期:4月
产品名称:丙产品　　　　批量:30件　　　　完工日期:

201×年 月	日	凭证字号	摘　要	直接材料	直接人工	制造费用	合　计
4	30	(略)	月初在产品成本	24 000	6 800	5 200	36 000
5	31		本月生产费用		86 640	68 000	154 640
	31		生产费用合计(月末在产品成本)	24 000	93 440	73 200	190 640

产品成本明细账

产品批号:501　　　　　　　　　　　　　　开工日期:5月
产品名称:乙产品　　　　批量:12件　　　　完工日期:

201×年 月	日	凭证字号	摘　要	直接材料	直接人工	制造费用	合　计
5	31	(略)	本月生产费用	79 200	9 530.4	7 480	96 210.4
	31		完工产品单位定额成本	6 600	825	700	8 125
	31		完工产品定额总成本	13 200	1 650	1 400	16 250
	31		月末在产品成本	66 000	7 880.4	6 080	79 960.4

会计分录如下:

借:库存商品——401批甲产品　　57 528
　　　　　——501批乙产品　　16 250
　贷:基本生产成本——401批甲产品　　57 528
　　　　　　　——501批乙产品　　16 250

（三）简化的分批法

1.

(1) 计算累计间接计入费用分配率：

全部产品累计工时＝8 750＋12 152＋2 028＝22 930(小时)

直接人工分配率＝366 880÷22 930＝16(元/小时)

制造费用分配率＝275 160÷22 930＝12(元/小时)

(2) 甲产品各批完工产品成本。

甲产品完工成本计算表

单位:元

批　别	直接材料	工时(小时)	直接人工	制造费用	成本合计
1023	79 750	8 750	140 000	105 000	324 750
2011	72 500	8 680	138 880	104 160	315 540

2.

基本生产成本二级账

金额:元

201×年		摘　　要	直接材料	生产工时	直接人工	制造费用	合　计
月	日						
8	31	本月累计	57 800	38 820	504 660	419 256	981 716
	31	分配率			13	10.8	
	31	完工转出	27 600	23 020	299 260	248 616	575 476
	31	月末在产品	30 200	15 800	205 400	170 640	406 240

基本生产成本明细账

开工日期:7月

产品批号:7720＃

完工日期:8月

产品名称:甲产品　　　　批量:8件　　　　单位:元

201×年		摘　　要	直接材料	生产工时	直接人工	制造费用	合　计
月	日						
7	31	本月累计	18 000	4 000			
8	31	本月发生		5 020			
	31	本月累计	18 000	9 020			
	31	分配率			13	10.8	
	31	完工转出	18 000	9 020	117 260	97 416	232 676

基本生产成本明细账

开工日期:7月
完工日期:8月完工4件
产品批号:7721#
产品名称:甲产品　　　　批量:10件　　　　单位:元

201×年		摘　　要	直接材料	生产工时	直接人工	制造费用	合　计
月	日						
7	31	本月累计	24 000	1 500			
8	31	本月发生		20 000			
	31	本月累计	24 000	21 500			
	31	分配率			13	10.8	
	31	完工分配费用		14 000	182 000	151 200	
	31	完工转出	9 600	14 000	182 000	151 200	342 800
	31	月末在产品	14 400	7 500			

注:表中的直接材料,采用约当产量法进行分配,完工转出的成本=(24 000÷10)×4=9 600(元)

基本生产成本明细账

开工日期:8月
完工日期:8月投产,尚未完工
产品批号:7822#
产品名称:丙产品　　　　批量:5件　　　　单位:元

201×年		摘　　要	直接材料	生产工时	直接人工	制造费用	合　计
月	日						
8	31	本月累计	5 600	3 200			

基本生产成本明细账

开工日期:8月
完工日期:
产品批号:7823#
产品名称:丁产品　　　　批量:15件　　　　单位:元

201×年		摘　　要	直接材料	生产工时	直接人工	制造费用	合　计
月	日						
8	31	本月累计	5 200	3 000			

基本生产成本明细账

开工日期:8月
完工日期:
产品批号:7824#
产品名称:戊产品　　　　批量:12件　　　　单位:元

201×年		摘　　要	直接材料	生产工时	直接人工	制造费用	合　计
月	日						
8	31	本月累计	5 000	2 100			

（四）逐步结转分步法

1.

基本生产成本明细账

车间名称：第一车间

产品名称：A半成品　　　　单位：元

201×年 月	日	凭证字号	摘　　要	直接材料	直接人工	制造费用	合　计
3	1	（略）	月初在产品成本	11 160	1 440	1 700	14 300
	31		本月生产费用	148 340	23 808	24 600	196 748
3	31		生产费用合计	159 500	25 248	26 300	211 048
	31		约当产量	1 100	1 052	1 052	
	31		单位成本	145	24	25	194
	31		完工A半成品成本	142 100	23 520	24 500	190 120
	31		月末在产品成本	17 400	1 728	1 800	20 928

基本生产成本明细账

车间名称：第二车间

产品名称：B半成品　　　　单位：元

201×年 月	日	凭证字号	摘　　要	A半成品	直接人工	制造费用	合　计
3	1	（略）	月初在产品成本	15 080	7 400	9 760	32 240
3	31		本月生产费用	190 120	46 600	85 280	322 000
	31		生产费用合计	205 200	54 000	95 040	354 240
	31		约当产量	1 140	1 080	1 080	
	31		单位成本	180	50	88	318
	31		完工B半成品成本	183 600	51 000	89 760	324 360
	31		月末在产品成本	21 600	3 000	5 280	29 880

基本生产成本明细账

车间名称：第三车间

产品名称：甲产成品　　　　单位：元

201×年 月	日	凭证字号	摘　　要	B半成品	直接人工	制造费用	合　计
3	1	（略）	月初在产品成本	12 040	5 600	7 000	24 640
3	31		本月生产费用	324 360	24 100	24 900	373 360

（续表）

201×年		凭证字号	摘　　要	B半成品	直接人工	制造费用	合　计
月	日						
	31		生产费用合计	336 400	29 700	31 900	398 000
	31		约当产量	1 160	1 100	1 100	
	31		单位成本	290	27	29	346
	31		完工产品成本	307 400	28 620	30 740	366 760
	31		月末在产品成本	29 000	1 080	1 160	31 240

甲产品成本还原计算表　　单位：元

项　　目	还原率	直接材料			直接人工	制造费用	合计
		B半成品	A半成品	直接材料			
还原前甲产品成本		307 400			28 620	30 740	366 760
B半成品成本			183 600		51 000	89 760	324 360
第一次成本还原	0.947 712 418	－307 400	174 000		48 333.33	85 066.67	307 400
A半成品成本				142 100	23 520	24 500	190 120
第二次成本还原	0.915 211 445		－174 000	130 051.55	21 525.77	22 422.68	174 000
还原后甲产品成本				130 051.55	98 479.1	138 229.35	366 760

2.

产品成本还原计算表

产品名称：甲产品　　单位：元

摘　　要	成 本 项 目						
	B半成品	A半成品	直接材料	燃料动力	直接人工	制造费用	合计
还原前完工产品总成本	38 896			5 600	3 840	2 720	51 056
本月所产B半成品的成本构成		37 050		3 510	3 250	1 950	45 760
B半成品成本还原	－38 896	31 492.5		2 983.5	2 762.5	1 657.5	38 896
本月所产A半成品的成本构成			21 500	9 000	8 100	4 500	43 100
A半成品成本还原		－31 492.5	15 709.72	6 576.16	5 918.54	3 288.08	31 492.5
还原后完工产品总成本			15 709.72	15 159.66	12 521.04	7 665.58	51 056

3. 企业本月发生生产费用已经归集在各车间基本生产成本明细账上，各车间基本生产成本明细账如下。

基本生产成本明细账

车间名称:第一车间

产品名称:A半成品　　　　单位:元

201×年		凭证字号	摘　　要	直接材料	直接人工	制造费用	合　计
月	日						
6	1	(略)	月初在产品成本	11 160	1 440	1 700	14 300
6	30		本月生产费用	148 340	23 808	24 600	196 748
	30		合计	159 500	25 248	26 300	211 048
	30		单位产品成本	145	24	25	194
	30		完工半成品成本	142 100	23 520	24 500	190 120
	30		月末在产品成本	17 400	1 728	1 800	20 928

第一车间基本生产成本计算为:

直接材料=159 500÷(980+120)=145(元)

直接人工=25 248÷(980+120×60%)=24(元)

制造费用=11 210÷(240+120×60%)=25(元)

基本生产成本明细账

车间名称:第二车间

产品名称:B半成品　　　　单位:元

201×年		凭证字号	摘　　要	直接材料	直接人工	制造费用	合　计
月	日						
6	1	(略)	月初在产品成本	15 080	7 400	9 760	32 240
	30		上步骤转入费用	142 100	23 520	24 500	190 120
	30		本月本步生产费用		46 600	85 280	131 880
	30		合计	157 180	77 520	119 540	354 240
	30		单位产品成本	137.88	71.78	110.69	320.35
	30		完工半成品成本	140 637.6	73 215.6	112 903.8	326 757
	30		月末在产品成本	16 542.4	4 304.4	6 636.2	27 483

第二车间基本生产成本计算为:

直接材料=157 180÷(1 020+120)=137.88(元)

直接人工=77 520÷(1 020+120×50%)=71.78(元)

制造费用=119 540÷(1 020+120×50%)=110.69(元)

基本生产成本明细账

车间名称：第三车间

产品名称：乙产品　　　　　　　　　　　　　　　　　　　　　　　　单位：元

201×年		凭证字号	摘　　要	直接材料	直接人工	制造费用	合　计
月	日						
6	1	（略）	月初在产品成本	12 040	5 600	7 000	24 640
	30		上步骤转入费用	140 637.6	73 215.6	112 903.8	326 757
	30		本月本步生产费用		24 100	24 900	49 000
	30		合计	152 677.6	102 915.6	144 803.8	400 397
	30		单位产品成本	131.62	93.56	131.64	356.82
	30		完工产成品成本	139 517.2	99 173.6	139 538.4	378 229.2
	30		月末在产品成本	13 160.4	3 742	5 265.4	22 167.8

第三车间基本生产成本的计算为：

直接材料＝152 677.6÷（1 060＋100）＝131.62（元）

直接人工＝102 915.6÷（1 060＋100×40％）＝93.56（元）

制造费用＝144 803.8÷（1 060＋100×40％）＝131.64（元）

4.

基本生产成本明细账

车间名称：第一车间

产品名称：乙半成品　　　　　　　　　　　　　　　　　　　　　　　单位：元

201×年		凭证字号	摘　　要	直接材料	直接人工	制造费用	合　计
月	日						
6	1	（略）	月初在产品	92 800	25 000	15 000	132 800
	30		本月发生费用	223 200	89 000	77 000	389 200
	30		本月生产费用合计	316 000	114 000	92 000	522 000
	30		单位成本	1 800	700	600	3 100
	30		完工产品成本	216 000	84 000	72 000	372 000
	30		月末在产品成本	100 000	30 000	20 000	150 000

自制半成品明细账（简化）

计划单价：3 200 元

产品名称：乙半产品　　　　　　　　　　　　　　　　　　　　　　　金额单位：元

月　　份		6	7
月初结存	数量	30	40
	计划成本	96 000	128 000
	实际成本	94 890	124 504

（续表）

月　份		6	7
本月增加	数量	120	
	计划成本	384 000	
	实际成本	372 000	
合计	数量	150	
	计划成本	480 000	
	实际成本	466 890	
	成本差异	−13 110	
	差异率(%)	−2.731 25%	
本月减少	数量	110	
	计划成本	352 000	
	实际成本	342 386	

基本生产成本明细账

车间名称:第二车间

产品名称:乙产品　　　　单位:元

201×年		凭证字号	摘　要	自制半成品			直接人工	制造费用	合　计
月	日			计划成本	成本差异	实际成本			
6	1	（略）	月初在产品	95 178	—	95 178	15 000	8 000	118 178
	30		本月发生费用	352 000	−9 614	342 386	65 600	64 800	472 786
	30		本月生产费用合计	447 178	−9 614	437 564	80 600	72 800	590 964
	30		完工产品成本	327 178	−9 614	317 564	57 600	57 800	432 964
	30		月末在产品成本	120 000		120 000	23 000	15 000	158 000

（五）平行结转分步法

1.（1）第Ⅰ步骤月末广义在产品约当产量：

直接材料:200＋40＋50＋30＋20＝340(件)

直接人工:200×50%＋40＋50＋30＋20＝240(件)

制造费用:200×50%＋40＋50＋30＋20＝240(件)

约当总产量(直接材料)＝500＋340＝840(件)

约当总产量(加工成本)＝500＋240＝740(件)

第Ⅱ步骤月末广义在产品约当产量：

直接人工:50×50%＋30＋20＝75(件)

制造费用:50×50%＋30＋20＝75(件)

约当总产量(加工成本)＝500＋75＝575(件)

第Ⅲ步骤月末广义在产品约当产量：

直接人工：20×50%＝10(件)

制造费用：20×50%＝10(件)

约当总产量(加工成本)＝500＋10＝510(件)

(2) 第Ⅰ步骤月末广义在产品约当产量：

直接材料：200＋40＋50×2＋30×2＋20×2×2＝480(件)

直接人工：200×50%＋40＋50×2＋30×2＋20×2×2＝380(件)

制造费用：200×50%＋40＋50×2＋30×2＋20×2×2＝380(件)

约当总产量(直接材料)＝500×2×2＋480＝2 480(件)

约当总产量(加工成本)＝500×2×2＋380＝2 380(件)

第Ⅱ步骤月末广义在产品约当产量：

直接人工：50×50%＋30＋20×2＝95(件)

制造费用：50×50%＋30＋20×2＝95(件)

约当总产量(加工成本)＝500×2＋95＝1 095(件)

第Ⅲ步骤月末广义在产品约当产量：

直接人工：20×50%＝10(件)

制造费用：20×50%＝10(件)

约当总产量(加工成本)＝500＋10＝510(件)

2. (1) 第一车间的在产品约当产量计算如下：

直接材料：在产品约当产量＝40×100%＋60＝100(件)

直接人工：在产品约当产量＝40×40%＋60＝76(件)

制造费用：在产品约当产量＝40×40%＋60＝76(件)

由于企业最后完工的产品(400 件)耗用第一车间的完工产品 400 件，因此，计算第一车间的约当总产量时，还应该加上企业最后完工的产品数量 400 件，即：

直接材料：约当总产量＝400＋100＝500(件)

直接人工：约当总产量＝400＋76＝476(件)

制造费用：约当总产量＝400＋76＝476(件)

直接材料：

计入产成品成本份额＝(2 800＋8 000)÷500×400＝8 640(元)

月末在产品成本＝2 800＋8 000－8 640＝2 160(元)

或：月末在产品成本＝(2 800＋8 000)÷500×100＝2 160(元)

直接人工：

计入产成品成本份额＝(580＋1 800)÷476×400＝2 000(元)

月末在产品成本＝580＋1 800－2 000＝380(元)

或：月末在产品成本＝(580＋1 800)÷476×76＝380(元)

制造费用：

计入产成品成本份额＝(1 008＋2 800)÷476×400＝3 200(元)

月末在产品成本＝1 008＋2 800－3 200＝608(元)

或：月末在产品成本＝(1 008＋2 800)÷476×76＝608(元)

第一车间成本计算单　　单位:元

项　　目	直接材料	直接人工	制造费用	合　计
月初在产品成本	2 800	580	1 008	4 388
本月发生费用	8 000	1 800	2 800	12 600
计入产成品成本份额	8 640	2 000	3 200	13 840
月末在产品成本	2 160	380	608	3 148

(2) 第二车间的约当总产量如下：

直接人工:约当总产量＝400＋60×40%＝424(件)

制造费用:约当总产量＝400＋60×40%＝424(件)

直接人工：

计入产成品成本份额＝(4 160＋12 800)÷424×400＝16 000(元)

月末在产品成本＝4 160＋12 800－16 000＝960(元)

或：月末在产品成本＝(4 160＋12 800)÷424×24＝960(元)

制造费用：

计入产成品成本份额＝(1 520＋11 200)÷424×400＝12 000(元)

月末在产品成本＝1 520＋11 200－12 000＝720(元)

或：月末在产品成本＝(1 520＋11 200)÷424×24＝720(元)

第二车间成本计算单　　单位:元

项　　目	直接材料	直接人工	制造费用	合　计
月初在产品成本	—	4 160	1 520	5 680
本月发生费用	—	12 800	11 200	24 000
计入产成品成本份额	—	16 000	12 000	28 000
月末在产品成本	—	960	720	1 680

(3)

产品成本汇总计算表　　单位:元

项　　目	直接材料	直接人工	制造费用	合　计
第一车间	8 640	2 000	3 200	13 840
第二车间		16 000	12 000	28 000
合计	8 640	18 000	15 200	41 840

3.(1) 编制各生产步骤的约当产量的计算表。

各生产步骤约当产量计算表

单位:件

摘　　要	直接材料	直接人工	制造费用
第一车间步骤的约当产量	290 (200+40+30+20)	270 (200+40×50%+30+20)	270
第二车间步骤的约当产量		235 (200+30×50%+20)	235
第三车间步骤的约当产量		210 (200+20×50%)	210

(2) 编制各生产步骤的成本计算单。

产品成本计算单

车间:第一车间

品名:丁产品(A半成品)

单位:元

摘　　要	直接材料	直接人工	制造费用	合　计
月初在产品成本	1 000	60	100	1 160
本月发生费用	18 400	2 200	2 400	23 000
合计	19 400	2 260	2 500	24 160
第一步骤的约当产量	290	270	270	
分配率	66.90	8.37	9.26	
应计入产成品成本份额	13 380	1 674	1 852	16 906
月末在产品成本	6 020	586	648	7 254

产品成本计算单

车间:第二车间

品名:丁产品(B半成品)

单位:元

摘　　要	直接人工	制造费用	合　计
月初在产品成本	200	120	320
本月发生费用	3 200	4 800	8 000
合计	3 400	4 920	8 320
第二步骤约当产量	235	235	
分配率	14.47	20.94	
应计入产成品成本份额	2 894	4 188	7 082
月末在产品成本	506	732	1 238

产品成本计算单

车间:第三车间

品名:丁产品　　　　单位:元

摘　　要	直接人工	制造费用	合　计
月初在产品成本	180	160	340
本月发生费用	3 450	2 550	6 000
合计	3 630	2 710	6 340
第三步骤约当产量	210	210	
分配率	17.29	12.90	
应计入产成品成本份额	3 458	2 580	6 038
月末在产品成本	172	130	302

(3) 编制产品成本汇总表如下。

产品成本汇总计算表

产品名称:丁产品　　　　单位:元

项　　目	数量(件)	直接材料	直接人工	制造费用	总成本	单位成本
第一车间		13 380	1 674	1 852	16 906	84.53
第二车间			2 894	4 188	7 082	35.41
第三车间			3 458	2 580	6 038	30.19
合计	200	13 380	8 026	8 620	30 026	150.13

根据产品成本汇总计算表和产成品入库单,编制结转完工入库产品生产成本的会计分录如下:

借:库存商品——丁产品　　30 026

　贷:基本生产成本——第一车间　　16 906

　　　　　　　　——第二车间　　7 082

　　　　　　　　——第三车间　　6 038

4.(1)

产品成本明细账

车间:第一车间　　　　单位:元

201×年 月	201×年 日	凭证字号	摘　　要	产量(件)	直接材料	直接人工	制造费用	合　计
6	1	(略)	月初在产品成本		5 500	200	600	6 300
	30		本月发生费用		19 580	4 778	7 391	31 749
	30		合计		25 080	4 978	7 991	38 049
	30		分配率		76	16.32	26.2	
	30		应计入产成品成本份额	200	15 200	3 264	5 240	23 704
	30		月末在产品成本		9 880	1 714	2 751	14 345

产品成本明细账

车间:第二车间　　　　单位:元

201×年 月	日	凭证字号	摘　　要	产量(件)	直接材料	直接人工	制造费用	合　计
6	1	(略)	月初在产品成本			140	120	260
	30		本月发生费用			4 228	6 488	10 716
	30		合计			4 368	6 608	10 976
	30		分配率			18.2	27.53	
	30		应计入产成品成本份额	200		3 640	5 506	9 146
	30		月末在产品成本			728	1 102	1 830

产成品成本汇总表

单位:元

摘　　要	产量(件)	直接材料	直接人工	制造费用	合　计
第一车间		15 200	3 264	5 240	23 704
第二车间			3 640	5 506	9 146
合　　计	200	15 200	6 904	10 746	32 850
单位成本		76	34.52	53.73	164.25

(2)

产品成本计算单

第一车间　　　　单位:元

项　　目	产量(件)	直接材料定额	直接材料	定额工时	直接人工	制造费用	合　计
月初在产品成本			5 500		200	600	6 300
本月发生费用			19 580		4 778	7 391	31 749
合计			25 080		4 978	7 991	38 049
分配率			1.1		3.8	6.1	
应计入产成品成本份额	200	20 000	22 000	1 200	4 560	7 320	33 880
月末在产品		2 800	3 080	110	418	671	4 169

产品成本计算单

第二车间　　　　单位:元

项　　目	产量(件)	直接材料定额	直接材料	定额工时	直接人工	制造费用	合　计
月初在产品成本					140	120	260
本月发生费用					4 228	6 488	10 716
合计					4 368	6 608	10 976
分配率					3.9	5.9	
应计入产成品成本份额	200			1 000	3 900	5 900	9 800
月末在产品				120	468	708	1 176

产成品成本汇总表

单位:元

摘　　要	产量(件)	直接材料	直接人工	制造费用	合　计
第一车间		22 000	4 560	7 320	33 880
第二车间			3 900	5 900	9 800
合　　计	200	22 000	8 460	13 220	43 680
单位成本		110	42.3	66.1	218.4

第七章　产品成本计算的辅助方法

一、单项选择题

1	2	3	4	5	6	7	8	9	10	11	12	13	14	15
B	A	A	A	A	C	C	B	B	D	B	B	D	A	C

二、多项选择题

1	2	3	4	5
AC	ABCD	ABD	ABC	ABCD

三、判断题

1	2	3	4	5	6
×	√	√	×	×	√

四、计算题

1.

(1) 计算月初在产品定额变动差异:

月初在产品定额变动差异＝20×(20－18)×100＝4 000(元)

(2) 如果脱离定额差异按定额费用比例在完工产品与月末在产品之间进行分配,定额变动差异和直接材料成本差异全部由完工产品负担。计算本月完工产品和月末在产品直接材料实际费用:

本月投产产品的定额费用＝1 000×18×20＝360 000(元)

本月实际生产费用＝18 418×20＝368 360(元)

本月脱离定额差异＝368 360－360 000＝8 360(元)

月初和本月脱离定额差异合计＝8 360－4 400＝3 960(元)

完工产品定额费用＝900×18×20＝324 000(元)

月末在产品定额费用＝(100＋1 000－900)×18×20＝72 000(元)

差异分配率＝3 960÷(324 000＋72 000)＝1％

完工产品应负担的脱离定额差异＝324 000×1%＝3 240(元)

月末在产品应负担的脱离定额差异＝72 000×1%＝720(元)

直接材料成本差异＝368 360×(－2%)＝－7 367.2(元)

完工产品实际成本＝324 000＋4 000＋3 240－7 367.2＝323 872.8(元)

月末在产品实际成本＝72 000＋720＝72 720(元)

2.

(1) 根据产品所耗材料的标准用量分配两种产品应分配的直接材料费用：

直接材料分配率＝33 600÷(150×8＋200×4)＝16.8 元/千克

甲产品应负担：150×8×16.8＝20 160(元)

乙产品应负担：200×4×16.8＝13 440(元)

(2) 计算甲产品材料费用的标准单位成本和实际单位成本：

标准单位成本：8×15＝120(元)

实际单位成本：20 160÷150＝134.4(元)

(3) 计算甲产品材料费用的成本差异：

甲产品材料费用总差异＝20 160－120×150＝2 160(元)

其中：价格差异＝2 100×(20 160÷2 100－15)＝2 100×(9.6－15)

＝－11 340(元)

数量差异＝15×(2 100－150×8)＝13 500(元)

五、案例分析题

(1) 编制各项费用系数计算表。

各种产品系数计算表

产品名称	产量	加工费用系数			直接材料系数		
		工时定额(小时)	人工和制造费用系数	人工和制造费用总系数	直接材料费用定额	原材料费用系数	原材料费用总系数
A产品	1 000	8.2	0.82	820	240	0.8	800
B(标准品)	1 200	10	1	1 200	300	1	1 200
C产品	800	12	1.2	960	360	1.2	960

(2) 采用分类法计算 A、B、C 三种产品的成本，编制产品成本计算表。

各种产品成本计算表

项　目	产量(件)	原材料费用总系数	直接材料分配额	加工费用总系数	直接工资分配额	制造费用分配额	各种产品总成本	单位成本
甲类产品成本			592 000		62 580	89 400	743 980	
分配率			200		21	30		

（续表）

项　目	产量（件）	原材料费用总系数	直接材料分配额	加工费用总系数	直接工资分配额	制造费用分配额	各种产品总成本	单位成本
A产品	1 000	800	160 000	820	17 220	24 600	201 820	429.91
B产品	1 200	1 200	240 000	1 200	25 200	36 000	301 200	353.69
C产品	800	960	192 000	960	20 160	28 800	240 960	423.06
合　计		2 960	592 000	2 980	62 580	89 400	743 980	

第八章　其他行业成本核算

一、单项选择题

1	2	3	4	5	6	7	8	9	10
B	B	B	D	A	C	B	C	A	A

二、多项选择题

1	2	3	4	5
ABC	ABCD	ABD	ABC	ACD

三、判断题

1	2	3	4	5	6	7	8	9	10
×	√	×	√	√	√	√	√	×	×

四、计算题

1. 每千克玉米成本＝(62 400－0.12×20 000)÷50 000＝1.2(元)

2. 丝瓜应分配的温床费用＝3 200÷(40×30＋10×40)×40×30＝2 400(元)

丝瓜应分配的温室费用＝15 200÷(1 000×70＋1 500×80)×1 000×70
＝5 600(元)

丝瓜应分配的间接费用＝4 500÷(1 360＋1 640)×1 360＝2 040(元)

西红柿应分配的温床费用＝3 200÷(40×30＋10×40)×10×40＝800(元)

西红柿应分配的温室费用＝15 200÷(1 000×70＋1 500×80)×1 500
×80＝9 600(元)

西红柿应分配的间接费用＝4 500÷(1 360＋1 640)×1 640＝2 460(元)

3.

(1) 借：主营业务成本——运输支出——甲车队(燃料)　　31 000
　　　　　　　　　　　　　　　——乙车队(燃料)　　65 000
　　贷：原材料——燃料　　96 000

(2) 借：主营业务成本——运输支出——甲车队(燃料)　850
　　　　　　　　　　　　　　——乙车队(燃料)　2 550
　　贷：原材料——轮胎　3 400

(3) 借：主营业务成本——运输支出——甲车队(工资费用)　20 000
　　　　　　　　　　　　　　——甲车队(其他薪酬费用)　2 800
　　　　　　　　　　　　　　——乙车队(工资费用)　54 000
　　　　　　　　　　　　　　——乙车队(其他薪酬费用)　7 560
　　贷：应付职工薪酬　84 360

(4) 借：主营业务成本——运输支出——甲车队(折旧费)　69 000
　　　　　　　　　　　　　　——乙车队(折旧费)　138 000
　　贷：累计折旧　207 000

(5) 借：主营业务成本——运输支出——甲车队(其他费用)　14 800
　　　　　　　　　　　　　　——乙车队(其他费用)　25 400
　　贷：银行存款　40 200

(6) 甲车队直接费用合计＝31 000＋850＋20 000＋2 800＋69 000＋14 800＝138 450(元)

乙车队直接费用合计＝65 000＋2 550＋54 000＋7 560＋138 000＋25 400
＝292 510(元)

甲车队分配的营运间接费用＝64 644÷(138 450＋292 510)×138 450
＝20 317.5(元)

乙车队分配的营运间接费用＝64 644÷(138 450＋292 510)×292 510
＝44 326.5(元)

借：主营业务成本——运输支出——甲车队(营运间接费用)　20 317.50
　　　　　　　　　　　　　——乙车队(营运间接费用)　44 326.50
　贷：营运间接费用　64 644.00

(7) 甲车队单位运输成本＝138 450＋20 317.5÷500＝317.54(元)

乙车队单位运输成本＝292 510＋44 326.5÷1 500＝224.58(元)

4.

(1) 借：材料采购——大连制帽厂　112 500
　　　应交税费——应交增值税(进项税额)　19 125
　　贷：银行存款　131 625

(2) 借：预付账款——大连运动鞋厂　56 250
　　贷：银行存款　52 650

(3) 借：库存商品——帽类　70 000
　　贷：材料采购——大连制帽厂　70 000

(4) 借：材料采购——厦门运动鞋厂　168 000
　　　应交税费——应交增值税(进项税额)　28 583.10
　　　销售费用　306.90
　　贷：银行存款　196 890

（5）借：材料采购　187 500
　　贷：银行存款　131 250
　　　　预付账款——大连运动鞋　56 250
　借：应交税费——应交增值税（进项税额）　31 875
　　贷：银行存款　31 875

5.（1）甲工程耗用的材料计划成本＝200 000＋13 000＝213 000（元）
甲工程耗用材料的成本差异＝1 600＋390＝1 990（元）
乙工程耗用的材料计划成本＝220 000＋4 000＝224 000（元）
甲工程耗用材料的成本差异＝3 200＋120＝3 320（元）

借：工程施工——合同成本——甲工程（直接材料）　213 000
　　　　　　　　　　　——乙工程（直接材料）　224 000
　贷：原材料——主要材料　420 000
　　　　　　——其他材料　17 000
借：工程施工——合同成本——甲工程（直接材料）　1 990
　　　　　　　　　　　——乙工程（直接材料）　3 320
　贷：材料成本差异——主要材料　4 800
　　　　　　　　　——其他材料　510

（2）甲工程分摊人工费＝110 000÷（3 200＋3 675）×3 200＝51 200（元）
乙工程分摊人工费＝110 000÷（3 200＋3 675）×3 675＝58 800（元）

借：工程施工——合同成本——甲工程（直接人工）　51 200
　　　　　　　　　　　——乙工程（直接人工）　58 800
　贷：应付职工薪酬　110 000

（3）甲工程分摊吊车费用＝20 300÷（46＋94）×46＝6 670（元）
乙工程分摊吊车费用＝20 300÷（46＋94）×94＝13 630（元）
甲工程分摊搅拌机费用＝31 680÷（65＋115）×65＝11 440（元）
乙工程分摊搅拌机费用＝31 680÷（65＋115）×115＝20 240（元）
甲工程分摊机械使用费＝6 670＋11 440＝18 110（元）
甲工程分摊机械使用费＝13 630＋20 240＝33 870（元）

借：工程施工——合同成本——甲工程（机械使用费）　18 110
　　　　　　　　　　　——乙工程（机械使用费）　33 870
　贷：机械作业——吊车　20 300
　　　　　　　——搅拌机　31 680

（4）运输费用分配率＝13 725÷15 250＝0.9
甲工程分配的运输费用＝0.9×5 200＝4 680（元）
乙工程分配的运输费用＝0.9×10 050＝9 045（元）

借：工程施工——合同成本——甲工程（辅助生产成本）　4 680
　　　　　　　　　　　——乙工程（辅助生产成本）　9 045
　贷：辅助生产成本　13 725

（5）借：工程施工——合同成本——甲工程（其他直接费用）　4 500
——乙工程（其他直接费用）　6 100
贷：工程施工——合同成本——其他直接费用　10 600

（6）甲工程当月直接成本＝213 000＋1 990＋51 200＋18 110＋4 680＋4 500
＝293 480（元）
乙工程当月直接成本＝224 000＋3 320＋58 800＋33 870＋9 045＋6 100
＝335 135（元）
甲工程分配的间接费用＝24 000÷（293 480＋335 135）×293 480
＝11 204.82（元）
乙工程分配的间接费用＝24 000÷（293 480＋335 135）×335 135
＝12 795.18（元）

借：工程施工——合同成本——甲工程（间接费用）　11 204.82
——乙工程（间接费用）　12 795.18
贷：制造费用　24 000.00

（7）甲工程中未完工程B工程成本＝300 000×80％＝240 000（元）
甲工程中未完工程C工程成本＝400 000×60％＝240 000（元）
甲工程中已完工程成本＝668 400＋293 480＋11 204.82－240 000
－240 000＝493 084.82（元）

借：主营业务成本　493 084.82
贷：工程施工——合同成本——甲工程　492 084.82

第九章　成本会计前沿

一、单项选择题

1	2	3	4	5	6	7	8	9	10
B	D	A	A	D	A	C	A	C	D

二、多项选择题

1	2	3	4	5
ABC	ABCD	ABCD	AC	CD

三、判断题

1	2	3	4	5
√	√	×	√	√

四、计算题

1.

产品成本计算表

作业成本库	耗用资源	动因量	动因分配率	甲产品作业成本	乙产品作业成本
材料处理	18 000	600	30	12 000	6 000
材料采购	25 000	500	50	17 500	7 500
使用机器	35 000	2 000	17.5	21 000	14 000
设备维修	22 000	1 100	20	14 000	8 000
质量控制	20 000	400	50	12 500	7 500
产品运输	16 000	80	200	10 000	6 000
合计总成本	136 000			87 000	49 000
产量				900	300
单位成本				96.67	163.33

2.

（1）各作业的作业分配率。

作业分配率计算表

作业动因	耗用资源	作业消耗	分配率
调整次数	3 000 000	300 次	10 000 元/次
机器小时	16 250 000	162 500 小时	100 元/小时
包装数量	750 000	15 000 个	50 元/个

（2）甲产品(5 000 台)。

甲产品间接成本计算表

作业动因	分配率	作业量	间接成本合计	单位间接成本
调整次数	10 000	200	2 000 000	400
机器小时	100	55 000	5 500 000	1 100
包装数量	50	5 000	250 000	50
合计	—	—	7 750 000	1 550

（3）乙产品(15 000 台)。

乙产品间接成本计算表

作业动因	分配率	作业量	间接成本合计	单位间接成本
调整次数	10 000	100	1 000 000	66.67
机器小时	100	107 500	10 750 000	716.67
包装数量	50	10 000	500 000	33.33
合计	—	—	12 250 000	816.67

3.（1）部门投资报酬率：

$$A投资中心的部门报酬收益率=\frac{10\,400}{94\,500}\times 100\%=11.01\%$$

$$B投资中心的部门报酬收益率=\frac{15\,800}{145\,000}\times 100\%=10.89\%$$

（2）剩余收益：

A 投资中心的剩余收益＝10 400－94 500×10%＝950(万元)

B 投资中心的剩余收益＝15 800－145 000×10%＝1 300(万元)

4.（1）该部门经理的业绩：

可控边际贡献＝200－200×60%－(30－10)＝60(万元)

该部门对百货公司的贡献：

部门营业利润＝60－10＝50(万元)

（2）$部门投资报酬率=\frac{50}{100}\times 100\%=50\%$

剩余收益＝50－100×15%＝35(万元)

第十章　成本报表和成本分析

一、单项选择题

1	2	3	4	5	6	7	8		
A	C	B	B	C	B	A	A		

二、多项选择题

1	2	3	4	5	6	7	8	9	10
ABCD	ACD	ABC	ABC	AD	AD	ABCD	ACD	ABC	CD
11	12								
AD	CD								

三、判断题

1	2	3	4	5	6	7	8	9	10
√	√	√	×	√	√	√	×	√	√
11	12	13	14	15	16	17	18		
√	×	√	√	×	√	×	×		

四、计算题

1.

可比产品成本计划降低任务表

可比产品	计划产量	单位成本		总成本		降低任务	
		上年	计划	上年	计划	降低额	降低率
A产品	2 000	1 000	980	2 000 000	1 960 000	40 000	2%
B产品	1 000	1 500	1 600	1 500 000	1 600 000	−100 000	−6.67%
C产品	5 600	1 300	2 900	16 800 000	16 240 000	560 000	3.33%
D产品	7 000	5 900	5 800	41 300 000	40 600 000	700 000	1.7%
合　计				61 600 000	60 400 000	1 200 000	1.95%

可比产品成本实际完成情况

可比产品	实际产量	单位成本			总成本			降低任务	
		上年	计划	实际	上年	计划	实际	降低额	降低率
A产品	2 300	1 000	980	990	2 300 000	2 254 000	2 277 000	23 000	1%
B产品	900	1 500	1 600	1 480	1 350 000	1 440 000	1 332 000	18 000	1.33%
C产品	6 000	3 000	2 900	2 800	1 800 000	17 400 000	16 800 000	1 200 000	6.67%
D产品	6 900	5 900	5 800	5 500	40 710 000	40 020 000	37 950 000	2 760 000	6.78%
合　计					62 360 000	61 114 000	58 359 000	4 001 000	6.42%

分析对象：降低额＝4 001 000－1 200 000＝2 801 000(元)

降低率＝6.42%－1.95%＝4.47%

可比产品成本降低任务完成情况分析

影响因素				计算方法	
顺序	产量	品种构成	单位成本	降低额	降低率
(1)	计划	计划	计划	1 200 000	1.95%
(2)	实际	计划	计划	62 360 000×1.95%＝1 216 020	1.95%
(3)	实际	实际	计划	62 360 000－61 114 000＝1 246 000	1 246 000/62 360 000＝2%
(4)	实际	实际	实际	4 001 000	6.42%
各因素的影响： 产量因素的影响 品种构成因素的影响 单位成本构成因素的影响				 1 216 020－1 200 000＝16 020 1 246 000－1 216 020＝29 980 4 001 000－1 246 000＝2 755 000	 0 2%－1.95%＝0.05% 6. 42%－2%＝4.42%
合　　计				2 801 000	4.47%

2.

成本对比分析表

201×年×月

项　目	本年计划成本	本年实际成本	成本差异额	成本差异率
A产品	100 000	980 000	－20 000	－2%
B产品	2 500 000	2 600 000	100 000	4%
C产品	3 800 000	4 000 000	200 000	5.26%
合　计	7 300 000	7 580 000	280 000	3.38%

3.

产品材料费用计算表

项　　目	计划数	实际数
产品产量(件)	200	220
单位产品材料消耗量(千克)	30	28
材料单价(元)	500	480
材料费用	3 000 000	2 956 800

分析对象:2 956 800－3 000 000＝－43 200(元)

计划材料费用＝200×30×500＝3 000 000(元)

第一次替代:材料费用＝220×30×500＝3 300 000(元)

第二次替代:材料费用＝220×28×500＝3 080 000(元)

实际材料费用＝220×28×480＝2 956 800(元)

由于产量变动对材料费用的影响＝3 300 000－3 000 000＝300 000(元)

由于材料单耗变动对材料费用的影响＝3 080 000－3 300 000
＝－220 000(元)

由于材料单价变动对材料费用的影响＝2 956 800－308 000
＝－1 232 000(元)

三个因素变动对材料费用的影响程度合计＝300 000－220 000－123 200
＝－43 200(元)

4. 分析对象:8 810－9 000＝－190(元)

材料耗用量变动对材料费用的影响＝(95－100)×10＋(210－200)×20
＋(490－500)×8＝70(元)

材料单价变动对材料费用的影响＝(8－10)×95＋(22－20)×210＋(7－8)
×490＝－260(元)

合计影响:70－260＝－190(元)

5.(1) 甲产品本期实际单位成本比上年实际平均单位成本升高12元,或0.84%;比本年计划单位成本升高10元,或0.698%。

(2) 原材料费用实际比计划升高2元,其中:

原材料消耗数量变动影响:(40－40)×31＝0

原材料价格变动影响：40×(31.05－31)＝2(元)

6. 各因素变化对差异的影响程度计算如下：

计划指标＝100×5×4＝2 000(元)　　(1)

第一次替代＝115×5×4＝2 300(元)　　(2)

第二次替代＝115×3×4＝1 380(元)　　(3)

第三次替代＝115×3×6＝2 070(元)　　(4)

据此测定的结果：

产量增加产生的影响＝(2)－(1)＝2 300－2 000＝300(元)

材料单耗降低产生的影响＝(3)－(2)＝1 380－2 300＝－920(元)

材料价格上升产生的影响＝(4)－(3)＝2 070－1 380＝690(元)

7. (1) 甲产品单位成本变动情况分析：

本期实际单位成本比上年实际增加：2 420－2 260＝160(元)

本期实际单位成本比本年计划增加：2 420－2 270＝150(元)

(2) 直接材料费用变动情况分析：

直接材料费用实际比计划增加：2 047－1 890＝157(元)

由于材料消耗数量降低而节约的直接材料费用：(890－900)×2.1
＝－21(元)

由于材料价格上涨而超支的直接材料费用：(2.3－2.1)×890＝178(元)

8.

全部产品成本计划完成情况分析表

201×年×月

产品名称		总成本(元)		差异	
		按计划计算	按实际计算	降低额(元)	降低率
可比产品	A产品	300 000	32 400	2 400	8%
	B产品	60 000	54 000	－6 000	－10%
	C产品	960 000	920 000	－40 000	－4.17%
	小计	1 050 000	1 006 400	－43 600	－4.15%
不可比产品	D产品	98 800	104 000	5 200	5.26%
	E产品	304 000	300 000	－4 000	－1.32%
	小计	402 800	404 000	1 200	1.3%
合计		1 452 800	1 410 400	－42 400	－2.29%

第四部分　模拟试题及参考答案

成本会计模拟试题(一)

得分	

一、单项选择题(本大题共10小题,每小题1分,共10分)

1	2	3	4	5	6	7	8	9	10

1. 一般来说,实际工作中的成本开支范围与理论成本包括的内容(　　)。

A. 是相互一致的　　B. 是有一定差别的

C. 是可以相互替代的　　D. 是不相关的

2. 生产经营过程中领用的,生产产品耗用的原材料,应记入(　　)账户。

A. "基本生产成本"　　B. "制造费用"

C. "管理费用"　　D. "销售费用"

3. 下列方法中,属于辅助生产费用的分配方法是(　　)。

A. 计划成本分配法　　B. 年度计划分配率分配法

C. 约当产量比例法　　D. 定额比例法

4. 辅助生产费用的直接分配法,是将辅助生产费用(　　)。

A. 直接计入基本生产成本的方法

B. 直接计入辅助生产成本的方法

C. 直接分配给辅助生产车间以外的各受益单位的方法

D. 直接分配给所有收益单位的方法

5. 采用约当产量比例法,当各工序在产品数量和单位产品在各工序的加工量都相差不多的情况下,全部在产品完工程度可按(　　)平均计算。

A. 80%　　B. 25%　　C. 50%　　D. 75%

6. 适用于季节性生产的车间分配制造费用的方法是(　　)。

A. 生产工人工时比例分配法

B. 生产工人工资比例分配法

C. 机器工时比例分配法

D. 年度计划分配率分配法

7. 在辅助生产费用采用计划成本分配法时，为了简化计算工资，辅助生产劳务的成本差异一般全部计入(　　)。

A. 管理费用　　B. 生产成本

C. 制造费用　　D. 营业外损益

8. 按照系数比例分配同类产品中各种产品成本的方法是(　　)。

A. 一种完工产品和月末在产品之间分配费用的方法

B. 一种单独的计算产品成本计算方法

C. 一种简化的分类法

D. 一种分配间接费用的方法

9. 下列不属于成本报表的是(　　)。

A. 全部产品生产成本表　　B. 主要产品单位成本表

C. 现金流量表　　D. 制造费用明细表

10. 成本报表属于(　　)。

A. 对外报表　　B. 对内报表

C. 既是对内报表，又是对外报表　　D. 对内还是对外由企业决定

得分	

二、多项选择题(本大题共 5 小题，每小题 2 分，共 10 分，错选、漏选、多选均不得分)

1	2	3	4	5

1. 废品损失应该包括(　　)。

A. 不可修复废品的报废损失　　B. 可修复废品的修复费用

C. 不合格品的降价损失　　D. 产品保管不善的损坏变质损失

2. 采用在产品按所耗直接材料费用计价法分配完工产品和月末在产品费用，应具备的条件有(　　)。

A. 原材料费用在产品成本中占比重较大

B. 各月在产品数量比较稳定

C. 各月月末在产品数量变化较小

D. 各月月末在产品数量变化较大

3. 某产品由三道工序加工而成，原材料在每道工序中陆续投入，各工序的材料消耗定额分别为 70 千克、30 千克和 50 千克，用约当产量法分配原材料费用时，下列选项中，正确的有(　　)。

A. 第一工序的投料程度为 23.33%　　B. 第二工序的投料程度为 56.67%

C. 第三工序的投料程度为 100%　　D. 第三工序的投料程度为 83.33%

4. 提供和维持生产经营所需设施、机构而支出的固定成本属于(　　)。

A. 酌量性固定成本　　B. 约束性固定成本

C. 经营方针成本　　D. 生产经营能力成本

5. 批发零售企业产品成本核算项目的有(　　)。

A. 进货成本　　B. 相关税费　　C. 采购费　　D. 管理费用

得分	

三、判断题(本大题共 5 小题,每小题 1 分,共 5 分)

1	2	3	4	5

1. 为了正确地计算产品成本,应该也可能绝对正确地划分各个会计期间的费用界限。(　　)

2. 计入产品的各项生产费用按与生产工艺的关系可以分为直接计入费用和间接计入费用。(　　)

3. 各种辅助生产费用分配方法的共同点,是在各辅助生产内部进行交互分配。(　　)

4. 农业企业以农作物的生长周期作为成本计算期。(　　)

5. 汽车运输业务的成本计算单位以汽车运输工作量的计量单位为依据。(　　)

得分	

四、简答题(本大题共 3 小题,每小题 5 分,共 15 分)

1. 辅助费用的分配有哪几种方法?

2. 简述成本报表分析的一般方法。

3. 要正确计算产品成本,需要正确划分哪些费用的界限?

得分	

五、计算题(本大题共 6 小题,每小题 10 分,共 60 分)

1. 华景公司某月耗用材料按用途及领料部门汇总如下:生产 A、B 两种产品,A 产品直接耗用材料 33 000 元,B 产品直接耗用材料 19 500 元,A、B 两种产品共同耗用的材料费用为 40 500 元,按定额消耗量比例法进行分配,其中,A 产品的实际产量为 1 500 件,单位消耗定额为 20 千克,B 产品的实际产量为 1 000 件,单位消耗定额为 15 千克,基本车间一般消耗材料 5 550 元,机修车间消耗材料4 500元,管理部门消耗材料 2 000 元,专设销售机构消耗材料 1 000 元,机修车间不设制造费用。

要求:分配材料费用并编制分配材料费用的会计分录。

2. 8 月份,某企业耗电 40 000 度,每度电的单价 0.4 元,应付电费 16 000 元,未付。该企业基本生产车间耗电 33 000 度,其中车间照明用电 3 000 度;企业行政管理部门耗电 3 000 度;辅助车间耗电 4 000 度,其中,照明用电 2 000 度。企业基本车间生产 A、B 两种产品,A 产品的工时为 36 000 小时,B 产品的工时为24 000小时。

要求:按所耗电度数分配电费,A、B 产品按生产工时分配电费,并编制分配电力费用的会计分录。(辅助生产车间不设制造费用科目)

3. 某集团公司下设三个投资中心,有关资料如下表所示。

投资中心相关资料表

指　　标	A 投资中心	B 投资中心
部门营业利润(万元)	10 400	15 800
部门平均总资产(万元)	94 500	145 000
必要投资报酬率	10%	

要求：

(1) 计算各投资中心的部门投资报酬率。

(2) 计算各投资中心的剩余收益。

4. 某企业生产的 A 产品，本月份产量及其他有关材料费用的资料如下。

产量及其他有关资料

项　　目	计　划　数	实　际　数
产品产量(件)	200	220
单位产品材料消耗量(千克)	30	28
材料单价(元)	500	480
材料费用(元)		

要求：根据上述资料，采用因素分析法分析各种因素变动对材料费用的影响程度。

5. 某企业丙产品采用定额法计算产品成本。该产品的生产只耗用一种原材料，原材料在生产开始时一次性投入。与丙产品有关的资料如下：

(1) 本月开始实行新的原材料消耗定额，直接材料消耗定额由原来的 20 千克降到 18 千克；直接材料的计划单价不变，仍为每千克 20 元。

(2) 月初在产品 100 件，直接材料定额费用 40 000 元，脱离定额的差异为节约 4 400 元。

(3) 本月投产 1 000 件，直接耗用材料费 18 418 千克。

(4) 本月直接材料成本差异率为节约 2%。

(5) 本月完工产品 900 件。

要求：

(1) 计算月初在产品定额变动差异。

(2) 如果脱离定额差异按定额费用比例在完工产品与月末在产品之间进行分配，定额变动差异和直接材料成本差异全部由完工产品负担。计算本月完工产品和月末在产品直接材料实际费用。

6. 华夏农场利用温床培育丝瓜、西红柿两种秧苗，温床费用为 3 200 元，其中丝瓜占用温床 40 格，生长期为 30 天；西红柿占用温床 10 格，生长期为 40 天。秧苗育成移至温室栽培后，发生温室费用 15 200 元，其中丝瓜占用温室 1 000 平方米，生长期为 70 天；西红柿占用温室 1 500 平方米，生长期为 80 天。两种蔬菜发生的直接生产费用为 3 000 元，其中丝瓜 1 360 元，西红柿 1 640 元。应负担的间接费用共计 4 500 元，采用直接费用比例法分配。丝瓜和西红柿两种蔬菜的产量分别为 38 000 千克和 29 000 千克。

要求：计算分配温床费用、温室费用和间接费用。

成本会计模拟试题(二)

得分	

一、单项选择题(本大题共10小题,每小题1分,共10分)

1	2	3	4	5	6	7	8	9	10

1. 在不设“直接燃料和动力”成本项目的情况下,直接用于产品生产的燃料费用在发生时,应记入的账户是(　　)。

A. “制造费用”　　B. “管理费用”

C. “销售费用”　　D. “基本生产成本”

2. 计算产品成本,首先要确定(　　)。

A. 成本计算对象

B. 产品成本计算期

C. 完工产品与在产品之间的费用分配方法

D. 间接计入费用的分配方法

3. 在逐步结转分步法下,完工产品与在产品之间的费用分配,是指在(　　)之间的费用分配。

A. 产成品与月末在产品

B. 完工半成品与月末加工中的在产品

C. 前面步骤完工半成品与加工中在产品及最后步骤产成品与加工中的在产品

D. 产成品与广义在产品

4. 成本报表属于(　　)。

A. 对外报表　　B. 对内报表

C. 既是对内报表,又是对外报表　　D. 对内还是对外由企业决定

5. 生产费用要素中的税金,应计入(　　)。

A. 生产成本　　B. 制造费用

C. 管理费用　　D. 销售费用

6. 在下列辅助生产费用的分配方法中,分配结果最为准确的是(　　)。

A. 计划成本分配法　　B. 直接分配法

C. 代数分配法　　D. 交互分配法

7. 基本生产车间计提的固定资产折旧费,应借记(　　)账户。

A. “基本生产成本”　　B. “管理费用”

C. “制造费用”　　D. “销售费用”

8. 将辅助生产车间费用先进行一次相互分配，然后再将交互分配后的实际费用对辅助生产车间以外各受益对象进行分配，这种辅助生产费用的分配方法是（　　）。

A. 直接分配法　　B. 顺序分配法

C. 代数分配法　　D. 交互分配法

9. 技术经济指标变动对产品成本的影响主要表现为对（　　）的影响。

A. 产品总成本　　B. 产品产量

C. 产品单位成本　　D. 比产品总成本与产品产量

10. 下列关于未完工程和已完工程成本分配的公式中，不正确的是（　　）。

A. 未完工程成本＝预算单价×未完工程实物量×完工程度

B. 未完工程成本＝未完工程预算造价×完工程度

C. 已完工程成本＝月初未完工程成本＋本月生产费用－月末未完施工工程成本

D. 已完工程成本＝本月生产费用－月末未完施工工程成本

得分	

二、多项选择题（本大题共 5 小题，每小题 2 分，共 10 分，错选、漏选、多选均不得分）

1	2	3	4	5

1. 下列各项中，属于直接计入费用的有（　　）。

A. 几种产品共同消耗的辅助材料费用

B. 几种产品共同负担的材料费用

C. 一种产品消耗的原材料费用

D. 一种产品消耗的生产工人薪酬费用

2. 下列方法中，属于辅助生产费用分配方法的有（　　）。

A. 计划成本分配法　　B. 直接分配法

C. 代数分配法　　D. 交互分配法

3. 采用定额比例法分配完工产品和月末在产品成本，应具备的条件有（　　）。

A. 各月月末在产品数量变化较大　　B. 各月月末在产品数量变化不大

C. 消耗定额或成本定额比较稳定　　D. 消耗定额或成本定额波动较大

4. 工业企业编报的成本报表必须做到（　　）。

A. 数字准确　　B. 内容完整

C. 字迹清楚　　D. 编报及时

5. 可以或应采用分类法计算成本的产品包括（　　）。

A. 联产品

B. 由于工人操作所造成的质量等级不同的产品

C. 品种、规格繁多，但可按规定标准分类的产品

D. 品种、规格繁多，且数量少、费用比重小的一些零星产品

得分	

三、判断题(本大题共5小题,每小题1分,共5分)

1	2	3	4	5

1. 制造费用采用的所有分配方法,分配结果是“制造费用”科目期末一定没有余额。 ( )

2. 不可修复废品的生产成本和可修复废品的修复费用,都应在“废品损失”科目的借方进行归集。 ( )

3. 直接生产费用必定是直接计入费用。 ( )

4. 采用简化的分批法,必须设立基本生产成本二级账。 ( )

5. 职工工资和福利费应全部计入房地产开发成本。 ( )

得分	

四、简答题(本大题共3小题,每小题5分,共15分)

1. 简述作业成本法的基本原理。

2. 与对外报表相比,成本报表作为内部报表具有哪些特点?

3. 简述标准成本法的特点。

得分	

五、计算题(本大题共6小题,每小题10分,共60分)

1. 某企业201×年10月生产A产品220件、B产品256件,共同耗用材料6 240千克,该材料的实际成本为每千克7元。单件直接材料费用定额:甲产品12千克,乙产品10千克,计算甲、乙产品各应负担的材料费。

2. 某企业201×年10月份耗电48 000度,每度电0.6元,电费尚未支付。该企业基本生产车间耗电40 000度,其中车间照明用电5 000度;行政管理部门耗电3 000度;另外,该企业有两个辅助生产车间——机修车间和供水车间。机修车间耗电2 000度,供水车间耗电3 000度。企业基本生产车间生产甲、乙两种产品,甲产品生产工时16 000小时,乙产品生产工时14 000小时。

要求:按所耗电度数分配电力费用,其中甲、乙产品按生产工时计算分配电费。

3. 某百货公司下设一鞋帽部,201×年销售收入为200万元,变动成本率为60%,固定成本为30万元,其中折旧10万元。

要求:

(1) 若该鞋帽部为利润中心,其固定成本中只有折旧不可控,试评价该部门经理业绩,评价该部门对百货公司的贡献有多大?

(2) 若该部门为投资中心,其所占用的总资产为100万元,该公司要求的必要报酬率为15%,试计算该部门的部门投资报酬率和剩余收益。

4. 某企业生产的甲产品,材料项目的有关资料如下。

材料项目的有关资料

材料名称	单位耗用量(千克)		材料单价(元)		材料成本(元)		差异
	计划	实际	计划	实际	计划	实际	
A材料	100	95	10	8	1 000	760	−240
B材料	200	210	20	22	4 000	4 620	620
C材料	500	490	8	7	4 000	3 430	−570
合计					9 000	8 810	−190

要求：根据上述资料，计算材料耗用量和材料价格变动对材料费用的影响。

5. 某企业12月份投产完工甲、乙两种产品的数量分别为150件和200件，耗用甲材料的标准分别为8千克/件，4千克/件，材料标准单位成本为15元/千克。12月份实际耗用的材料分为2 100千克和840千克，实际成本总共为33 600元。

要求：

(1) 根据产品所耗材料的标准用量分配两种产品应分配的直接材料费用；

(2) 计算甲产品材料费用的标准单位成本和实际单位成本；

(3) 计算甲产品材料费用的成本差异。

6. 华夏运输企业有甲、乙两个车队。201×年6月份的相关情况如下：

(1) 企业对燃料耗用采用满油箱制计算。甲、乙两车队当月分别领用汽油6 200升和13 000升。汽油的成本为每升5元。

(2) 企业对轮胎采用一次摊销法。甲、乙两车队当月分别领用外胎1个和3个。每个外胎成本为850元。

(3) 甲车队司机和助手的工资分别为20 000元和54 000元。福利费按工资总额的14%计提。

(4) 甲、乙两车队分别计提车辆折旧费69 000元和138 000元。

(5) 甲、乙两车队分别发生过桥费等杂费14 800元和25 400元。

(6) 企业的营运间接费用按直接费用比例进行分配。当月发生营运间接费用64 644元。

(7) 甲、乙两车队当月分别营运货物500千吨千米和1 500千吨千米。

要求：编制相关会计分录并计算甲、乙两车队的单位运输成本。

成本会计模拟试题(一)参考答案

一、单项选择题(本大题共10小题,每小题1分,共10分)

1	2	3	4	5	6	7	8	9	10
B	A	A	C	C	D	A	C	C	B

二、多项选择题(本大题共5小题,每小题2分,共10分)

1	2	3	4	5
AB	AD	ABD	BD	ABC

三、判断题(本大题共5小题,每小题1分,共5分)

1	2	3	4	5
×	×	×	×	√

四、简答题(本大题共3小题,每小题5分,共15分)

1. 直接分配法、交互分配法、顺序分配法、代数分配法、计划分配法 (5分)

2. 成本分析方法有比较分析法、比率分析法、因素分析法。 (5分)

3. 正确划分是应否计入产品成本、期间费用的界限;正确划分生产费用和期间费用的界限;正确划分本期与非本期费用的界限;正确划分各种产品费用的界限;正确划分完工产品和在产品费用的界限。 (5分)

五、计算题(本大题共6小题,每小题10分,共60分)

1.

分配率=40 500÷(1 500×20+1 000×15)=0.9

A产品=1 500×20×0.9=27 000(元)

B产品=1 000×15×0.9=13 500(元)

A产品共耗用材料=27 000+33 000=60 000(元)

B产品共耗用材料=13 500+19 500=33 000(元) (6分)

分录如下:

借:基本生产成本——A产品	60 000
——B产品	33 000
制造费用——基本生产车间	5 550
辅助生产成本——机修	4 500
管理费用	2 000

销售费用 1 000

贷：原材料 106 050

（4分）

2.

分配率＝30 000×0.4÷(36 000＋24 000)＝0.2 （6分）

A产品：36 000×0.2＝7 200(元)

B产品：24 000×0.2＝4 800(元)

会计分录如下：

借：基本生产成本——A产品 7 200

——B产品 4 800

制造费用——基本生产车间(3 000×0.4) 1 200

管理费用(3 000×0.4) 1 200

辅助生产成本(4 000×0.4) 1 600

贷：应付账款 16 000

（4分）

3.（1）部门投资报酬率：

$$A投资中心的部门报酬收益率＝\frac{10\ 400}{94\ 500}×100\%＝11.01\%$$

$$B投资中心的部门报酬收益率＝\frac{15\ 800}{145\ 000}×100\%＝10.91\%$$ （5分）

（2）剩余收益：

A投资中心的剩余收益＝10 400－94 500×10%＝950(万元)

B投资中心的剩余收益＝15 800－145 000×10%＝1 300(万元) （5分）

4.

产品材料费用计算表

项　　目	计 划 数	实 际 数
产品产量(件)	200	220
单位产品材料消耗量(千克)	30	28
材料单价(元)	500	480
材料费用(元)	3 000 000	2 956 800

分析对象：2 956 800－3 000 000＝－43 200(元)

计划材料费用＝200×30×500＝3 000 000(元)

第一次替代：材料费用＝220×30×500＝3 300 000(元)

第二次替代：材料费用＝220×28×500＝3 080 000(元)

实际材料费用＝220×28×480＝2 956 800(元) （6分）

由于产量变动对材料费用的影响＝3 300 000－3 000 000＝300 000(元)

由于材料单耗变动对材料费用的影响＝3 080 000－3 300 000＝－220 000(元)

由于材料单价变动对材料费用的影响＝2 956 800－308 000＝－1 232 000(元)

三个因素变动对材料费用的影响程度合计＝300 000－220 000－123 200

＝－43 200(元)　（4分）

5.(1) 计算月初在产品定额变动差异：

月初在产品定额变动差异＝20×(20－18)×100＝4 000(元)

(2) 如果脱离定额差异按定额费用比例在完工产品与月末在产品之间进行分配，定额变动差异和直接材料成本差异全部由完工产品负担。计算本月完工产品和月末在产品直接材料实际费用。

本月投产产品的定额费用＝1 000×18×20＝360 000(元)

本月实际生产费用＝18 418×20＝368 360(元)

本月脱离定额差异＝368 360－360 000＝8 360(元)

月初和本月脱离定额差异合计＝8 360－4 400＝3 960(元)

完工产品定额费用＝900×18×20＝324 000(元)

月末在产品定额费用＝(100＋1 000－900)×18×20＝72 000(元)

差异分配率＝3 960÷(324 000＋72 000)＝1%　（6分）

完工产品应负担的脱离定额差异＝324 000×1%＝3 240(元)

月末在产品应负担的脱离定额差异＝72 000×1%＝720(元)

直接材料成本差异＝368 360×(－2%)＝－7 367.2(元)

完工产品实际成本＝324 000＋4 000＋3 240－7 367.2＝323 872.8(元)

月末在产品实际成本＝72 000＋720＝72 720(元)　（4分）

6.

丝瓜应分配的温床费用＝3 200÷(40×30＋10×40)×40×30＝2 400(元)

丝瓜应分配的温室费用＝15 200÷(1 000×70＋1 500×80)×1 000×70＝5 600(元)

丝瓜应分配的间接费用＝4 500÷(1 360＋1 640)×1 360＝2 040(元)　（5分）

西红柿应分配的温床费用＝3 200÷(40×30＋10×40)×10×40＝800(元)

西红柿应分配的温室费用＝15 200÷(1 000×70＋1 500×80)×1 500×80＝9 600(元)

西红柿应分配的间接费用＝4 500÷(1 360＋1 640)×1 640＝2 460(元)　（5分）

成本会计模拟试题(二)参考答案

一、单项选择题(本大题共10小题，每小题1分，共10分)

1	2	3	4	5	6	7	8	9	10
D	A	C	B	C	C	C	D	C	D

二、多项选择题(本大题共5小题，每小题2分，共10分)

1	2	3	4	5
CD	ABCD	AC	ABD	ACD

三、判断题(本大题共5小题,每小题1分,共5分)

1	2	3	4	5
×	√	×	√	×

四、简答题(本大题共3小题,每小题5分,共15分)

1. 作业成本法是以作业为核算对象,通过作业动因来确认和计量作业量,进而以作业成本动因分配率来对多种产品合理分配间接费用的成本计算方法。

2. 成本报表相对于其他会计报表来讲,具有以下特点:①针对性更强。②灵活性更强。③更注重时效性。

3. 标准成本法有以下几个特点:①预先按照成本项目制定产品标准成本,这是标准成本法的关键。②按标准成本进行产品成本核算,不计算各种产品的实际成本。③计算各成本项目实际成本与标准成本的各种成本差异,设立各种成本差异科目进行归集和进行相应的账务处理,并借以对产品成本进行控制和考核。

五、计算题(本大题共6小题,每小题10分,共60分)

1. 甲产品原材料定额耗用量=220×12=2 640(千克)

乙产品原材料定额耗用量=256×10=2 560(千克)

原材料消耗量分配率=$\frac{6\ 240}{2\ 640+2\ 560}$=1.2

甲产品应分配的原材料数量=2 640×1.2=3 168(千克)

乙产品应分配的原材料数量=2 560×1.2 =3 072(千克) (6分)

甲产品应分配的材料费用=3 168×7=22 176(元)

乙产品应分配的材料费用=3 072×7=21 504(元) (4分)

2. 基本生产车间电费=40 000×0.6=24 000(元)

其中:照明用电=5 000×0.6=3 000(元)

动力用电=24 000−3 000=21 000(元) (3分)

动力费用分配率=$\frac{21\ 000}{16\ 000+14\ 000}$=0.7

甲产品应分配的动力费用=16 000×0.7=11 200(元)

乙产品应分配的动力费用=14 000×0.7=9 800(元)

行政管理部门电费=3 000×0.6=1 800(元)

机修车间电费=2 000×0.6=1 200(元)

供水车间电费=3 000×0.6=1 800(元) (7分)

3. (1) 该部门经理的业绩:

可控边际贡献=200−200×60%−(30−10)=60(万元)

该部门对百货公司的贡献:

部门营业利润=60−10=50(万元) (5分)

(2) 部门投资报酬率=$\frac{50}{100}$×100%=50%

剩余收益＝50－100×15％＝35(万元)　(5 分)

4. 分析对象:8 810－9 000＝－190(元)

材料耗用量变动对材料费用的影响＝(95－100)×10＋(210－200)×20＋(490－500)×8＝70(元)　(5 分)

材料单价变动对材料费用的影响＝(8－10)×95＋(22－20)×210＋(7－8)×490＝－260(元)

合计影响:70－260＝－190(元)　(5 分)

5. (1) 根据产品所耗材料的标准用量分配两种产品应分配的直接材料费用:

直接材料分配率＝33 600÷(150×8＋200×4)＝16.8 元/千克

甲产品应负担:150×8×16.8＝20 160(元)

乙产品应负担:200×4×16.8＝13 440(元)　(3 分)

(2) 计算甲产品材料费用的标准单位成本和实际单位成本:

标准单位成本＝8×15＝120(元)

实际单位成本＝20 160÷150＝134.4(元)　(3 分)

(3) 计算甲产品材料费用的成本差异。

甲产品材料费用总差异＝20 160－120×150＝2 160(元)

其中:价格差异＝2 100×(20 160÷2 100－15)＝2.100×(9.6－15)＝－11 340(元)

数量差异＝15×(2 100－150×8)＝13 500(元)　(4 分)

6.

(1) 借:主营业务成本——运输支出——甲车队(燃料)　31 000
——乙车队(燃料)　65 000
贷:原材料——燃料　96 000

(2) 借:主营业务成本——运输支出——甲车队(燃料)　850
——乙车队(燃料)　2 550
贷:原材料——轮胎　3 400

(3) 借:主营业务成本——运输支出——甲车队(工资费用)　20 000
——甲车队(其他薪酬费用)　2 800
——乙车队(工资费用)　54 000
——乙车队(其他薪酬费用)　7 560
贷:应付职工薪酬　84 360

(4) 借:主营业务成本——运输支出——甲车队(折旧费)　69 000
——乙车队(折旧费)　138 000
贷:累计折旧　207 000

(5) 借:主营业务成本——运输支出——甲车队(其他费用)　14 800
——乙车队(其他费用)　25 400
贷:银行存款　40 200

(6 分)

(6) 甲车队直接费用合计=31 000+850+20 000+2 800+69 000+14 800
=138 450(元)

乙车队直接费用合计=65 000+2 550+54 000+7 560+138 000+25 400
=292 510(元)

甲车队分配的营运间接费用=64 644÷(138 450+292 510)×138 450
=20 317.5(元)

乙车队分配的营运间接费用=64 644÷(138 450+292 510)×292 510
=44 326.5(元)

借：主营业务成本——运输支出——甲车队(营运间接费用) 20 317.50
——乙车队(营运间接费用) 44 326.50
贷：营运间接费用 64 644.00

(7) 甲车队单位运输成本=138 450+20 317.5÷500=317.54(元)
乙车队单位运输成本=292 510+44 326.5÷1 500=224.58(元) (4 分)